Tag 01 Deutsches Alphabet und Aussprache
독일어 알파벳과 발음

1단계 Datum: .   .

학습목표
Herzlich willkommen!

진짜학습지에 오신 여러분을 환영합니다. 빨리 독일어로 술술 말하고 싶은가요? 일단 단어와 문장을 발음하려면 글자 모양과 소리부터 확실하게 알아야겠죠? 독일어를 본격적으로 학습하기 전, 알파벳과 발음 기초를 탄탄하게 다져 볼게요.

1 개 알파벳

독일어 알파벳의 모양은 우리가 비교적 친숙한 영어 알파벳과 별반 다르지 않습니다. 단, 발음은 처음부터 독일어 기준으로 영어와 혼동 없이 확실하게 익혀 주세요.

A a [아:]	B b [베:]	C c [체:]	D d [데:]	E e [에:]	F f [에f프]
G g [게:]	H h [하:]	I i [이:]	J j [옛트]	K k [카:]	L l [엘]
M m [엠]	N n [엔]	O o [오:]	P p [페:]	Q q [쿠:]	R r [에르ㅎ]
S s [에스]	T t [테:]	U u [우:]	V v [f파우]	W w [v베:]	X x [익스]
Y y [윕실런]	Z z [체트]	Ä ä [아 움라우트]	Ö ö [오 움라우트]	Ü ü [우 움라우트]	ß (ss) [에스체트]

특히, 독일어에만 존재하는 변모음(움라우트/Ä,Ö,Ü)와 에스체트(ß/ss)를 잊지 말고 꼭 외워 주세요.

📝 Notiz
강의를 듣고 메모해 보세요.

★ 노란색 바탕의 알파벳이 모음입니다.

★ ß는 ss로 표기 가능합니다.

2 예외적인 발음들 배우기

자음들이 특정 모음이나 또 다른 자음과 결합하면서 또는, 단어 내의 위치에 따라 다르게 발음되는 경우들이 있습니다. 모음 또한 모음끼리 붙었을 때 발음이 달라지기도 합니다. 자연스럽게 입에 딱 붙을 때까지 여러 번 반복해서 말하기를 연습하세요.

① 하나의 알파벳이 두 가지 이상으로 다르게 발음되는 경우

강의를 듣고 메모해 보세요.

알파벳	발음 및 예시			
B b	b 기본 발음		p 단어 맨 끝에 위치하는 경우	
	Bus		halb	
C c	ts 기본 발음	k	s	tʃ
	CD	Cola	Cent	Cello
D d	d 기본 발음		t 단어 맨 끝 / 자음 앞에 위치하는 경우	
	Dom		Hund / freundlich	
G g	g 기본 발음	k 모음과 결합하여 단어 맨 끝에 위치하는 경우 / i 제외	ç i와 결합하여 단어 맨 끝에 위치하는 경우	
	gut	Tag	Honig	
H h	h 기본 발음	묵음 / 장음 모음과 결합하여 단어 중간 또는 끝에 위치할 경우		
	Hose	gehen / Joghurt / Sohn		
J j	j 기본 발음		dʒ 외래어일 경우	
	jung		Job / Jogging	
R r	r 기본 발음 / 목젖 떨림 소리		ɐ 모음이 앞에 위치할 경우	
	Grad / rot		Papier / mehr / Erde	
S s	s	z 모음이 뒤에 위치할 경우	ʃ 뒤에 p / t가 위치할 경우	
	Fenster	Suppe / Saft / Sohn	Sport / Staat	
V v	f 기본 발음		v 외래어	
	Vogel / vier		Vase / Klavier / Vegetarier	
Y y	y (기본 발음)		i (외래어)	
	System / Physik		Handy / Hobby	

② 변모음의 발음 배우기

독일어에만 있는 모음 3개가 있습니다. 바로 움라우트 Ä/ä, Ö/ö, Ü/ü 입니다. 각 문자를 사용할 수 없는 경우 a, o, u의 뒤에 e를 붙여 각각 ae, oe, ue로 표기하기도 합니다.

강의를 듣고 메모해 보세요.

발음	복모음 종류 / 예시
ä	ä Käse / Ärger / Bär
ö	ö Öl / Österreich / König
ü	ü über / Übung / müde

③ 복모음의 발음 배우기

모음이 두 개 이상 합쳐진 경우, 고유한 하나의 발음이 됩니다. 다음의 경우를 꼭 기억해야 독일어를 제대로 발음할 수 있으니 여러 번 듣고 따라하며 내 것으로 만드세요.

발음	복모음 종류 / 예시			
au	au Frau / faul / Auto			
áɪ	ai Mai / Kaiser	ei Teil / Eier	ay Bayern	ey Meyer
ɔY	eu neu / Euro	äu Äußere / aufräumen		
íː	ie Gebiet / Bier / Liebe			

4 복자음의 발음 배우기

자음 역시 두 개 이상 합쳐진 경우 별도의 고유한 발음이 됩니다. 모음에 비해 경우가 좀 더 다양하며, 단어 내의 위치에 따라서도 영향을 받습니다. 원어민의 발음을 들으며 반복 연습하다 보면 어느 새 정확한 발음 습관이 붙을 거예요.

Notiz

강의를 듣고 메모해 보세요.

알파벳	복자음 종류 / 예시		
ch	k	x a/o/u가 앞에 위치할 경우	ç
	Chor / Charakter	Koch / Bach	Milch / ich / sprechen
chs	x		
	Fuchs		
ck	k		
	Glück / backen		
dt	t		
	Stadt		
ds	ts		
	abends / nirgends		
nk	ŋk		
	Bank / Geschenk		
ng	ŋ		
	Hunger / Eingang		
pf	(p)f		
	Pferd / Topf		
sp	ʃp		
	Sport / sprechen		
st	ʃt 단어 맨 앞	st 단어 끝	
	Straße / Strom	Dienst / Angst	
tsch	tʃ		
	Deutsch / Tschüss		

Tag 02

Ich bin klug.
나는 똑똑해.

1단계 Datum:　.　.

오늘은 독일어의 8가지 인칭 대명사와, 기본 동사 sein을 공부하겠습니다. 여기에 다양한 의미의 형용사들까지 연결하면 상태에 대한 말하기를 할 수 있습니다. 그럼 오늘의 학습 내용을 살펴볼까요?

1 인칭 대명사(1격)

인칭 대명사	뜻	인칭, 성, 수
ich	나	1인칭
du	너	2인칭 단수
er	그	3인칭 남성 단수
sie	그녀	3인칭 여성 단수
es	그것	3인칭 중성 단수
wir	우리	1인칭 복수
ihr	너희	2인칭 복수
sie / Sie	그들(3인칭 복수) / 당신(들)(2인칭 단·복수)	

2 인칭 대명사에 따른 sein 동사의 형태

sein 동사는 독일어의 기본적인 동사로서 우리말과 비교하면, '~은(는), ~이(가) ~(이)다 / ~(하)다'와 같이 상태를 표현한다고 볼 수 있습니다. sein 동사는 인칭 대명사에 따라 형태가 변합니다. 다음의 표로 한눈에 살펴보세요.

인칭대명사(1격)	sein 동사	뜻
ich	bin	나는 ~(하)다
du	bist	너는 ~(하)다
er	ist	그는 ~(하)다
sie	ist	그녀는 ~(하)다
es	ist	그것은 ~(하)다
wir	sind	우리는 ~(하)다
ihr	seid	너희는 ~(하)다
sie / Sie	sind	그들/당신(들)은 ~(하)다

 Notiz

강의를 듣고 메모해 보세요.

★ 독일어의 2인칭 단수 형태는 du 와 Sie 2가지가 있습니다. du는 친한 사이 또는 격의 없는 사이에서 사용하며, Sie는 존칭으로서 다소 덜 친하거나 좀 더 대외적, 공적인 관계에서 사용합니다.

★ 표에서 보듯이, 의미는 다르지만 형태는 같은 인칭 대명사 Sie가 있습니다. 보통 뒤따르는 동사의 형태에 따라 누구를 지칭하는지 파악 가능하며, 존칭 Sie는 단수와 복수 형태가 동일할 뿐만 아니라 늘 대문자로 시작한다는 점 기억해 두세요.

3 형용사를 활용하여 문장 만들기

인칭 대명사와 sein 동사 뒤에 어떤 형용사가 오는지에 따라 많은 표현을 말할 수 있습니다. 다양한 형용사를 결합해서 문장으로 활용해 봅시다.

강의를 듣고 메모해 보세요.

| klug 똑똑한 | faul 게으른 | schön 아름다운, 예쁜 | alt 오래된, 늙은 | jung 젊은 |
| gesund 건강한 | krank 아픈 | klein 작은 | groß 큰 | teuer 비싼 |

 예문

Ich bin klug.	나는 똑똑하다.
Du bist faul.	너는 게으르다.
Er ist alt.	그는 늙었다.
Sie ist jung.	그녀는 젊다.
Es ist schön.	그것은 예쁘다.
Wir sind gesund.	우리는 건강하다.
Ihr seid krank.	너희는 아프다.
Sie sind klein.	그들은 (키가) 작다.
Sie sind groß.	당신(들)은 (키가) 크다.

Auf Deutsch bitte!

1 다음 인칭 대명사 표를 완성해 보세요.

		1격 (은/는/이/가)
	나	1.
	너	2.
	그	3.
	그녀	4.
	그것	5.
	우리	6.
	너희	7.
	그들	8.
	당신	9.

2 빈칸에 들어갈 알맞은 단어를 적어 문장을 완성하고, 따라 말해 보세요.

10. Er _____ faul.

11. Du _____ jung.

12. Sie _____ gesund. (그들 / 3인칭 복수)

13. Sie _____ alt. (그녀 / 3인칭 단수)

14. Sie _____ krank. (당신 / 2인칭 단수)

15. Ich _____ schön.

16. Ihr _____ klug.

17. Wir _____ klein.

18. Sie _____ groß. (당신들 / 2인칭 복수)

19. Es _____ alt.

3 다음 주어진 형용사를 활용하여, 독일어로 문장을 쓰고 큰 소리로 따라 말해 보세요.

> traurig 슬픈 | lustig 재미있는 | nett 상냥한 | süß 귀여운, 달콤한 | ledig 미혼인 | verheiratet 기혼인 |
> glücklich 행복한 | leise 조용한 | laut 시끄러운/(소리가)큰 | wichtig 중요한

20. 그것은 중요하다. _____

21. 너는 재미있다. _____

22. 당신은 상냥하다. _____

23. 그들은 귀엽다. _____

24. 나는 미혼입니다. _____

25. 그는 조용하다. _____

26. 그들은 시끄럽다. _____

27. 우리는 슬프다. _____

28. 그녀는 행복하다. _____

29. 너희는 기혼이다. _____

30. 너는 상냥하다. _____

정답

1~9. 본문 참고 10. ist 11. bist 12. sind 13. ist 14. sind 15. bin 16. seid 17. sind 18. sind 19. ist 20. Es ist wichtig. 21. Du bist lustig. 22. Sie sind nett. 23. Sie sind süß. 24. Ich bin ledig. 25. Er ist leise. 26. Sie sind laut. 27. Wir sind traurig. 28. Sie ist glücklich. 29. Ihr seid verheiratet. 30. Du bist nett.

Tag 03

Du bist perfekt!
너는 완벽해!

1단계 Datum: .   .

학습 목표

앞서 학습한 인칭 대명사들 중 '단수형'과 함께, sein 동사를 활용한 말하기를 연습해 보겠습니다. 여기에 다양한 의미의 형용사들을 쏙쏙 연결해서, '누구는 어떠하다'라는 상태에 대한 말하기까지 도전해 볼 거예요.
그럼 오늘의 학습 내용을 살펴볼까요?

1 인칭 대명사(1격) 단수형과 sein 동사 형태

인칭 대명사	sein 동사
ich 나(1인칭 단수)	bin
du 너(2인칭 단수)	bist
er 그(3인칭 단수)	ist
sie 그녀(3인칭 단수)	ist
es 그것(3인칭 단수)	ist
Sie 당신(2인칭 단수)	sind

 **Notiz**
강의를 듣고 메모해 보세요.

2 어제 배운 형용사 복습하기

Tag 02에서 총 19개의 형용사를 배웠습니다. 이번 Tag 03에서 새로운 형용사를 배우기 전, Tag 02에 등장한 형용사를 잘 기억하고 있는지 점검해 볼까요? 인칭 대명사 단수형과 그에 맞는 sein 동사 형태에 주의하며 스스로 확인해 보세요.

klug 똑똑한 | faul 게으른 | schön 아름다운/예쁜 | alt 오래된, 늙은 | jung 젊은 | gesund 건강한 | krank 아픈 | klein (키가)작은 | groß (키가)큰 | traurig 슬픈 | nett 상냥한 | lustig 재미있는 | süß 귀여운, (맛이) 단 | ledig 미혼인 | verheiratet 기혼인 | glücklich 행복한 | leise 조용한 | laut 시끄러운, (소리가)큰 | wichtig 중요한

예문

Ich bin jung.	나는 **젊다**.
Du bist **klug**.	너는 **똑똑하다**.
Er ist **groß**.	그는 (키가) **크다**.
Sie ist **lustig**.	그녀는 **재미있다**.
Es ist **schön**.	그것은 **예쁘다**.

예문		
	Sie sind gesund.	당신은 건강하다.
	Ich bin krank.	나는 아프다.
	Du bist traurig.	너는 슬프다.
	Er ist nett.	그는 상냥하다.
	Sie ist leise.	그녀는 조용하다.
	Es ist alt.	그것은 오래됐다.
	Sie sind glücklich.	당신은 행복하다.
	Ich bin klein.	나는 (키가) 작다.
	Du bist laut.	너는 시끄럽다.
	Er ist verheiratet.	그는 기혼이다/결혼했다.
	Sie ist faul.	그녀는 게으르다.
	Es ist wichtig.	그것은 중요하다.
	Sie sind ledig.	당신은 미혼/싱글이다.
	Es ist süß.	그것은 달다/귀엽다.

3 **오늘의 새로운 형용사 익히기**

어제 배운 형용사 중 몇 개를 기억하고 있나요? 오늘은 11개의 새로운 형용사를 더 배워 보겠습니다. 통문장으로 여러 번 말하며 익히세요.

> froh 기쁜 | einfach 간단한 | müde 피곤한 | fleißig 부지런한 | perfekt 완벽한 | langweilig 지루한 | lecker 맛있는 | schwer 어려운, 무거운 | stark (힘)센, 강한 | höflich 공손한 | teuer 비싼

예문		
	Ich bin froh.	나는 기쁘다.
	Du bist perfekt.	너는 완벽하다.
	Er ist fleißig.	그는 부지런하다.
	Sie ist müde.	그녀는 피곤하다.
	Es ist langweilig.	그것은 지루하다.
	Sie sind höflich.	당신은 공손하다.
	Ich bin stark.	나는 (힘이) 세다.
	Es ist lecker.	그것은 맛있다.
	Es ist schwer.	그것은 무겁다/어렵다.
	Es ist einfach.	그것은 간단하다.
	Es ist teuer.	그것은 비싸다.

Auf Deutsch bitte!

1. 다음 인칭 대명사 1격과 sein 동사 변화형 표를 완성해 보세요.

	인칭 대명사 1격 (은/는/이/가)	sein 동사
나	ich	bin
너	1.	
그	2.	
그녀	3.	
그것	4.	
당신	5.	

2. 다음 주어진 단어를 활용하여 빈칸을 채워 독일어 문장을 완성하고, 큰 소리로 말해 보세요.

보기

sind / ist / sie / gesund / bist

6. Er _____ lustig. 그는 재미있다.

7. Du _____ nett. 너는 상냥하다.

8. _____ ist süß. 그녀는 귀엽다.

9. Sie _____ jung. 당신은 젊다.

10. Sie ist _____. 그녀는 건강하다.

3. 빈칸에 들어갈 알맞은 단어를 적어 문장을 완성하고, 큰 소리로 말해 보세요.

11. _____ bin groß. 나는 키가 크다.

12. Er _____ klug. 그는 똑똑하다.

13. _____ ist klein. 그것은 작다.

14. _____ _____ leise. 너는 조용하다.

15. _____ _____ laut. 당신은 시끄럽다.

sein 동사의 변화형과 형용사를 활용해, 다음 문장을 독일어로 쓰고 큰 소리로 말해 보세요.

16. 그것은 비싸다. _____
17. 너는 기쁘다. _____
18. 그는 피곤하다. _____
19. 나는 부지런하다. _____
20. 그것은 지루하다. _____
21. 당신은 (힘이) 세다. _____
22. 그것은 어렵다. _____
23. 그것은 간단하다. _____
24. 그녀는 공손하다. _____
25. 당신은 완벽하다. _____
26. 그것은 맛있다. _____
27. 그는 상냥하다. _____
28. 나는 (키가) 작다. _____
29. 그녀는 기쁘다. _____
30. 그는 행복하다. _____

정답

1~5. 본문 참고 6. ist 7. bist 8. Sie 9. sind 10. gesund 11. Ich 12. ist 13. Es 14. Du bist 15. Sie sind 16. Es ist teuer. 17. Du bist froh. 18. Er ist müde. 19. Ich bin fleißig. 20. Es ist langweilig. 21. Sie sind stark. 22. Es ist schwer. 23. Es ist einfach. 24. Sie ist höflich. 25. Sie sind perfekt. 26. Es ist lecker. 27. Er ist nett. 28. Ich bin klein. 29. Sie ist froh. 30. Er ist glücklich.

Tag 04 — Ihr seid super! 너희는 최고야!

1단계 Datum: .   .

학습목표
앞서 배웠던 인칭 대명사 중, 복수형과 sein 동사를 활용해보는 시간입니다. 다양한 형용사를 통해 풍부한 표현을 유창하게 말해 보세요.
그럼 오늘의 학습 내용을 살펴볼까요?

1 인칭 대명사(1격) 복수형과 sein 동사의 형태

인칭 대명사	sein 동사
wir 우리 (1인칭 복수)	sind
ihr 너희 (2인칭 복수)	seid
sie 그들 (3인칭 복수)	sind
Sie 당신들 (2인칭 복수)	sind

Notiz
강의를 듣고 메모해 보세요.

2 부정어 nicht

'~이(가) 아니다'라는 의미를 더해 주는 부정어 nicht는 부정하려는 대상의 앞에 놓입니다.

예) Sie sind nicht faul. 당신은 게으르지 않다. ('faul 게으른'을 부정)

3 부정사 nicht를 활용하여 형용사 복습하기

앞서 총 30개의 형용사를 배웠습니다. 새로운 형용사를 배우기 전, 이미 배운 형용사들을 잘 기억하고 있는지도 확인해 봐야겠죠? 인칭 대명사 복수형과 그에 맞는 sein 동사 형태에 주의를 기울이도록 합니다.

klug 똑똑한 | faul 게으른 | schön 아름다운, 예쁜 | alt 오래된, 늙은 | jung 젊은
gesund 건강한 | krank 아픈 | klein (키가)작은 | groß (키가)큰 | traurig 슬픈
nett 상냥한 | lustig 재미있는 | süß 귀여운, (맛이)단 | ledig 미혼인 | verheiratet 기혼인 | glücklich 행복한 | leise 조용한 | laut 시끄러운, (소리가)큰 | wichtig 중요한 | froh 기쁜 | einfach 간단한 | müde 피곤한 | fleißig 부지런한 | perfekt 완벽한 | langweilig 지루한 | lecker 맛있는 | schwer 어려운, 무거운 | stark (힘)센, 강한 | höflich 공손한 | teuer 비싼

예문

Wir sind nicht fleißig.	우리는 부지런하지 않다.
Ihr seid nicht perfekt.	너희는 완벽하지 않다.
Sie sind nicht höflich.	그들은 공손하지 않다.
Sie sind nicht stark.	당신들은 강하지 않다.

예문

강의를 듣고 메모해 보세요.

Wir sind nicht glücklich.	우리는 **행복하지 않다**.
Ihr seid nicht ledig.	너희는 **미혼이 아니다**.
Sie sind nicht traurig.	그들은 **슬프지 않다**.
Sie sind nicht verheiratet.	당신들은 **기혼이 아니다**. (결혼하지 않았다.)
Wir sind nicht laut.	우리는 **시끄럽지 않다**.
Ihr seid nicht leise.	너희는 **조용하지 않다**.
Sie sind nicht gesund.	그들은 **건강하지 않다**.
Sie sind nicht krank.	당신들은 **아프지 않다**.
Wir sind nicht froh.	우리는 **기쁘지 않다**.
Ihr seid nicht lustig.	너희는 **재밌지 않다**.
Sie sind nicht klein.	그들은 **작지 않다**.
Sie sind nicht stark.	당신들은 **강하지 않다**.
Wir sind nicht müde.	우리는 **피곤하지 않다**.
Ihr seid nicht nett.	너희는 **상냥하지 않다**.
Sie sind nicht schön.	그들은 **아름답지 않다**.
Sie sind nicht klug.	당신들은 **똑똑하지 않다**.

4 새로운 형용사 활용하기

오늘은 8개의 새로운 형용사를 더 배워 봅시다. 어느새 아주 많이 쓰이는 형용사를 38개 말할 수 있게 되었습니다.

freundlich 친절한 | **super** 최고인 | **hässlich** 못생긴 | **arm** 가난한, 불쌍한 | **reich** 부유한, 풍부한 | **schnell** 빠른 | **langsam** 느린 | **schwach** 약한

Wir sind freundlich.	우리는 **친절하다**.
Ihr seid super.	너희는 **최고다**.
Sie sind hässlich.	그들은 **못생겼다**.
Sie sind arm.	당신들은 **가난하다**.
Wir sind reich.	우리는 **부유하다**.
Ihr seid schnell.	너희는 **빠르다**.
Sie sind langsam.	그들은 **느리다**.
Sie sind schwach.	당신들은 **(힘/몸이) 약하다**.

★ 사람을 hässlich라고 표현하는 것은 예의에 어긋나기 때문에 유의해야 합니다.

Auf Deutsch bitte!

1 아래의 표를 완성해 보세요.

	인칭 대명사 1격 (은/는/이/가)	sein 동사
우리	1.	
너희	2.	
그들	3.	
당신들	4.	

2 빈칸에 들어갈 알맞은 단어를 적어 문장을 완성하고, 큰 소리로 말해 보세요.

5. Ihr _____ freundlich.   너희는 친절하다.

6. _____ sind _____ arm.   우리는 가난하지 않다.

7. Sie _____ schnell.   당신들은 빠르다.

8. _____ sind schwach.   그들은 약하다.

9. Wir _____ _____.   우리는 느리다.

10. Ihr _____ _____.   너희는 부유하다.

11. _____ sind _____.   그들은 피곤하다.

12. _____ _____ froh.   당신들은 기쁘다.

13. Wir sind _____ _____.   우리는 못생기지 않았다.

14. Sie _____ super.   그들은 최고다.

3 다음 주어진 문장을 독일어로 쓰고, 큰 소리로 말해 보세요.

15. 우리는 미혼이다. _____
16. 그들은 부지런하다. _____
17. 너희는 상냥하다. _____
18. 당신(들)은 행복하다. _____
19. 우리는 공손하다. _____
20. 너희는 빠르다. _____
21. 당신(들)은 친절하지 않다. _____
22. 그들은 부유하지 않다. _____
23. 우리는 느리다. _____
24. 너희는 강하다. _____
25. 당신(들)은 공손하지 않다. _____
26. 우리는 빠르다. _____
27. 너희는 부지런하지 않다. _____
28. 그들은 행복하다. _____
29. 당신(들)은 강하지 않다. _____
30. 우리는 행복하지 않다. _____

정답

1~4. 본문 참고 5. seid 6. Wir, nicht 7. sind 8. Sie 9. sind, langsam 10. seid, reich 11. Sie, müde 12. Sie, sind 13. nicht, hässlich 14. sind 15. Wir sind ledig. 16. Sie sind fleißig. 17. Ihr seid nett. 18. Sie sind glücklich. 19. Wir sind höflich. 20. Ihr seid schnell. 21. Sie sind nicht freundlich. 22. Sie sind nicht reich. 23. Wir sind langsam. 24. Ihr seid stark. 25. Sie sind nicht höflich. 26. Wir sind schnell. 27. Ihr seid nicht fleißig. 28. Sie sind glücklich. 29. Sie sind nicht stark. 30. Wir sind nicht glücklich.

Tag 05

Ist er schnell?
그는 빠릅니까?

1단계 Datum: .   .

학습목표
앞서 배운 '인칭대명사 + sein 동사 + 형용사' 구조로 의문문을 만들어 보는 시간입니다. 의문문으로 질문하고, 대답까지 이어서 말해 보겠습니다.
그럼 오늘의 학습 내용을 살펴볼까요?

 sein 동사 평서문을 활용하여 의문문 만들기

평서문에서 sein 동사를 맨 앞으로 도치시키고, 문장 맨 끝에 마침표 대신 물음표로 마무리하면 그대로 의문문이 됩니다. 의문문 만들기 생각보다 어렵지 않죠?

평서문	의문문
Ich bin klug. 나는 똑똑하다.	Bin ich klug? 나는(내가) 똑똑한가요?
Du bist perfekt. 너는 완벽하다.	Bist du perfekt? 너는 완벽하니?
Er ist schnell. 그는 빠르다.	Ist er schnell? 그는 빠르니?
Sie ist fleißig. 그녀는 부지런하다.	Ist sie fleißig? 그녀는 부지런합니까?
Es ist schwer. 그것은 어렵다.	Ist es schwer? 그것은 어렵나요?
Wir sind gesund. 우리는 건강하다.	Sind wir gesund? 우리는 건강합니까?
Ihr seid verheiratet. 너희는 결혼했다.	Seid ihr verheiratet? 너희는 결혼했니?
Sie sind laut. 그들은 시끄럽다.	Sind sie laut? 그들은 시끄럽나요?
Sie sind krank. 당신(들)은 아프다.	Sind Sie krank? 당신(들)은 아픕니까?

 **Notiz**

강의를 듣고 메모해 보세요.

★ 문장의 맨 첫 철자는 늘 대문자로 표기하며, 문장 속 인칭 대명사는 소문자로 표기합니다.

★ '그들', '그녀'를 뜻하는 sie는 문장 중간에 위치하는 경우 맨 첫 철자 s를 소문자로 표기하고, '당신(들)'을 뜻하는 존칭 Sie는 문장 중간에 위치하더라도 대문자로 표기하는 점 잊지 마세요.

묻고 대답하기

질문뿐만 아니라 대답도 말할 수 있어야겠죠? 이제부터 묻고 답하는 말하기 연습까지 한번에 해 보겠습니다.

네 (응)	아니요 (아니)	~ 아니다(부정어)
ja	nein	nicht

Notiz
강의를 듣고 메모해 보세요.

F: Bist du fleißig? 너는 부지런하니?

- **A :** Ja, ich bin fleißig. — 응, 나는 부지런해.
- **B :** Nein, ich bin nicht fleißig. — 아니, 나는 부지런하지 않아.
- **C :** Nein, ich bin faul. — 아니, 나는 게을러.

F: Ist er schnell? 그는 빠릅니까?

- **A :** Ja, er ist schnell. — 네, 그는 빠릅니다.
- **B :** Nein, er ist nicht schnell. — 아니요, 그는 빠르지 않습니다.
- **C :** Nein, er ist langsam. — 아니요, 그는 느립니다.

F: Seid ihr krank? 너희들 아프니?

- **A :** Ja, wir sind krank. — 응, 우리는 아파.
- **B :** Nein, wir sind nicht krank. — 아니, 우리는 아프지 않아.
- **C :** Nein, wir sind gesund. — 아니, 우리는 건강해.

F: Ist es alt? 그것은 오래되었나요?

- **A :** Ja, es ist alt. — 네, 그것은 오래되었어요.
- **B :** Nein, es ist nicht alt. — 아니요, 그것은 오래되지 않았어요.
- **C :** Nein, es ist neu. — 아니요, 그것은 새거예요.

★ neu 새로운, 새것인

F: Sind sie traurig? 그들은 슬픈가요?

- **A :** Ja, sie sind traurig. — 네, 그들은 슬픕니다.
- **B :** Nein, sie sind nicht traurig. — 아니요, 그들은 슬프지 않습니다.
- **C :** Nein, sie sind froh. — 아니요, 그들은 기쁩니다.

Auf Deutsch bitte!

1 다음 표의 평서문을 의문문으로 바꿔 보세요.

평서문	의문문
Ich bin krank. 나는 아프다.	1.
Du bist laut. 너는 시끄럽다.	2.
Er ist verheiratet. 그는 결혼했다.	3.
Sie ist gesund. 그녀는 건강하다.	4.
Es ist teuer. 그것은 비싸다.	5.
Wir sind fleißig. 우리는 부지런하다.	6.
Ihr seid schnell. 너희는 빠르다.	7.
Sie sind perfekt. 그들은 완벽하다.	8.
Sie sind klug. 당신(들)은 똑똑하다.	9.

2 다음 질문과 답변을 독일어 문장으로 쓰고 큰 소리로 따라 말해 보세요.

10. **A :** 너는 못생겼니?
    B : 아니, 나는 아름다워.

    A : _____

    B : _____

11. **A :** 그것은 저렴하니?   ★ billig 저렴한, 값싼
    B : 아니, 그것은 저렴하지 않아.

    A : _____

    B : _____

Tag 05 | 3

12. **A :** 당신은 힘이 센가요?
    B : 아니요, 저는 약합니다.

    A : _____
    B : _____

13. **A :** 너희는 슬프니?
    B : 아니, 우리는 슬프지 않아.

    A : _____
    B : _____

14. **A :** 그들은 늙었니?
    B : 아니요, 그들은 늙지 않았습니다.

    A : _____
    B : _____

15. **A :** 그는 느리니?
    B : 아니, 그는 빨라.

    A : _____
    B : _____

16. **A :** 그것은 간단한가요?
    B : 네, 그것은 간단합니다.

    A : _____
    B : _____

정답

1. Bin ich krank? 2. Bist du laut? 3. Ist er verheiratet? 4. Ist sie gesund? 5. Ist es teuer? 6. Sind wir fleißig? 7. Seid ihr schnell? 8. Sind sie perfekt? 9. Sind Sie klug? 10. Bist du hässlich? / Nein, ich bin schön. 11. Ist es billig? / Nein, es ist nicht billig. 12. Sind Sie stark? / Nein, ich bin schwach. 13. Seid ihr traurig? / Nein, wir sind nicht traurig. 14. Sind sie alt? / Nein, sie sind nicht alt. 15. Ist er langsam? / Nein, er ist schnell. 16. Ist es einfach? / Ja, es ist einfach.

Tag 1-5 Wiederholung 복습 1

1단계 Datum: . .

Tag 01에서 Tag 05까지 학습한 내용들을 잘 기억하고 있는지 실력을 점검해 보겠습니다. 다음 문제를 스스로 풀고, 정답을 확인해 보세요.
틀린 문제는 앞으로 돌아가 해당 내용을 찾아 보고, 다시 한 번 복습하세요.

1 보기의 단어들 중 밑줄 친 부분의 발음이 다른 하나를 고르세요.

1. ① Wiederholung   ② Übung   ③ jung   ④ Zug
2. ① haben   ② abholen   ③ gehen   ④ Hut
3. ① halb   ② Fußball   ③ Baum   ④ Bonn
4. ① rot   ② gerade   ③ Butter   ④ Brot
5. ① Post   ② Pferd   ③ Lampe   ④ Pause
6. ① Sohn   ② Fuß   ③ Fenster   ④ gestern
7. ① durch   ② Geld   ③ Stadt   ④ Geduld
8. ① Bank   ② Name   ③ Hund   ④ Mann
9. ① Milch   ② ruhig   ③ echt   ④ Bauch
10. ① Handy   ② System   ③ Hobby   ④ Party
11. ① Journalist   ② ja   ③ jung   ④ Jahr
12. ① Foto   ② Vase   ③ Vater   ④ Kaffee
13. ① Eier   ② Euro   ③ Meyer   ④ Mai

2 빈칸에 들어갈 알맞은 단어를 적어 문장을 완성하고, 큰 소리로 말해 보세요.

14. _____ es wichtig?

15. Sie _____ jung. (그들)

16. _____ ich süß?

17. Er _____ glücklich.

18. _____ ihr gesund?

19. Du _____ perfekt.

20. _____ wir lustig?

21. Es _____ klein.

22. Sie _____ ledig. (그들)

23. Ihr _____ nett.

3 아래의 문장을 올바른 뜻과 연결해 보세요.

24. Ich bin verheiratet. ·   · a) 너는 강하다.

25. Es ist langweilig.   ·   · b) 너희는 건강하다.

26. Ihr seid krank.   ·   · c) 그건 지루해.

27. Sie ist leise.   ·   · d) 그녀는 조용하다.

28. Sie sind laut.   ·   · e) 그들(당신)은 시끄럽다.

29. Du bist stark.   ·   · f) 너희는 아프다.

30. Ihr seid gesund.   ·   · g) 나는 기혼이다. (결혼했다)

정답
1. ④ 2. ③ 3. ① 4. ③ 5. ② 6. ① 7. ① 8. ① 9. ④ 10. ② 11. ① 12. ② 13. ② 14. Ist 15. sind 16. Bin 17. ist 18. Seid 19. bist 20. Sind 21. ist 22. sind 23. seid 24. g 25. c 26. f 27. d 28. e 29. a 30. b

Tag 1-5 Wiederholung 복습 2

1단계　Datum:　　.　　.

학습목표 Tag 01에서 Tag 05까지 학습한 내용들을 잘 기억하고 있는지 실력을 점검해 보겠습니다. 다음 문제를 스스로 풀고, 정답을 확인해 보세요. 틀린 문제는 앞으로 돌아가 해당 내용을 찾아 보고, 다시 한 번 복습하세요.

1. 다음 주어진 문장을 독일어로 써 보세요.

1. 그들은 공손한가요?　_____

2. 나 예뻐?　_____

3. 너는 똑똑하다.　_____

4. 그는 (키가) 크다.　_____

5. 우리는 기쁘다.　_____

6. 그들은 슬프다.　_____

7. 너는 어리다(젊다).　_____

8. 그것은 무겁다.　_____

9. 당신은 재밌습니다.　_____

10. 그들은 (힘이) 센가요?　_____

2. 다음의 대화문을 독일어로 작문해 보세요.

11. **A :** 너희는 피곤하니?
    B : 아니요, 우리는 피곤하지 않아요.

    A : _____

    B : _____

12. **A :** 그녀는 빠르니?
    B : 아니, 그녀는 느려.

    A : _____

    B : _____

13. **A :** 너희는 부지런하니?
    B : 아니, 나는 게을러. / **C :** 응, 나는 부지런해.

    A : _____

    B : _____ C : _____

14. **A :** 그들은 아픈가요?
    B : 네, 그들은 아픕니다. / **C :** 아니요, 그들은 건강합니다.

    A : _____

    B : _____ C : _____

15. **A :** 그것은 어려운가요?
    B : 네, 그것은 어렵습니다. / **C :** 아니요, 그것은 간단해요.

    A : _____

    B : _____ C : _____

정답

1. Sind sie höflich? 2. Bin ich schön? 3. Du bist klug. 4. Er ist groß. 5. Wir sind froh. 6. Sie sind traurig. 7. Du bist jung. 8. Es ist schwer. 9. Sie sind lustig. 10. Sind sie stark? 11. A: Seid ihr müde? B: Nein, wir sind nicht müde. 12. A: Ist sie schnell? B: Nein, sie ist langsam. 13. A: Seid ihr fleißig? B: Nein, ich bin faul. C: Ja, ich bin fleißig. 14. A: Sind sie krank? B: Ja, sie sind krank. C: Nein, sie sind gesund. 15. A: Ist es schwer? B: Ja, es ist schwer. C: Nein, es ist einfach.

Tag 06 | Das ist ein Auto.
이것은 자동차입니다.

1단계 Datum: .   .

학습목표
독일어는 모든 사람이나 사물 즉, 명사의 성별을 구분하는 언어로, 명사마다 고유의 성이 존재합니다. 오늘은 명사의 성별, 불특정 대상을 나타내는 부정 관사 ein, 지시 대명사 das를 활용하여 독일어로 말해 보겠습니다.

1 명사의 3가지 성

명사의 성은 '남성 maskulin', '여성 feminin', '중성 neutral', 총 3가지로 나뉩니다. 명사의 성을 가장 직관적으로 알 수 있는 방법은 정관사를 통해서입니다. (1격에 한함)

2 정관사 (1격)

m. 남성	f. 여성	n. 중성	pl. 복수(2개 이상)
der	die	das	die

단어의 성은, 성별을 뜻하는 단어의 맨 앞 철자 또는 정관사의 뒷 철자를 따서 표기합니다.

성별	예 (zum Beispiel)
남성 m. / r.	m. / r. Hund 개
여성 f. / e.	f. / e. Blume 꽃
중성 n. / s.	n. / s. Auto 자동차
복수 pl. (복수만 예외적으로 두 개의 철자 표시)	pl. Eier 달걀들

3 지시 대명사 das

das는 '이것', '저것', '그것' 3가지 의미를 모두 갖고 있으며 사람과 사물의 구분 없이 사용합니다. 상황에 따라 이것, 저것, 그것으로 의미가 변하게 되므로, '특정한 어떤 것을 지칭할 때 쓴다'고 이해하는 것이 좋습니다.

Notiz
강의를 듣고 메모해 보세요.

★ 명사의 성은 남성, 여성, 중성 3가지이지만, 복수 명사에도 정관사가 있습니다. 복수 명사는 성으로 분류되지는 않지만 명사의 복수형 앞에 관사를 쓸 때는 무조건 복수형 정관사가 온다는 점을 알아 두세요.

4 부정 관사 ein의 형태 (1격)

ein 은 '하나의'라는 의미를 가지며, 불특정한 어떤 하나의 대상을 말하고자 할 때 쓰입니다. 뒤따르는 단어의 성별에 따라 ein의 형태가 변화하므로 다음의 표로 익혀 두세요.

	m. 남성	f. 여성	n. 중성
부정 관사	ein	eine	ein

Notiz
강의를 듣고 메모해 보세요.

★ ein은 '하나의', '한 개'를 뜻하므로, 복수 명사 앞에는 올 수 없습니다.

5 지시 대명사 das와 부정 관사 ein 활용하기 ①

Das ist **ein** Hund.	이것은 **하나의** 강아지다.
Das ist **eine** Blume.	이것은 **하나의** 꽃이다.
Das ist **ein** Auto.	이것은 **하나의** 자동차다.
Das **sind** Eier.	이것은 **달걀들이다**.

지시 대명사와 함께 오는 동사는 뒤의 명사의 수에 영향을 받습니다. 따라서 뒤따르는 명사의 수가 단수일 땐 3인칭 단수형 동사 형태가, 명사의 수가 복수일 땐 3인칭 복수형 동사 형태가 온다는 점 기억해 두세요.

6 지시 대명사 das와 부정 관사 ein 활용하기 ②

Ist das ein Hund?	이것은 하나의 강아지인가요?
Ja, das ist **ein** Hund.	네, 그것은 **하나의** 강아지입니다.
Ist das eine Blume?	이것은 하나의 꽃인가요?
Ja, das ist **eine** Blume.	네 그것은 **하나의** 꽃입니다.
Ist das ein Auto?	이것은 하나의 자동차인가요?
Ja, das ist **ein** Auto.	네, 그것은 **하나의** 자동차입니다.
Sind das Eier?	이것은 달걀들인가요?
Ja, das **sind** Eier.	네, 그것은 **달걀들입니다**.

Auf Deutsch bitte!

1 다음 명사 종류에 따른 정관사와 부정 관사 표를 완성해 보세요.

	m. 남성	f. 여성	n. 중성	pl. 복수
정관사	der	1.	2.	3.
부정관사	4.	eine	5.	6.

2 빈칸에 들어갈 알맞은 sein 동사와 부정 관사를 적어 문장을 완성하고, 큰 소리로 말해 보세요.

7. Das _____ ein Hund.

8. Das _____ eine Blume.

9. Das _____ ein Auto.

10. Das _____ Eier.

11. Das _____ _____ Tisch. (남성 / 책상)

12. Das _____ _____ Frau. (여성 / 여자)

13. Das _____ _____ Kind. (중성 / 아이)

14. Das _____ _____ Autos. (복수 / 자동차들)

3 다음 주어진 단어를 활용하여 독일어로 쓰고 따라 말해 보세요.

> f. Katze 고양이 | m. Mann 남자 | n. Hemd 셔츠 | pl. Socken 양말들 | f. Tasche 가방 | m. Hase 토끼 | n. Brot 빵 | pl. Brillen 안경들 | f. Hose 바지 | m. Vogel 새 | n. Handy 휴대폰 | pl. Augen (양쪽) 눈

15. 그것(사람)은 한 남자다. _____

16. 저것은 한 개의 셔츠다. _____

17. 이것은 안경들입니까? _____

18. 이것은 한 개의 가방이다. _____

19. 이것은 한 개의 빵입니까? _____

20. 그것은 (양쪽) 눈이다. _____

21. 그것은 한 개의 휴대폰이다. _____

22. 저것은 하나의 고양이입니까? _____

23. 저것은 한 바지다. _____

24. 그것은 한 토끼다. _____

25. 이것은 하나의 새입니까? _____

26. 저것은 양말들입니까? _____

27. 이것은 하나의 셔츠입니까? _____

28. 이것은 안경들이다. _____

29. 그것은 하나의 토끼입니까? _____

30. 이것은 하나의 휴대폰입니까? _____

정답

1.~6. 본문 참고 7. ist 8. ist 9. ist 10. sind 11. ist, ein 12. ist, eine 13. ist, ein 14. sind, 없음 15. Das ist ein Mann. 16. Das ist ein Hemd. 17. Sind das Brillen? 18. Das ist eine Tasche. 19. Ist das ein Brot? 20. Das sind Augen. 21. Das ist ein Handy. 22. Ist das eine Katze? 23. Das ist eine Hose. 24. Das ist ein Hase. 25. Ist das ein Vogel? 26. Sind das Socken? 27. Ist das ein Hemd? 28. Das sind Brillen. 29. Ist das ein Hase? 30. Ist das ein Handy?

Tag 07

Das sind keine Socken.
이것은 양말들이 아닙니다.

1단계 Datum: . .

학습목표 특정한 대상을 가리키는 정관사 der / die / das 그리고 불특정한 하나의 대상을 가리키는 부정관사 ein에 이어, 오늘은 명사를 부정하는 표현을 학습해 보겠습니다. 부정관사 ein과 형태가 흡사하니 잊지 말고 꼭 기억해 두세요.

1 부정어 kein

불특정한 명사를 부정할 때 즉, 명사를 '갖고 있지 않'다거나, 그 명사가 '아니'라고 말하고 싶을 때 명사 앞에 kein을 씁니다.

2 ein과 kein의 비교 (1격)

	m. 남성	f. 여성	n. 중성	pl. 복수 (2개 이상)
ein	ein	eine	ein	X
kein	kein	keine	kein	keine

3 ein과 kein 활용의 예

Das ist ein Hase.	이것은 한 마리의 토끼다.
Das ist **kein** Hase.	이것은 토끼가 **아니다**.
Das ist eine Katze.	이것은 한 마리의 고양이다.
Das ist **keine** Katze.	이것은 고양이가 **아니다**.
Das ist ein Handy.	이것은 하나의 휴대폰이다.
Das ist **kein** Handy.	이것은 휴대폰이 **아니다**.
Das sind Socken.	이것은 양말들이다.
Das sind **keine** Socken.	이것은 양말들이 **아니다**.

Notiz

강의를 듣고 메모해 보세요.

★ kein은 불특정하거나 일반적인 명사를 부정할 때 쓰입니다. 특정한 (정관사가 붙는) 명사 외에 다른 모든 것을 부정할 때에는 nicht를 씁니다. (nicht ein(e)로 쓰지 않음.)

★ ein의 경우 복수형에서 쓸 수 없었지만, 부정어 kein은 불특정한 복수 명사를 부정하고자 할 때 keine의 형태로 명사 앞에 위치할 수 있습니다.

ein과 kein을 활용하여 긍정문, 부정문으로 대답 말하기

강의를 듣고 메모해 보세요.

Ist das ein Mann? | 이 사람은 한 명의 남자입니까?

A : Ja, das ist **ein Mann**.　네, 이 사람은 **한 명의 남자**입니다.
B : Nein, das ist **kein Mann**.　아니요, 이 사람은 **남자가 아닙**니다.

Ist das eine Hose? | 이것은 한 개의 바지입니까?

A : Ja, das ist **eine Hose**.　네, 이것은 **한 개의 바지**입니다.
B : Nein, das ist **keine Hose**.　아니요, 이것은 **바지가 아닙**니다.

Ist das ein Hemd? | 이것은 하나의 셔츠입니까?

A : Ja, das ist **ein Hemd**.　네, 이것은 **하나의 셔츠**입니다.
B : Nein, das ist **kein Hemd**.　아니요, 이것은 **셔츠가 아닙**니다.

Sind das Brillen? | 이것은 안경들입니까?

A : Ja, das **sind Brillen**.　네, 이것은 **안경들**입니다.
B : Nein, das **sind keine Brillen**.　아니요, 이것은 **안경들이 아닙**니다.

지시 대명사와 함께 오는 동사는 뒤의 명사의 수에 영향을 받습니다. 따라서 뒤따르는 명사의 수가 단수일 때 3인칭 단수형 동사 형태가, 명사의 수가 복수일 때 3인칭 복수형 동사 형태가 온다는 점 기억해 두세요.

Auf Deutsch bitte!

1 다음 부정관사 ein과 부정어 kein의 표를 완성해 보세요.

	m. 남성	f. 여성	n. 중성	pl. 복수
부정관사 ein	1.	2.	ein	3.
부정어 kein	4.	keine	5.	6.

2 빈칸에 들어갈 알맞은 단어를 적어 문장을 완성하고, 큰 소리로 말해 보세요.

7. Das ist _____ Vogel.   이것은 새가 아니다.

8. Das _____ _____ Augen.   이것은 (양쪽) 눈이 아니다.

9. Das ist _____ Auto.   이것은 자동차가 아니다.

10. Das _____ _____ Frau.   저 사람은 여자가 아니다.

11. Das _____ _____ Brot.   이것은 빵이 아니다.

12. Das _____ _____ Brillen. 이것은 안경들이 아니다.

13. Das _____ _____ Tasche.   이것은 가방이 아니다.

14. Das _____ _____ Hase.   이것은 토끼가 아니다.

3 다음 주어진 단어를 활용하여 문장을 독일어로 쓰고 말해 보세요.

> f. Tomate 토마토 | m. Stuhl 의자 | n. Heft 공책 | pl. Bananen 바나나들 | f. Nase 코 | m. Apfel 사과 |
> n. Buch 책 | pl. Ohren (양쪽) 귀 | m. Käse 치즈 | m. Rock 치마

15. 그것은 의자가 아니다.   _____

16. 저것은 책이 아니다.   _____

17. 이것은 바나나들이 아니다. _____

18. 이것은 토마토가 아니다.   _____

19. 저것은 코가 아니다.   _____

20. 이것은 (양쪽) 귀가 아니다. _____

21. 그것은 공책이 아니다. _____

22. 그것은 치즈가 아니다. _____

23. 이것은 치마가 아니다. _____

24. 그것은 사과가 아니다. _____

25. 이것은 새가 아니다. _____

26. 이것은 자동차가 아니다. _____

27. 그것은 안경들이 아니다. _____

28. 그것은 가방이 아니다. _____

29. 저것은 토끼가 아니다. _____

30. 저것은 빵이 아니다. _____

정답

1.~6. 본문 참고 7. kein 8. sind, keine 9. kein 10. ist keine 11. ist, kein 12. sind, keine 13. ist, keine 14. ist, kein 15. Das ist kein Stuhl. 16. Das ist kein Buch. 17. Das sind keine Bananen. 18. Das ist keine Tomate. 19. Das ist keine Nase. 20. Das sind keine Ohren. 21. Das ist kein Heft. 22. Das ist kein Käse. 23. Das ist kein Rock. 24. Das ist kein Apfel. 25. Das ist kein Vogel. 26. Das ist kein Auto. 27. Das sind keine Brillen. 28. Das ist keine Tasche. 29. Das ist kein Hase. 30. Das ist kein Brot.

Tag 08 — Was bist du von Beruf?
너는 직업이 무엇이니?

1단계 | Datum: . .

학습목표
여러분은 자기소개를 할 때 무엇부터 말하나요? 이름이나 사는 곳 등 기본적인 신상을 말한 다음 빠질 수 없는 것이 바로 직업이겠죠. 오늘은 직업을 묻고 답하는 표현을 익히겠습니다. 다양한 직업, 신분 관련 명사들을 활용해서 말해 볼까요?

1 의문사 was

'~은(는) 무엇인가요?'라고 말하고 싶을 때, 의문사 was를 사용합니다. 의문사는 항상 문장의 맨 앞에 놓입니다. 의문사가 있는 의문문의 맨 끝에는 물음표를 항상 붙여 주세요.

2 직업을 묻는 표현

다음 문형에 주어와 성, 수에 맞는 sein 동사를 결합하면 '~은(는) 직업이 무엇입니까?' 라는 표현이 완성됩니다.

> Was + sein 동사 + 주어(인칭 대명사) + von Beruf?

3 직업 말하기

다음 표현에 주어와 성, 수에 맞는 sein 동사를 결합하면 '~(주어)는 ~(직업 명사)입니다.'라는 표현이 완성됩니다.

> 주어(인칭 대명사) + sein 동사 + 직업(신분) 명사.

4 직업 묻고 답하기(단수)

예문

A: Was sind Sie von Beruf?	당신의 직업은 무엇입니까?
B: Ich bin Student.	저는 (남자)대학생입니다.
A: Was bist du von Beruf?	너의 직업은 무엇이니?
B: Ich bin Studentin.	나는 (여자)대학생이야.
A: Was ist er von Beruf?	그의 직업은 무엇입니까?
B: Er ist Schüler.	그는 (남자)학생입니다.
A: Was ist sie von Beruf?	그녀의 직업은 무엇이니?

Notiz
강의를 듣고 메모해 보세요.

● 독일어로 직업을 말할 때, 명사 앞에 보통은 관사를 붙이지 않습니다.

Notiz

강의를 듣고 메모해 보세요.

B: Sie ist **Schülerin**.	그녀는 (여자) 학생입니다.
A: **Was sind Sie von Beruf?**	당신의 직업은 무엇입니까?
B: Ich bin **Lehrer**.	저는 (남자) 교사입니다.
A: **Was bist du von Beruf?**	너의 직업은 무엇이니?
B: Ich bin **Lehrerin**.	나는 (여자) 교사야.
A: **Was ist er von Beruf?**	그의 직업은 무엇입니까?
B: Er ist **Hausmann**.	그는 (남자) 주부입니다.
A: **Was ist sie von Beruf?**	그녀의 직업은 무엇이니?
B: Sie ist **Hausfrau**.	그녀는 (여자) 주부입니다.
A: **Was sind Sie von Beruf?**	당신의 직업은 무엇입니까?
B: Ich bin **Arzt**.	저는 (남자) 의사입니다.
A: **Was bist du von Beruf?**	너의 직업은 무엇이니?
B: Ich bin **Ärztin**.	나는 (여자) 의사야.
A: **Was ist er von Beruf?**	그의 직업은 무엇입니까?
B: Er ist **Angestellter**.	그는 (남자) 회사원입니다.
A: **Was ist sie von Beruf?**	그녀의 직업은 무엇이니?
B: Sie ist **Angestellte**.	그녀는 (여자) 회사원입니다.

Auf Deutsch bitte!

1 다음 주어진 단어를 활용하여 빈칸을 채워 독일어 문장을 완성하고, 큰 소리로 말해 보세요.

> **보기**
> Beruf / Student / ist / bist / von / Studentin / was

1. _____ ist er _____ _____? 그의 직업은 무엇인가요?
2. _____ _____ du von _____? 너의 직업은 무엇이니?
3. Ich bin _____. 나는 여학생이야.
4. Er ist _____. 그는 (남자)대학생이야.
5. Was _____ sie _____ Beruf? 그녀의 직업은 무엇이니?

2 빈칸에 들어갈 알맞은 단어를 적어 문장을 완성하고, 큰 소리로 말해 보세요.

6. Ich bin _____. 나는 (남)회사원이다.
7. Sie _____ _____. 그녀는 (여)회사원이야.
8. Was _____ _____ von Beruf? 당신의 직업은 무엇인가요?
9. Er ist _____. 그는 남학생이야.
10. Sie ist _____. 그녀는 (여자) 선생님입니다.

3 다음 주어진 단어를 활용하여 문장을 독일어로 쓰고 말해 보세요.

> m. Professor 남자 교수 | f. Professorin 여자 교수 | m. Beamter 남자 공무원 | f. Beamtin 여자 공무원 |
> m. Ingenieur 남자 엔지니어 | f. Ingenieurin 여자 엔지니어 | m. Koch 남자 요리사 | f. Köchin 여자 요리사 |
> m. Musiker 남자 음악가 | f. Musikerin 여자 음악가

11. 나는 여자 교수입니다. _____

12. 너는 남자 공무원이다. _____

13. 그녀는 엔지니어다. _____

14. 그는 요리사입니다. _____

15. 나는 남자 교수입니다. _____

16. 그는 엔지니어입니다. _____

17. 그녀는 음악가입니다. _____

18. 그는 남자 음악가입니다. _____

19. 나는 여자 요리사입니다. _____

20. 그녀는 여자 공무원이야. _____

21. 나는 여대생이다. _____

22. 나는 남자 음악가입니다. _____

23. 그녀는 회사원이다. _____

24. 그는 남학생이다. _____

25. 그녀는 여학생이다. _____

26. 나는 남자 대학생이다. _____

27. 너는 여자 대학생이다. _____

28. 그녀는 여자 선생님이다. _____

29. 그는 남자 선생님이다. _____

30. 그는 공무원이다. _____

정답

1. Was, von, Beruf 2. Was, bist, Beruf 3. Schülerin 4. Student 5. ist, von 6. Angestellter 7. ist Angestellte 8. sind, Sie 9. Schüler 10. Lehrerin 11. Ich bin Professorin. 12. Du bist Beamter. 13. Sie ist Ingenieurin. 14. Er ist Koch. 15. Ich bin Professor. 16. Er ist Ingenieur. 17. Sie ist Musikerin. 18. Er ist Musiker. 19. Ich bin Köchin. 20. Sie ist Beamtin. 21. Ich bin Studentin. 22. Ich bin Musiker. 23. Sie ist Angestellte. 24. Er ist Schüler. 25. Sie ist Schülerin. 26. Ich bin Student. 27. Du bist Studentin. 28. Sie ist Lehrerin. 29. Er ist Lehrer. 30. Er ist Beamter.

Tag 09

Wir sind Angestellte.
우리는 회사원들이야.

1단계   Datum: . .

학습 목표
Tag 08에 이어 직업을 묻고 답하는 표현을 좀 더 다양하게 확장해서 말해 보겠습니다. 주어가 복수일 땐 직업 명사 또한 복수형으로 등장한다는 점 기억해 두세요. 그럼 오늘의 학습 내용을 살펴볼까요?

1 직업을 묻는 표현 (주어가 복수일 때)

직업을 묻는 질문 표현은 Tag 08에서 배운 단수형과 기본적으로 동일합니다. 주어와 성, 수에 맞는 sein 동사를 결합하면 '~은(는) 직업이 무엇입니까?'라는 표현이 완성됩니다.

> Was + sein 동사 + 주어(인칭대명사) + von Beruf?

2 직업 말하기 (복수형)

대답 역시 마찬가지로 문형과 어순은 단수형과 동일하지만, 반드시 명사의 복수형이 와야 한다는 점에 유의하세요.

> 주어(인칭대명사) + sein 동사 + 직업(신분) 명사의 복수형.

3 직업 묻고 답하기(복수)

보통 복수 명사는 단수 명사에서 몇 개의 철자가 첨가된 형태이며, 예외적으로 단수형과 동일하거나 철자가 아예 다른 단어로 바뀌는 경우도 있습니다. 지금 단계에서는 우선 주어가 복수일 경우 sein 동사 뒤의 보어 명사 또한 복수형으로 제시되어야 한다는 점만 꼭 기억하세요. 명사의 복수형에 대해서는 나중에 좀 더 자세히 공부하겠습니다.

A: Was seid ihr von Beruf?	너희의 직업은 무엇이니?
B: Wir sind **Studenten**.	우리는 (남자) 대학생들입니다
A: Was sind sie von Beruf?	그들의 직업은 무엇입니까?
B: Sie sind **Studentinnen**.	그들은 (여자) 대학생들이야.
A: Was sind Sie von Beruf?	당신들의 직업은 무엇입니까?
B: Wir sind **Schüler**.	우리는 (남자) 학생들입니다.
A: Was seid ihr von Beruf?	너희의 직업은 무엇이니?
B: Wir sind **Schülerinnen**.	우리는 (여자) 학생들입니다.

 **Notiz**
강의를 듣고 메모해 보세요.

A: Was sind sie von Beruf?	그들의 직업은 무엇입니까?	
B: Sie sind **Lehrer**.	그들은 (남자) 교사들입니다.	
A: Was sind Sie von Beruf?	당신들의 직업은 무엇입니까?	
B: Wir sind **Lehrerinnen**.	우리는 (여자) 교사들입니다.	
A: Was seid ihr von Beruf?	너희의 직업은 무엇이니?	
B: Wir sind **Hausmänner**.	우리는 (남자) 주부들입니다.	
A: Was sind sie von Beruf?	그들의 직업은 무엇이니?	
B: Sie sind **Hausfrauen**.	그들은 (여자) 주부들입니다.	
A: Was sind Sie von Beruf?	당신들의 직업은 무엇입니까?	
B: Wir sind **Ärzte**.	우리는 (남자) 의사들입니다.	
A: Was seid ihr von Beruf?	너희의 직업은 무엇이니?	
B: Wir sind **Ärztinnen**.	우리는 (여자) 의사들이야.	
A: Was sind sie von Beruf?	그들의 직업은 무엇입니까?	
B: Sie sind **Angestellte**.	그들은 (남자) 회사원들입니다.	
A: Was sind Sie von Beruf?	당신들의 직업은 무엇입니까?	
B: Wir sind **Angestellte**.	우리는 (여자) 회사원들입니다.	

Notiz

강의를 듣고 메모해 보세요.

Auf Deutsch bitte!

1 빈칸에 들어갈 알맞은 단어를 적어 문장을 완성하고, 큰 소리로 말해 보세요.

1. Was _____ _____ von _____ ?   너희의 직업은 무엇이니?
2. Was _____ _____ von _____ ?   당신들의 직업은 무엇입니까?
3. _____ sind _____.   우리는 남학생들이야.
4. Sie sind _____.   그들은 (남자) 대학생들이야.
5. Sie _____ _____.   당신들은 여자 의사들입니다.
6. Was _____ _____ von Beruf?   그들의 직업은 무엇이니?
7. Wir sind _____.   우리는 남자 주부들이야.
8. Wir sind _____.   우리는 여학생들입니다.
9. Wir sind _____.   우리는 여교사들이야.
10. Sie sind _____.   그들은 남자 회사원들입니다.

2 다음 주어진 단어를 활용하여 문장을 독일어로 쓰고 말해 보세요.

> pl. **Professoren** 남자 교수들 | pl. **Professorinnen** 여자 교수들 | pl. **Beamte** 남자 공무원들 | pl. **Beamtinnen** 여자 공무원들 | pl. **Ingenieure** 남자 엔지니어들 | pl. **Ingenieurinnen** 여자 엔지니어들 | pl. **Köche** 남자 요리사들 | pl. **Köchinnen** 여자 요리사들 | pl. **Musiker** 남자 음악가들 | pl. **Musikerinnen** 여자 음악가들

11. 우리는 여자 교수들입니다.   _____
12. 우리는 남자 의사들이다.   _____
13. 그들은 여자 엔지니어들이다.   _____
14. 당신들은 여자 요리사들입니다.   _____
15. 우리는 남자 교수들입니다.   _____
16. 그들은 남자 엔지니어들입니다.   _____
17. 그들은 여자 음악가들입니다.   _____

18. 우리는 남자 음악가들입니다. _____

19. 그들은 남자 요리사들입니다. _____

20. 그들은 여자 공무원들입니다. _____

21. 그들은 남자 주부들이다. _____

22. 그들은 여자 회사원들이다. _____

23. 너희는 여자 주부들이다. _____

24. 너희는 남자 음악가들이다. _____

25. 너희들은 남자 요리사들이다. _____

26. 당신들은 여자 대학생들이다. _____

27. 그들은 남자 교사들이다. _____

28. 당신들은 여자 교사들이다. _____

29. 너희들은 여자 엔지니어들이다. _____

30. 그들은 남학생들이다. _____

정답

1. seid, ihr, Beruf 2. sind, Sie, Beruf 3. Wir, Schüler 4. Studenten 5. sind, Ärztinnen 6. sind, sie 7. Hausmänner 8. Schülerinnen 9. Lehrerinnen 10. Angestellte 11. Wir sind Professorinnen. 12. Wir sind Ärzte. 13. Sie sind Ingenieurinnen. 14. Sie sind Köchinnen. 15. Wir sind Professoren. 16. Sie sind Ingenieure. 17. Sie sind Musikerinnen. 18. Wir sind Musiker. 19. Sie sind Köche. 20. Sie sind Beamtinnen. 21. Sie sind Hausmänner. 22. Sie sind Angestellte. 23. Ihr seid Hausfrauen. 24. Ihr seid Musiker. 25. Ihr seid Köche. 26. Sie sind Studentinnen. 27. Sie sind Lehrer. 28. Sie sind Lehrerinnen. 29. Ihr seid Ingenieurinnen. 30. Sie sind Schüler.

Tag 10

Woher kommst du?
- Ich komme aus Deutschland.
너는 어디에서 왔니?
- 나는 독일에서 왔어.

 학습목표

직업을 묻고 답할 수 있게 되었으니, 이제 어디에서 왔는지 즉, 출신지를 묻고 답하는 말하기를 해 볼까요? 독일어로 출신지를 묻고 답할 땐 '오다'라는 의미의 kommen 동사로 말합니다.
그럼 오늘의 학습 내용을 살펴볼까요?

1 의문사 woher

'(어디)로부터 ~?'라고 말하고 싶을 땐 의문사 woher를 사용합니다. 의문사는 항상 문장의 맨 앞에 위치합니다. 의문사가 있는 의문문의 맨 끝에는 물음표를 붙여 주세요.

2 인칭별 kommen 동사의 어미 변화

인칭	kommen
ich	komm**e**
du	komm**st**
er / sie / es	komm**t**
wir	komm**en**
ihr	komm**t**
sie / Sie	komm**en**

3 출신지를 묻는 표현

다음 문형에 주어와 성, 수에 맞는 kommen 동사를 결합하면 '~은(는) 어디에서 왔나요?'라고 말할 수 있습니다.

> 어디에서 Woher + 오다 kommen + 주어(인칭 대명사)?

예 Woher kommst du? 너는 어디에서 왔니?

4 출신 말하기

다음 표현에 주어와 성, 수에 맞는 kommen 동사를 결합하고 '~(으)로부터의'를 뜻하는 전치사 aus 뒤에 국가 / 도시명을 말하면 '~은(는) ~에서 왔어요.'라고 말할 수 있습니다.

Notiz
강의를 듣고 메모해 보세요.

주어(인칭 대명사) + 오다 kommen + ~(으)로부터 aus + 국가명/도시명

예 Ich komme aus Deutschland.   나는 독일에서 왔어.

5 의문사 woher 활용하여 출신 묻고 답하기

A: Woher kommst du?	너는 어디서 왔니?
B: Ich komme aus Korea.	나는 한국에서 왔어.
A: Woher kommen Sie?	당신은 어디에서 오셨습니까?
B: Ich komme aus Deutschland.	저는 독일에서 왔습니다.
A: Woher kommt er?	그는 어디에서 왔나요?
B: Er kommt aus Südkorea.	그는 남한에서 왔어요.
A: Woher kommt sie?	그녀는 어디에서 왔니?
B: Sie kommt aus Japan.	그녀는 일본에서 왔어.
A: Woher kommt ihr?	너희는 어디에서 왔니?
B: Wir kommen aus China.	우리는 중국에서 왔습니다.
A: Woher kommen sie?	그들은 어디에서 왔습니까?
B: Sie kommen aus Amerika.	그들은 미국에서 왔습니다.
A: Woher kommen Sie?	당신(들)은 어디에서 왔습니까?
B: Wir kommen aus Frankreich.	우리는 프랑스에서 왔습니다.

★ süd 남쪽의

6 kommen 동사 활용하여 출신 묻고 답하기

Kommst du aus Korea?	너는 한국에서 왔니?
Kommt er aus China?	그는 중국에서 왔니?
Kommt sie aus Amerika?	그녀는 미국에서 왔니?
Kommt ihr aus Japan?	너희는 일본에서 왔니?
Kommen sie aus Frankreich?	그들은 프랑스에서 왔니?
Kommen Sie aus Südkorea?	당신은 남한에서 왔습니까?
Kommen Sie aus Nordkorea?	당신들은 북한에서 왔습니까?

★ nord 북쪽의

Notiz
강의를 듣고 메모해 보세요.

Auf Deutsch bitte!

1 다음 주어진 단어를 활용하여 빈칸을 채워 독일어 문장을 완성하고, 큰 소리로 말해 보세요.

> **보기**
> aus / kommst / woher / Amerika / aus / kommt / kommen / aus

1. _____ _____ du?
2. Ich komme _____ Korea.
3. Wir kommen _____ _____.
4. Sie _____ _____ China.

2 빈칸에 들어갈 알맞은 단어를 적어 문장을 완성하고, 큰 소리로 말해 보세요.

5. _____ er _____ Japan?   그는 일본에서 왔니?
6. _____ ihr _____ _____ ?   너희는 프랑스에서 왔니?
7. Wir kommen _____ _____.   우리는 남한에서 왔어.
8. Sie kommen _____ _____.   그들은 북한에서 왔어.
9. Kommen _____ _____ _____ ?   당신들은 독일에서 왔습니까?

3 다음 주어진 단어를 활용하여 독일어 문장으로 쓰고 따라 말해 보세요.

> Spanien 스페인 | Italien 이탈리아 | Griechenland 그리스 | England 영국 | Schweden 스웨덴 | Russland 러시아 | Ungarn 헝가리 | Polen 폴란드 | Dänemark 덴마크 | Indien 인도

10. 우리는 스페인에서 왔습니다. _____
11. 그들은 그리스에서 왔습니다. _____
12. 나는 영국에서 왔어. _____
13. 그는 폴란드에서 왔어. _____
14. 그녀는 러시아에서 왔어. _____
15. 너희는 이탈리아에서 왔니? _____

16. 당신들은 스웨덴에서 왔습니까? _____

17. 너는 헝가리에서 왔니? _____

18. 당신은 인도에서 왔나요? _____

19. 그녀는 덴마크에서 왔나요? _____

20. **A** : 그녀는 어디에서 왔나요?

   B : 그녀는 독일에서 왔어요.

   A : _____

   B : _____

21. **A** : 당신들은 어디에서 왔나요?

   B : 우리들은 프랑스에서 왔습니다.

   A : _____

   B : _____

22. **A** : 너희들은 영국에서 왔니?

   B : 우리들은 러시아에서 왔습니다.

   A : _____

   B : _____

정답

1. Woher, kommst 2. aus 3. aus Amerika 4. kommen / kommt, aus 5. Kommt, aus 6. Kommt, aus, Frankreich 7. aus Südkorea 8. aus Nordkorea 9. Sie, aus, Deutschland 10. Wir kommen aus Spanien. 11. Sie kommen aus Griechenland. 12. Ich komme aus England. 13. Er kommt aus Polen. 14. Sie kommt aus Russland. 15. Kommt ihr aus Italien? 16. Kommen Sie aus Schweden? 17. Kommst du aus Ungarn? 18. Kommen Sie aus Indien? 19. Kommt sie aus Dänemark? 20. A: Woher kommt sie? B: Sie kommt aus Deutschland. 21. A: Woher kommen Sie? B: Wir kommen aus Frankreich. 22. A: Kommt ihr aus England? B: Wir kommen aus Russland.

Tag 6-10 Wiederholung 복습 1

1단계 Datum: . .

 학습목표
Tag 06~10까지 배운 내용들을 잘 기억하고 있는지 실력을 점검해 보겠습니다.
다음 문제를 스스로 풀고, 정답을 확인해 보세요.
틀린 문제는 앞으로 돌아가 해당 내용을 찾아 보고, 다시 한 번 복습하세요.

1 다음 중 단어의 성별이 나머지와 <u>다른</u> 하나를 고르세요.

1. ① Lehrerin ② Nase ③ Musiker ④ Blume

2. ① Socken ② Studentin ③ Brillen ④ Ohren

3. ① Buch ② Handy ③ Auto ④ Hund

2 다음 중 명사를 성, 수에 유의하여 독일어로 바르게 적어 보세요.

4. 토끼 _____

5. 사과 _____

6. 공책 _____

7. 치즈 _____

8. 회사원들 _____

9. 바나나들 _____

10. 치마 _____

11. 양쪽 눈 _____

12. 새 _____

13. 고양이 _____

14. 교수(여자) _____

15. 선생(남자) _____

16. 음악가(여자) _____

17. 그리스 _____

18. 공무원(남자) _____

19. 폴란드 _____

20. 러시아 _____

21. 덴마크 _____

22. 헝가리 _____

23. 엔지니어(여자) _____

3 다음 단어의 뜻을 우리말로 쓰세요.

24. Koch _____
25. Frau _____
26. Brot _____
27. Brillen _____
28. Eier _____
29. Buch _____
30. Köchinnen _____
31. Beamte _____
32. Spanien _____
33. Hose _____

34. Ohren _____
35. Socken _____
36. Mann _____
37. Südkorea _____
38. Schülerinnen _____
39. Professoren _____
40. Stuhl _____
41. Hausmann _____
42. Angestellte _____
43. Schweden _____

4 빈칸에 들어갈 알맞은 단어를 적어 문장을 완성하고, 큰 소리로 말해 보세요.

44. _____ ist _____ ?   그것은 무엇입니까?

45. _____ ist _____ _____ .   이것은 하나의 의자입니다.

46. Ist _____ eine Blume?   이것은 하나의 꽃인가요?

47. _____ , _____ ist _____ Tasche.   아니요, 그것은 하나의 가방입니다.

48. _____ _____ Sie?   당신은 어디서 오셨나요?

49. Sie kommt _____ _____ .   그녀는 영국에서 왔어요.

50. Sie _____ _____ .   그들은 여자 엔지니어들이야.

정답

1. ③ 2. ② 3. ④ 4. r. Hase 5. r. Apfel 6. s. Heft 7. r. Käse 8. pl. Angestellte 9. pl. Bananen 10. r. Rock 11. pl. Augen 12. r. Vogel 13. e. Katze 14. e. Professorin 15. r. Lehrer 16. e. Musikerin 17. (s.)Griechenland 18. r. Beamter 19. (s.)Polen 20. (s.)Russland 21. (s.)Dänemark 22. (s.)Ungarn 23. e. Ingenieurin 24. 남자 요리사 25. 여자 26. 빵 27. 안경들 28. 달걀들 29. 책 30. 여자 요리사들 31. 남자 공무원들 32. 스페인 33. 바지 34. 양쪽 귀 35. 양말들 36. 남자 37. 남한 38. 여학생들 39. 남교수들 40. 의자 41. 남자 주부 42. 여자 회사원, 회사원들 43. 스웨덴 44. Was, das 45. Das, ein, Stuhl 46. das 47. Nein, das, eine 48. Woher, kommen 49. aus, England 50. sind, Ingenieurinnen

Tag 6-10 Wiederholung 복습 2

1단계 Datum: .   .

학습목표 Tag 06~10까지 배운 내용들을 활용해서 Dialog를 만들어 보겠습니다. 스스로 독일어 대화를 구성해 보고, 정답을 확인해 보세요. 잘 떠오르지 않는 문장은 앞으로 돌아가 해당 내용을 찾아 보고, 다시 한 번 복습하세요.

 다음 대화 내용을 독일어로 쓰고 따라 말해 보세요.

51. A : 그는 어디서 왔니?
   B : 그는 미국에서 왔어.
   C : 아니, 그는 일본에서 왔어.

   A : _____

   B : _____

   C : _____

52. A : 그것은 안경들이니?
   B : 아니, 그것은 안경들이 아니야.
   C : 그것은 하나의 치마야.

   A : _____

   B : _____

   C : _____

53. A : 당신은 어디에서 오셨나요?
   B : 저는 한국에서 왔습니다.
   A : 당신은 북한에서 오셨나요?
   B : 아니요, 저는 남한에서 왔습니다.

   A : _____

   B : _____

Tag 6-10 | 3

A : _____

B : _____

54. **A :** 너희 직업은 무엇이니?
    B : 너희는 회사원들이니?
    C : 네, 저는 (남자) 회사원이에요.
    D : 네, 저는 (남자) 선생님이에요.

A : _____

B : _____

C : _____

D : _____

55. **A :** 그녀는 의사인가요?
    B : 네, 그녀는 의사입니다.
    A : 그는 교수인가요?
    B : 아니요, 그는 엔지니어입니다.

A : _____

B : _____

A : _____

B : _____

정답

51. A: Woher kommt er? B: Er kommt aus Amerika. C: Nein, er kommt aus Japan. 52. A: Sind das Brillen? B: Nein, das sind keine Brillen. C: Das ist ein Rock. 53. A: Woher kommen Sie? B: Ich komme aus Korea. A: Kommen Sie aus Nordkorea? B: Nein, ich komme aus Südkorea. 54. A: Was seid ihr von Beruf? B: Seid ihr Angestellte? C: Ja, ich bin Angestellter. D: Ja, ich bin Lehrer. 55. A: Ist sie Ärztin? B: Ja, sie ist Ärztin. A: Ist er Professor? B: Nein, er ist Ingenieur.

Tag 11

Lernen Sie Deutsch?
당신은 독일어를 공부하나요?

2단계   Datum: .   .

학습 목표
앞서 배운 sein 동사의 변화형을 기억하나요? 모든 독일어 동사는 주어에 따라 형태가 변합니다. sein 동사처럼 형태가 완전히 변하면 불규칙 동사, 일정한 규칙에 따라 변하면 규칙 동사입니다. 오늘은 규칙 동사 lernen의 변화형과 언어명, 과목명 등을 연결하여 말해 보겠습니다.

1 lernen 동사의 변화 (주어가 단수일 때)

lernen은 '~을(를) 공부하다, ~을(를) 배우다'라는 의미의 동사입니다.

인칭 대명사(주어)	어간	어미
ich	lern	e
du	lern	st
er / sie / es	lern	t
Sie (당신)	lern	en

모든 동사는 활용 시 변하지 않는 어간 부분과, 활용 시 변화가 있는 어미 부분으로 이루어져 있습니다. 독일어에서 일반적으로 동사의 기본형 어미는 n 또는 en입니다. 어미까지 모두 포함한 동사를 우리는 동사 원형이라고 하며, 주어에 따라 어미가 변화한다는 사실을 위의 표와 같이 알 수 있습니다.

2 lernen 동사 활용하기 ①

주어(인칭 대명사) + lernen + 언어 / 과목 등 배우고 있는 것
: ~은(는) ~을(를) 공부한다.

예 Ich **lerne** Koreanisch.   나는 한국어를 **공부한다**.
　　 Du **lernst** Deutsch.   너는 독일어를 **공부한다**.
　　 Er **lernt** Japanisch.   그는 일본어를 **공부한다**.
　　 Sie **lernt** Chinesisch.   그녀는 중국어를 **공부한다**.
　　 Sie **lernen** Englisch.   당신은 영어를 **공부한다**.

Notiz
강의를 듣고 메모해 보세요.

★ 언어명의 경우 예외도 있으나 대부분 -sch 로 끝나며 중성 명사입니다.

3. 의문사 was와 lernen 동사 활용하기

Was (무엇) + lernen + 주어(인칭 대명사)
: ~은(는) 무엇을 공부합니까?

예 Was lernen Sie? — 당신은 무엇을 공부하나요?
Was lernst du? — 너는 무엇을 공부하니?
Was lernt er? — 그는 무엇을 공부합니까?
Was lernt sie? — 그녀는 무엇을 공부합니까?

4. lernen 동사 활용하기 ②

lernen + 주어(인칭 대명사) + 언어/과목 등 배우고 있는 것
: ~은(는) ~을 공부합니까?

예 Lernst du Koreanisch? — 너는 한국어를 공부하니?
Ja, ich lerne Koreanisch. — 응, 나는 한국어를 공부해.
Lernt er Englisch? — 그는 영어를 공부합니까?
Ja, er lernt Englisch. — 네, 그는 영어를 공부합니다.
Lernt sie Japanisch? — 그녀는 일본어를 공부하나요?
Nein, sie lernt Chinesisch. — 아니요, 그녀는 중국어를 공부합니다.
Lernen Sie Deutsch? — 당신은 독일어를 공부하나요?
Ja, ich lerne Deutsch. — 네, 저는 독일어를 공부합니다.

Notiz
강의를 듣고 메모해 보세요.

Auf Deutsch bitte!

1 주어에 맞게 lernen 동사의 알맞은 변화형을 채워 다음의 표를 완성하세요.

인칭 대명사(주어)	lernen 동사
ich	
du	
er	
sie	
Sie (당신)	

2 빈칸에 들어갈 알맞은 단어를 적어 문장을 완성하고, 큰 소리로 말해 보세요.

1. Was _____ du?   너는 무엇을 공부하니?

2. Er _____ _____.   그는 독일어를 공부해.

3. _____ sie _____?   그녀는 한국어를 공부하니?

4. Ich _____ _____.   나는 중국어를 공부해.

5. Du _____ _____.   너는 일본어를 공부한다.

6. _____ du _____?   너는 영어를 공부하니?

7. Was _____ Sie?   당신은 무엇을 공부합니까?

8. Ich _____ _____.   저는 독일어를 공부합니다.

3 다음 주어진 단어를 활용하여 독일어 문장을 쓰고 따라 말해 보세요.

> n. Französisch 프랑스어 | n. Italienisch 이탈리아어 | n. Spanisch 스페인어 | f. Mathematik 수학
> f. Geschichte 역사 | f. Musik 음악 | f. Kunst 미술

9. 당신은 스페인어를 공부합니까? _____

10. 저는 수학을 공부해요. _____

11. 그는 무엇을 공부하나요? _____

12. 그는 이탈리아어를 공부합니다. _____

13. 그녀는 무엇을 공부하니? _____

14. 그녀는 역사를 공부해. _____

15. 너는 프랑스어를 공부하니? _____

16. 당신은 미술을 공부합니까? _____

17. 나는 음악을 공부한다. _____

18. 너는 무엇을 공부하니? _____

19. 나는 스페인어를 공부한다. _____

20. 그녀는 수학을 공부하니? _____

21. 그녀는 이탈리아어를 공부해. _____

22. 그는 무엇을 공부하니? _____

23. 그는 역사를 공부해. _____

24. 당신을 무엇을 공부합니까? _____

25. 저는 미술을 공부합니다. _____

정답

1번 표 본문 참고 1. lernst 2. lernt, Deutsch 3. Lernt, Koreanisch 4. lerne, Chinesisch 5. lernst, Japanisch 6. Lernst, Englisch 7. lernen 8. lerne, Deutsch 9. Lernen Sie Spanisch? 10. Ich lerne Mathematik. 11. Was lernt er? 12. Er lernt Italienisch. 13. Was lernt sie? 14. Sie lernt Geschichte. 15. Lernst du Französisch? 16. Lernen Sie Kunst? 17. Ich lerne Musik. 18. Was lernst du? 19. Ich lerne Spanisch. 20. Lernt sie Mathematik? 21. Sie lernt Italienisch. 22. Was lernt er? 23. Er lernt Geschichte. 24. Was lernen Sie? 25. Ich lerne Kunst.

Tag 12

Sie studieren Jura.
그들은 법학을 전공합니다.

2단계 Datum: . .

 학습목표
Tag 11에서는 규칙 동사 lernen을 배우며 주어가 단수일 때 동사가 어떻게 변하는지 학습했습니다. 오늘은 또 다른 규칙동사 studieren을 통해 주어가 복수일 땐 동사의 형태가 어떻게 변하는지 알아보겠습니다. 그럼 오늘의 학습 내용을 살펴볼까요?

1 studieren 동사의 변화 (주어가 복수일 때)

studieren은 '~을(를) 전공하다'라는 의미의 동사입니다.

인칭 대명사(주어)	어간	어미
wir	studier	en
ihr		t
sie		en
Sie(당신들)		en

2 studieren 동사 활용하기 ①

주어(인칭 대명사) + studieren + 전공 학문
: ~은(는) ~을(를) 전공한다.

예 Wir **studieren** Germanistik.   우리는 독어 독문학을 **전공한다**.

Ihr **studiert** Koreanistik.   너희는 국어 국문학을 **전공한다**.

Sie **studieren** Jura.   그들은 법학을 **전공한다**.

Sie **studieren** Chemie.   당신들은 화학을 **전공한다**.

Notiz
강의를 듣고 메모해 보세요.

★ lernen과 studieren은 모두 '~을(를) 배우다, 공부하다'라고 해석되지만 세부적인 의미는 다릅니다. lernen은 학교 공부 또는 그 외의 개인적인 흥밋거리에 대해서도 두루 사용합니다. 반면 studieren은 주로 대학(원)에서 전문적으로 공부함을 나타내어 '전공하다'라는 의미로 쓰입니다.

3 의문사 Was와 studieren 동사 활용하기

Was (무엇) + studieren + 주어(인칭 대명사)
: ~은(는) 무엇을 전공합니까?

Notiz
강의를 듣고 메모해 보세요.

예 Was **studiert** ihr? — 너희는 무엇을 **전공하니**?
Wir studieren Germanistik. — 우리는 독어 독문학을 전공합니다.
Was **studieren** sie? — 그들은 무엇을 **전공합니까**?
Sie studieren Jura. — 그들은 법학을 전공합니다.
Was **studieren** Sie? — 당신들은 무엇을 **전공합니까**?
Wir studieren Chemie. — 우리는 화학을 전공합니다.

4 studieren 동사 활용하기 ②

Studieren + 주어(인칭대명사) + 전공 학문
: ~은(는) ~을(를) 전공합니까?

예 **Studiert** ihr Germanistik? — 너희는 독어 독문학을 **전공하니**?
Ja, wir studieren Germanistik. — 응, 우리는 독어 독문학을 전공해.
Studieren sie Jura? — 그들은 법학을 **전공합니까**?
Ja, sie studieren Jura. — 네, 그들은 법학을 전공합니다.
Studieren Sie Koreanistik? — 당신들은 국어 국문학을 **전공하나요**?
Ja, wir studieren Koreanistik. — 네, 우리는 국어 국문학을 전공합니다.
Studiert ihr Chemie? — 너희는 화학을 **전공하니**?
Ja, wir **studieren** Chemie. — 응, 우리는 화학을 전공해.

Auf Deutsch bitte!

1 주어에 맞게 studieren 동사의 알맞은 변화형을 채워 다음의 표를 완성하세요.

인칭대명사(주어)	studieren
wir	1.
ihr	2.
sie	3.
Sie(당신들)	4.

2 빈칸에 들어갈 알맞은 단어를 적어 문장을 완성하고, 큰 소리로 말해 보세요.

5. Was _____ ihr? 너희는 무엇을 전공하니?

6. _____ studieren _____. 그들은 독어 독문학을 전공한다.

7. _____ Sie _____? 당신들은 국어 국문학을 전공합니까?

8. Wir _____ _____. 우리는 화학을 전공한다.

9. _____ ihr _____? 너희는 법학을 전공하니?

3 다음 주어진 단어를 활용하여 독일어 문장으로 쓰고 따라 말해 보세요.

> m. Maschinenbau 기계 공학 | f. Physik 물리학 | f. Architektur 건축학 | f. Psychologie 심리학
> n. Klavier 피아노 | f. Philosophie 철학 | f. Linguistik 언어학 | m. Lehramt 교직(교사가 되기 위한)

10. 그들은 물리학을 전공합니까? _____

11. 우리는 건축학을 전공해요. _____

12. 당신들은 무엇을 전공하나요? _____

13. 너희들은 심리학을 전공하니? _____

14. 우리는 기계 공학을 전공합니다. _____

15. 너희는 무엇을 전공하니? _____

16. 그들은 교직을 전공합니다. _____

17. 우리는 언어학을 전공해. _____

18. 그들은 무엇을 전공합니까? _____

19. 그들은 피아노를 전공합니다. _____

20. 우리는 철학을 전공합니다. _____

21. 우리는 물리학을 전공합니다. _____

22. 너희는 언어학을 전공하니? _____

23. 우리는 독문학을 전공한다. _____

24. 너희들은 철학을 전공하니? _____

25. 그들은 음악을 전공해? _____

26. 너희는 화학을 전공한다. _____

27. 당신들은 건축학을 전공하시나요? _____

28. 우리는 심리학을 전공한다. _____

29. 그들은 법학을 전공한다. _____

30. 그들은 기계 공학을 전공한다. _____

정답

1.~4. 본문 참고 5. studiert 6. Sie, Germanistik 7. Studieren, Koreanistik 8. studieren, Chemie 9. Studiert, Jura 10. Studieren sie Physik? 11. Wir studieren Architektur. 12. Was studieren Sie? 13. Studiert ihr Psychologie? 14. Wir studieren Maschinenbau. 15. Was studiert ihr? 16. Sie studieren Lehramt. 17. Wir studieren Linguistik. 18. Was studieren sie? 19. Sie studieren Klavier. 20. Wir studieren Philosophie. 21. Wir studieren Physik. 22. Studiert ihr Linguistik? 23. Wir studieren Germanistik. 24. Studiert ihr Philosophie? 25. Studieren sie Musik? 26. Ihr studiert Chemie. 27. Studieren Sie Architektur? 28. Wir studieren Psychologie. 29. Sie studieren Jura. 30. Sie studieren Maschinenbau.

Tag 13

Wo wohnt ihr? - Wir wohnen in Seoul.
너희는 어디에 사니?
- 우리는 서울에 살아요.

2단계 | Datum: . .

학습목표
오늘은 사는 곳이 어디인지 묻고 답해 봅시다. 독일어로는 '~에 살다, 거주하다'라는 의미의 규칙 동사 wohnen을 활용해서 말합니다.
그럼 오늘의 학습 내용을 살펴볼까요?

1. 의문사 wo

wo는 '어디에'라는 의미의 의문사입니다. 앞서 배운 'woher 어디로부터'와 혼동하지 않도록 주의하세요.

2. wohnen 동사의 변화

wohnen은 '~에 살다, 거주하다'라는 의미의 동사입니다. 주격 인칭 대명사에 따른 어미 변화에 유의하세요.

인칭 대명사(주어)	어간	어미
ich	wohn	e
du		st
er / sie / es		t
wir		en
ihr		t
sie / Sie		en

📝 Notiz

강의를 듣고 메모해 보세요.

3. wohnen 동사 활용하기 ①

> 주어(인칭대명사) + wohnen + in(전치사/~안에) + 장소
> : ~은(는) ~에 산다(거주한다).

예 Ich **wohne** in Deutschland. 나는 독일에 **산다**.

Du **wohnst** in Korea. 너는 한국에 **산다**.

Er **wohnt** in Busan. 그는 부산에 **거주한다**.

Sie **wohnt** in Frankreich. 그녀는 프랑스에 **산다**.

Wir **wohnen** in Seoul. 우리는 서울에 **산다**.

Ihr **wohnt** in Stuttgart.	너희는 슈투트가르트에 **거주한다**.	**Notiz**
Sie **wohnen** in Paris.	그들은 파리에 **산다**.	강의를 듣고 메모해 보세요.
Sie **wohnen** in Berlin.	당신(들)은 베를린에 **산다**.	

 의문사 wo와 wohnen동사 활용하기

Wo (어디에) + wohnen + 주어(인칭 대명사)
: ~은(는) 어디에 삽니까(거주합니까)?

예	Wo **wohnst** du?	너는 어디에 **사니**?
	Ich **wohne** in Deutschland.	나는 독일에 **살아**.
	Wo **wohnt** er?	그는 어디에 **살고 있습니까**?
	Er **wohnt** in Berlin.	그는 베를린에 **삽니다**.
	Wo **wohnt** ihr?	너희는 어디에 **사니**?
	Wir **wohnen** in Seoul.	우리는 서울에 **살아요**.
	Wo **wohnen** sie?	그들은 어디에 **살아요**?
	Sie **wohnen** in Frankreich.	그들은 프랑스에 **살아요**.
	Wo **wohnen** Sie?	당신은 어디에 **삽니까**?
	Ich **wohne** in Busan.	나는 부산에 **삽니다**.

 wohnen 동사 활용하기 ②

Wohnen + 주어(인칭 대명사) + in(전치사: ~안에) + 장소
: ~은(는) ~에 삽니까(거주합니까)?

예	**Wohnst** du **in** Paris?	너는 파리에 **사니**?
	Nein, ich **wohne in** Stuttgart.	아니, 나는 슈투트가르트에 **살아**.
	Wohnt sie **in** Busan?	그녀는 부산에 **사니**?
	Ja, sie **wohnt in** Busan.	응, 그녀는 부산에 **살아**.
	Wohnt ihr **in** Deutschland?	너희는 독일에 **사니**?
	Nein, wir **wohnen in** Korea.	아니, 우리는 한국에 **살아**.
	Wohnen Sie **in** Frankreich?	당신(들)은 프랑스에 **삽니까**?
	Ja, wir **wohnen in** Frankreich.	네, 우리는 프랑스에 **삽니다**.

Auf Deutsch bitte!

1 주어에 맞게 wohnen 동사의 알맞은 변화형을 채워 다음의 표를 완성하세요.

인칭 대명사(주어)	wohnen
ich	1.
du	2.
er	3.
sie	wohnt
wir	4.
ihr	5.
sie	wohnen
Sie 당신(들)	6.

2 빈칸에 들어갈 알맞은 단어를 적어 문장을 완성하고, 큰 소리로 말해 보세요.

7. _____ _____ du? 너는 어디에 사니?

8. Sie _____ in Deutschland. 그녀는 독일에 산다.

9. _____ ihr in _____? 너희는 프랑스에 사니?

10. Wir _____ _____ Korea. 우리는 한국에 산다.

11. Sie _____ in _____. 그들은 베를린에 삽니다.

3 다음 문장을 독일어로 쓰고 따라 말해 보세요.

12. 우리는 폴란드에 삽니다. _____

13. 그들은 스웨덴에 살아요. _____

14. 너는 영국에 거주하니? _____

15. 그녀는 어디에 사나요? _____

16. 그는 슈투트가르트에 거주하나요? _____

17. 나는 중국에 살아.　　　　　_____

18. 너희는 어디에 사니?　　　　_____

19. 우리는 부산에 살아.　　　　_____

20. 당신은 파리에 거주합니까?　_____

21. 그들은 일본에 사니?　　　　_____

22. 나는 독일에 살아요.　　　　_____

23. 그녀는 한국에 삽니다.　　　_____

24. 그는 서울에 살아요.　　　　_____

25. 우리는 베를린에 삽니다.　　_____

26. 너희는 어디에 사니?　　　　_____

27. 나는 스웨덴에 거주합니다.　_____

28. 그는 뮌헨에 살아요.　　　　_____

29. 그들은 일본에 삽니다.　　　_____

30. 당신은 독일에 사시나요?　　_____

정답

1.~6. 본문 참고 7. Wo, wohnst 8. wohnt 9. Wohnt, Frankreich 10. wohnen, in 11. wohnen, Berlin 12. Wir wohnen in Polen. 13. Sie wohnen in Schweden. 14. Wohnst du in England? 15. Wo wohnt sie? 16. Wohnt er in Stuttgart? 17. Ich wohne in China. 18. Wo wohnt ihr? 19. Wir wohnen in Busan. 20. Wohnen Sie in Paris? 21. Wohnen sie in Japan? 22. Ich wohne in Deutschland. 23. Sie wohnt in Korea. 24. Er wohnt in Seoul. 25. Wir wohnen in Berlin. 26. Wo wohnt ihr? 27. Ich wohne in Schweden. 28. Er wohnt in München. 29. Sie wohnen in Japan. 30. Wohnen Sie in Deutschland?

Tag 14

Ich habe einen Tisch.
나는 책상이 하나 있어.

2단계 Datum: . .

오늘은 독일어에서 매우 중요한 haben 동사를 배우겠습니다. haben 동사는 sein 동사와 마찬가지로 불규칙 동사입니다. haben 동사를 이용하여 '누가 무엇을 가지고 있는지' 질문과 답변을 말해 보겠습니다.
그럼 오늘의 학습 내용을 살펴볼까요?

1 haben 동사의 변화

haben은 '~을(를) 갖다, 가지고 있다'라는 의미의 동사입니다.

인칭 대명사(주어)	haben
ich	hab**e**
du	ha**st**
er / sie / es	ha**t**
wir	hab**en**
ihr	hab**t**
sie / Sie	hab**en**

Notiz
강의를 듣고 메모해 보세요.

2 부정 관사 4격 (단수)

'~을(를) 갖다'라는 의미의 haben 동사는 '~을(를)'에 해당하는 명사를 4격 목적어로 취합니다. 명사의 4격은 정관사 또는 부정 관사를 통해 나타내므로, 관사의 4격 형태를 숙지하여야 합니다. 다음의 표로 부정 관사 ein의 4격 형태를 익히세요.

인칭 대명사(주어)	1격	4격
남성	ein	**einen**
여성	eine	**eine**
중성	ein	**ein**

3 haben 동사 활용하기

> 주어(인칭 대명사) + haben + 부정 관사 ein 4격 + 명사.
> : ~은(는) 하나의 ~을(를) 갖다(가지고 있다).

예 Ich **habe einen** Tisch.	나는 **하나의** 책상을 **가지고 있다**. (나는 책상이 하나 있다.)
Du **hast eine** Schwester.	너는 **하나의** 여자 형제를 **가지고 있다**. (너는 여자 형제 한 명이 있다.)
Er **hat ein** Buch.	그는 **하나의** 책을 **가지고 있다**. (그는 책 한 권이 있다.)
Sie **hat einen** Bruder.	그녀는 **하나의** 남자 형제를 **가지고 있다**. (그녀는 남자 형제 한 명이 있다.)
Wir **haben eine** Katze.	우리는 **하나의** 고양이를 **가지고 있다**. (우리는 고양이 한 마리가 있다.)
Ihr **habt ein** Handy.	너희는 **하나의** 휴대폰을 **가지고 있다**. (너희는 휴대폰 한 개가 있다.)
Sie **haben einen** Stuhl.	그들은 **하나의** 의자를 **갖고 있다**. (그들은 의자 한 개가 있다.)
Sie **haben eine** Hose.	당신은 **하나의** 바지를 **갖고 있다**. (당신은 바지 한 개가 있다.)
Sie **haben ein** Brot.	당신들은 **하나의** 빵을 **갖고 있다**. (당신들은 빵 한 개가 있다.)

Notiz
강의를 듣고 메모해 보세요.

4 의문사 was와 haben 동사 활용하기

Was (무엇을) + haben + 주어(인칭 대명사)?
: ~은(는) 무엇을 가지고 있습니까?

예 Was **hast du**?	너는 무엇을 가지고 있니?
Ich habe **einen Apfel**.	나는 사과 한 개를 갖고 있어.
Was **hat er**?	그는 무엇을 가지고 있습니까?
Er hat **eine Tasche**.	그는 가방 한 개를 갖고 있습니다.
Was **hat sie**?	그녀는 무엇을 가지고 있나요?
Sie hat **ein Hemd**.	그녀는 셔츠 한 장을 갖고 있어요.
Was **habt ihr**?	너희는 무엇을 갖고 있니?
Wir haben **einen Vogel**.	우리는 새 한 마리를 갖고 있어요.
Was **haben sie**?	그들은 무엇을 갖고 있나요?
Sie haben **eine Blume**.	그들은 꽃 한 송이를 갖고 있습니다.
Was **haben Sie**?	당신(들)은 무엇을 가지고 있습니까?
Wir haben **ein Heft**.	우리는 공책 한 권을 갖고 있습니다.

Auf Deutsch bitte!

1 주어에 맞게 haben 동사의 알맞은 변화형을 채워 다음의 표를 완성하세요.

인칭 대명사(주어)	haben
ich	habe
du	1.
er	2.
sie	3.
wir	haben
ihr	4.
sie	5.
Sie 당신(들)	6.

2 아래의 표에 부정 관사 ein의 4격 형태를 작성하세요.

명사의 성	ein 4격
남성	7.
여성	8.
중성	9.

3 빈칸을 채워 뜻에 알맞은 독일어 문장을 완성해 보세요.

10. Was _____ du? 너는 무엇을 갖고 있니?

11. Ich _____ _____ Tasche. 나는 가방 한 개를 갖고 있어.

12. Was _____ ihr? 너희는 무엇을 갖고 있니?

13. Wir _____ _____ Tomate. 우리는 토마토 한 개를 갖고 있어.

14. Was _____ er? 그는 무엇을 갖고 있습니까?

15. Sie _____ _____ Brot. 그녀는 빵을 한 개 갖고 있어.

16. Was _____ sie? 그들은 무엇을 갖고 있습니까?

Tag 14 | 3

17. Sie _____ _____ Auto.   당신은 자동차 한 대를 갖고 있습니다.

4 다음 주어진 단어를 활용하여 독일어 문장으로 쓰고 따라 말해 보세요.

18. 우리는 꽃 한 송이를 갖고 있습니다. _____

19. 그들은 사과 한 개가 있어. _____

20. 너는 치마 한 개가 있다. _____

21. 그녀는 바지 한 개를 갖고 있어. _____

22. 당신들은 무엇을 갖고 있나요? _____

23. 당신은 개 한 마리가 있습니다. _____

24. 나는 셔츠 한 장을 갖고 있어요. _____

25. 그녀는 치마를 하나 가지고 있다. _____

26. 그는 바지를 하나 가지고 있다. _____

27. 우리는 셔츠 한 개를 가지고 있다. _____

28. 너희는 사과 하나를 가지고 있니? _____

29. 너는 개 한 마리를 가지고 있니? _____

30. 그녀는 자동차를 한 대 가지고 있어요. _____

정답

1.~9. 본문 참고 10. hast 11. habe, eine 12. habt 13. haben, eine 14. hat 15. hat, ein 16. haben 17. haben, ein 18. Wir haben eine Blume. 19. Sie haben einen Apfel. 20. Du hast einen Rock. 21. Sie hat eine Hose. 22. Was haben Sie? 23. Sie haben einen Hund. 24. Ich habe ein Hemd. 25. Sie hat einen Rock. 26. Er hat eine Hose. 27. Wir haben ein Hemd. 28. Habt ihr einen Apfel? 29. Hast du einen Hund? 30. Sie hat ein Auto.

Tag 15

Sie hat keine Schwester.
그녀는 여자 형제가 없어.

2단계 　 Datum: . .

학습목표
오늘은 haben 동사의 활용에 대해 좀 더 확장된 표현들을 연습해 보겠습니다.
haben 동사와 함께 부정어 kein을 활용하여 묻고 답할 수 있습니다.
그럼 오늘의 학습 내용을 살펴볼까요?

1 kein의 4격 형태

앞서 명사의 4격은 정관사 또는 부정 관사를 통해 나타낸다고 배웠습니다. 더불어, '~을(를) 가지고 있지 않다'라고 표현하기 위해서는 부정어 kein의 4격 형태를 알아 두어야 합니다.

인칭 대명사(주어)	1격	4격
남성	kein	keinen
여성	keine	keine
중성	kein	kein
복수	keine	keine

Notiz
강의를 듣고 메모해 보세요.

2 개수 표현하기

숫자 1~12

> 1 eins　2 zwei　3 drei　4 vier　5 fünf　6 sechs
> 7 sieben　8 acht　9 neun　10 zehn　11 elf　12 zwölf

예　Ich habe zwei Bananen.　　나는 두 개의 바나나를 갖고 있다.

　　Ich habe keine Bananen.　　나는 바나나를 갖고 있지 않다.
　　　　　　　　　　　　　　　(나는 바나나가 없다.)

★ 1은 eins라고 표기하지만, '하나(한 개)의 무엇'을 나타낼 땐 'eins + 명사'가 아닌, '부정 관사 ein + 명사' 형태라는 점 유의하세요.

3. haben 동사 활용하기 ① 묻고 대답하기 (단수 명사)

> haben + 주어(인칭 대명사) + 부정 관사 ein 4격 + 명사?
> : ~은(는) 하나의 ~을(를) 갖고 있습니까?
> 주어(인칭 대명사) + haben + 부정어 kein 4격 + 명사.
> : ~은(는) ~을(를) 갖고 있지 않다.

 **Notiz**
강의를 듣고 메모해 보세요.

예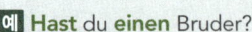

Hast du einen Bruder?	너는 남자 형제 한 명이 있니?
Ich habe keinen Bruder.	나는 남자 형제가 없어.
Hat sie eine Schwester?	그녀는 여자 형제 한 명이 있니?
Sie hat keine Schwester.	그녀는 여자 형제가 없어.
Hat er ein Buch?	그는 책 한 권을 갖고 있습니까?
Er hat kein Buch.	그는 책이 없습니다.
Habt ihr einen Stuhl?	너희는 의자 한 개를 갖고 있니?
Wir haben keinen Stuhl.	우리는 의자를 갖고 있지 않아요.
Haben sie eine Hose?	그들은 바지 한 개를 갖고 있나요?
Sie haben keine Hose.	그들은 바지를 갖고 있지 않습니다.
Haben Sie ein Brot?	당신들은 빵 한 개를 갖고 있습니까?
Wir haben kein Brot.	우리는 빵이 없습니다.

4. haben 동사 활용하기 ② 묻고 대답하기 (복수 명사)

Hast du zwei Tische?	너는 책상 두 개를 갖고 있니?
Nein, ich habe keine Tische.	아니, 나는 책상들을 갖고 있지 않아.
Hat sie drei Schwestern?	그녀는 여자 형제가 3명 있니?
Nein, sie hat keine Schwestern.	아니, 그녀는 여자 형제들이 없어.
Habt ihr vier Brote?	너희들 빵 4개 갖고 있니?
Nein, wir haben keine Brote.	아니, 우리는 빵들이 없어.
Haben sie elf Hosen?	그들은 바지 11개를 갖고 있니?
Ja, sie haben elf Hosen.	응, 그들은 바지 11개를 갖고 있어.
Haben Sie zwölf Blumen?	당신은 꽃 열두 송이를 갖고 있습니까?
Ja, ich habe zwölf Blumen.	네, 저는 꽃 열두 송이가 있습니다.

Auf Deutsch bitte!

1 명사의 성에 따라 부정 관사 ein과 부정어 kein의 4격 형태를 채워 다음의 표를 완성하세요.

명사의 성	ein 4격	kein 4격
남성	1.	2.
여성	eine	3.
중성	ein	4.
복수	5.	6.

2 빈칸에 들어갈 알맞은 단어를 적어 문장을 완성하고, 큰 소리로 말해 보세요.

7. _____ du _____ Apfel?   너는 사과 한 개를 갖고 있니?

8. Ich _____ _____ Apfel.   나는 사과를 갖고 있지 않아.

9. _____ ihr _____ Tomate?   너희는 토마토 한 개를 갖고 있니?

10. Nein, wir _____ _____ Tomate.   아니, 우리는 토마토가 없어.

11. _____ er _____ Blumen?   그는 꽃들을 갖고 있습니까?

12. Er _____ _____ Blumen.   그는 꽃들이 없습니다.

13. _____ Sie _____ Brot?   당신은 빵 한 개를 갖고 있습니까?

14. _____ sie _____ Auto?   그들은 자동차를 갖고 있나요?

2 다음 문장을 독일어로 쓰고 큰 소리로 따라 말해 보세요.

15. 우리는 개(강아지)가 없습니다.   _____

16. 그들은 치즈가 없어.   _____

17. 너는 치마가 없다.   _____

18. 그녀는 바지 두 개를 갖고 있니?   _____

19. 당신은 고양이 한 마리가 있습니까?   _____

20. 너희는 셔츠 한 장을 갖고 있니?   _____

21. 너는 공책 하나가 있니?   _____

22. 그는 남자 형제가 없어. _____

23. 나는 휴대폰이 없어. _____

24. 우리는 새를 갖고 있지 않아. _____

25. 우리는 토마토를 가지고 있지 않다. _____

26. 너희는 빵을 안 가지고 있니? _____

27. 나는 고양이가 없다. _____

28. 그는 책이 없다. _____

29. 그녀는 가방이 없다. _____

30. 너 휴대폰 없어? _____

정답

1. einen 2. keinen 3. keine 4. kein 5. 없음 6. keine 7. Hast, einen 8. habe, keinen 9. Habt, eine 10. haben, keine 11. Hat, 없음 12. hat, keine 13. Haben, ein 14. Haben, ein 15. Wir haben keinen Hund. 16. Sie haben keinen Käse. 17. Du hast keinen Rock. 18. Hat sie zwei Hosen? 19. Haben Sie eine Katze? 20. Habt ihr ein Hemd? 21. Hast du ein Heft? 22. Er hat keinen Bruder. 23. Ich habe kein Handy. 24. Wir haben keinen Vogel. 25. Wir haben keine Tomate. 26. Habt ihr kein Brot? 27. Ich habe keine Katze. 28. Er hat kein Buch. 29. Sie hat keine Tasche. 30. Hast du kein Handy?

Tag 11-15 Wiederholung 복습 1

2단계 Datum: . .

학습목표
Tag 11~15까지 배운 내용들을 잘 기억하고 있는지 실력을 점검해 보겠습니다. 다음 문제를 스스로 풀고, 정답을 확인해 보세요. 틀린 문제는 앞으로 돌아가 해당 내용을 찾아 보고, 다시 한 번 복습하세요.

1 다음 숫자를 독일어로 적어 보세요.

1. 12 _____
2. 11 _____
3. 10 _____
4. 9 _____
5. 8 _____
6. 7 _____
7. 6 _____
8. 5 _____
9. 4 _____
10. 3 _____
11. 2 _____
12. 1 _____

2 다음 한국어 문장과 독일어 문장을 서로 알맞게 연결해 보세요.

13. Ich studiere Chemie. ·   · a) 나는 물리학을 전공한다.
14. Studierst du Philosophie? ·   · b) 너는 철학을 전공하니?
15. Lernen Sie Deutsch? ·   · c) 그들은 빵들을 갖고 있지 않다.
16. Studieren Sie Germanistik? ·   · d) 당신은 독일어를 공부합니까?
17. Wir haben vier Schwestern. ·   · f) 그녀는 법학을 전공한다.
18. Sie haben keine Brote. ·   · g) 그는 프랑스에 산다.
19. Ich studiere Physik. ·   · h) 그는 프랑스어를 공부한다.
20. Er lernt Französisch. ·   · i) 그들은 폴란드에 산다.
21. Sie studiert Jura. ·   · j) 나는 화학을 전공한다.
22. Sie wohnen in Polen. ·   · k) 우리는 4명의 여자 형제가 있다.
23. Er wohnt in Frankreich. ·   · l) 당신은 독어 독문학을 전공합니까?

3. 빈칸에 들어갈 알맞은 단어를 적어 문장을 완성하고, 큰 소리로 말해 보세요.

24. _____ ihr _____ Busan?   너희는 부산에 사니?

25. _____ du _____ ?   너는 중국어를 공부하니?

26. Ich _____ _____ .   나는 수학을 공부한다.

27. _____ er _____ Tische?   그는 책상 3개를 갖고 있나요?

28. _____ Sie in _____ ?   당신은 영국에 사나요?

4. 다음 문장을 독일어로 쓰고 큰 소리로 따라 말해 보세요.

29. 너희는 바지 8개를 갖고 있니?
_____

30. 너는 어디에 사니?
_____

31. 그들은 한국어를 공부한다.
_____

32. 그녀는 스웨덴에 산다.
_____

33. 그는 피아노를 전공하니?
_____

정답

1. zwölf 2. elf 3. zehn 4. neun 5. acht 6. sieben 7. sechs 8. fünf 9. vier 10. drei 11. zwei 12. eins 13. j 14. b 15. d 16. l 17. k 18. c 19. a 20. h 21. f 22. i 23. g 24. Wohnt, in 25. Lernst, Chinesisch 26. lerne, Mathematik 27. Hat, drei 28. Wohnen, England 29. Habt ihr acht Hosen? 30. Wo wohnst du? 31. Sie lernen Koreanisch. 32. Sie wohnt in Schweden. 33. Studiert er Klavier?

Tag 11-15 Wiederholung 복습 2

Tag 11~15까지 배운 내용들을 활용해서 Dialog를 만들어 보겠습니다. 스스로 독일어 대화를 구성해 보고, 정답을 확인해 보세요. 잘 떠오르지 않는 문장은 앞으로 돌아가 해당 내용을 찾아 보고, 다시 한 번 복습하세요.

1 다음 대화 내용을 독일어로 쓰고 큰 소리로 따라 말해 보세요.

1. **A :** 그들은 어디에 사니?
   B : 그는 미국에 살아.
   C : 그녀는 남한에 살아.

   A : _____
   B : _____
   C : _____

2. **A :** 당신들은 무엇을 전공합니까?
   B : 저는 심리학을 전공합니다.
   C : 저는 기계 공학을 전공합니다.

   A : _____
   B : _____
   C : _____

3. **A :** 당신은 남자 형제가 있습니까?
   B : 아니요, 저는 남자 형제가 없습니다.
   A : 당신은 여자 형제가 있습니까?
   B : 네, 저는 5명의 여자 형제가 있습니다.

A : _____

B : _____

A : _____

B : _____

4. **A** : 너는 토마토 한 개를 갖고 있니?
   B : 아니, 나는 토마토가 없어.
   C : 너는 무엇을 갖고 있니?
   D : 나는 바나나 12개를 갖고 있어.

A : _____

B : _____

C : _____

D : _____

5. **A** : 그녀는 의자를 갖고 있나요?
   B : 그녀는 의자를 갖고 있지 않아요.
   A : 그녀는 무엇을 갖고 있나요?
   C : 그녀는 6개의 책상을 갖고 있어요.

A : _____

B : _____

A : _____

C : _____

정답

1. A: Wo wohnen sie? B: Er wohnt in Amerika. C: Sie wohnt in Südkorea. 2. A: Was studieren Sie? B: Ich studiere Psychologie. C: Ich studiere Maschinenbau. 3. A: Haben Sie einen Bruder? B: Nein, ich habe keinen Bruder. A: Haben Sie eine Schwester? B: Ja, ich habe fünf Schwestern. 4. A: Hast du eine Tomate? B: Nein, ich habe keine Tomate. C: Was hast du? D: Ich habe zwölf Bananen. 5. A: Hat sie einen Stuhl? B: Sie hat keinen Stuhl. A: Was hat sie? C: Sie hat sechs Tische.

Tag 16

Er trifft sie.
그는 그녀를 만난다.

2단계 Datum: .   .

학습목표

오늘부터는 불규칙 동사에 대해 배우겠습니다. 불규칙 동사들은 반드시 주어에 따른 변화 형태를 꼼꼼히 외워 두어야 합니다.
그럼 불규칙 동사 treffen부터 시작해 볼까요?

1. treffen 동사의 불규칙 변화

treffen은 '~을(를) 만나다'라는 의미의 동사입니다.

인칭 대명사(주어)	treffen
ich	treffe
du	triffst
er / sie /es	trifft
wir	treffen
ihr	trefft
sie / Sie	treffen

 Notiz

강의를 듣고 메모해 보세요.

★ 불규칙 동사들은 보통 2인칭 단수 du 와 3인칭 단수 er / sie / es 에서 형태가 많이 달라집니다. 그 외에 wir와 sie / Sie는 항상 동사 원형과 같은 형태라는 점 알아채셨나요? 이제 불규칙 동사 외우기가 훨씬 수월하게 느껴질 거예요.

2. 인칭 대명사의 4격

'~을(를) 만나다'라고 말하기 위해서는 '~을(를)'에 해당하는 목적어가 필요합니다. 목적격에 해당하는 인칭 대명사 4격을 다음의 표로 확인하세요.

인칭 대명사 1격	인칭 대명사 4격
ich	mich
du	dich
er	ihn
sie	sie
es	es
wir	uns
ihr	euch
sie	sie
Sie	Sie

3. treffen 동사 활용하기 ①

주어(인칭 대명사) + treffen + 4격 (인칭 대명사)
: ~은(는) ~을(를) 만난다.

예
Ich treffe dich.	나는 너를 만난다.
Du triffst mich.	너는 나를 만난다.
Er trifft sie.	그는 그녀를 만난다.
Sie trifft ihn.	그녀는 그를 만난다.
Wir treffen euch.	우리는 너희를 만난다.
Ihr trefft sie.	너희는 그들을 만난다.
Sie treffen euch.	그들은 너희를 만난다.
Sie treffen uns.	당신(들)은 우리를 만난다.

4. treffen 동사 활용하기 ②

주어(인칭 대명사) + treffen + 4격 (명사)
: ~은(는) ~을(를) 만난다.

예
Ich treffe einen Mann.	나는 한 남자를 만난다.
Du triffst eine Frau.	너는 한 여자를 만난다.
Er trifft ein Kind.	그는 한 아이를 만난다.
Sie trifft einen Arzt.	그녀는 한 남자 의사를 만난다.
Wir treffen eine Ärztin.	우리는 한 여자 의사를 만난다.
Ihr trefft ein Mädchen.	너희는 한 소녀를 만난다.
Sie treffen einen Lehrer.	그들은 한 남교사를 만난다.
Sie treffen eine Lehrerin.	당신(들)은 한 여교사를 만난다.

Notiz
강의를 듣고 메모해 보세요.

★ s. Kind 아이

★ s. Mädchen 소녀

Auf Deutsch bitte!

1 주어에 맞게 treffen 동사의 알맞은 변화형을 채워 다음의 표를 완성하세요.

인칭 대명사(주어)	treffen
ich	treffe
du	1.
er	2.
sie	3.
wir	4.
ihr	5.
sie	6.
Sie 당신(들)	treffen

2 빈칸에 들어갈 알맞은 단어를 적어 문장을 완성하고, 큰 소리로 말해 보세요.

7. _____ du _____?   너는 그를 만나니?

8. Sie _____ _____.   그녀는 우리를 만난다.

9. _____ ihr _____?   너희는 그녀를 만나니?

10. Sie _____ _____.   그들은 너를 만난다.

11. _____ Sie _____?   당신들은 나를 만나나요?

12. Er _____ _____.   그는 너희를 만난다.

13. Sie _____ _____.   당신은 그들을 만난다.

3 **다음 문장을 독일어로 말하고 써 보세요.** ★ 일부 어휘는 Tag 8, 9, 12를 참고해도 좋습니다.

14. 우리는 한 남자 엔지니어를 만난다.
   _____

15. 그들은 한 여자 교수를 만난다.
   _____

16. 나는 한 남자 주부를 만난다.
   _____

17. 너는 한 남자 요리사를 만난다.
   _____

18. 그들은 한 여자 음악가를 만난다.
   _____

19. 우리는 한 여자 공무원을 만난다.
   _____

20. 너희는 한 남학생을 만난다.
   _____

21. 당신들은 한 여자 요리사를 만난다.
   _____

22. 그는 한 남자 교수를 만난다.
   _____

정답

1.~6. 본문 참고 7. Triffst, ihn 8. trifft, uns 9. Trefft, sie 10. treffen, dich 11. Treffen, mich 12. trifft, euch 13. treffen, sie 14. Wir treffen einen Ingenieur. 15. Sie treffen eine Professorin. 16. Ich treffe einen Hausmann. 17. Du triffst einen Koch. 18. Sie treffen eine Musikerin. 19. Wir treffen eine Beamtin. 20. Ihr trefft einen Schüler. 21. Sie treffen eine Köchin. 22. Er trifft einen Professor.

Tag 17

Ihr fahrt nach Frankfurt.
너희는 프랑크푸르트로 간다.

2단계   Datum: . .

학습목표: '만나다'라는 의미의 treffen 동사에 이어, 오늘은 treffen과 마찬가지로 가장 자주 쓰이는 불규칙 동사 중 하나인 fahren 동사에 대해 학습하고, 다양하게 활용하여 말해 보겠습니다.
그럼 오늘의 학습 내용을 살펴볼까요?

1. fahren 동사의 불규칙 변화

fahren은 '(타고) 가다'라는 의미의 동사입니다. 이동 중에 어떤 교통수단을 이용하는 경우에 보통 fahren 동사로 말합니다.

인칭 대명사(주어)	fahren
ich	fahre
du	fährst
er / sie / es	fährt
wir	fahren
ihr	fahrt
sie/Sie	fahren

Notiz

강의를 듣고 메모해 보세요.

★ fahren은 '타다' 또는 '운전 / 운행 하다'라는 의미도 있습니다.

z. B)
Ich fahre das Auto.
나는 이 자동차를 운전한다.

Sie fährt das Fahrrad.
그녀는 이 자전거를 탄다.

2. 전치사 nach

nach는 '~(으)로'라는 의미의 전치사입니다. fahren 동사와 함께 자주 쓰이며 nach 뒤에 가고자 하는 장소가 나옵니다.

예) Ich fahre nach Berlin. 나는 베를린으로 간다.

3. fahren 동사 활용하기 ①

주어(인칭 대명사) + fahren + nach + 장소(나라, 도시)
: ~은(는) ~(으)로 간다.

강의를 듣고 메모해 보세요.

예	Ich **fahre nach** Seoul.	나는 서울**로 간다**.
	Du **fährst nach** Bonn.	너는 본**으로 간다**.
	Er **fährt nach** Busan.	그는 부산**으로 간다**.
	Sie **fährt nach** München.	그녀는 뮌헨**으로 간다**.
	Wir **fahren nach** Hamburg.	우리는 함부르크**로 간다**.
	Ihr **fahrt nach** Frankfurt.	너희는 프랑크푸르트**로 간다**.
	Sie **fahren nach** Berlin.	그들은 베를린**으로 간다**.
	Sie **fahren nach** Bremen.	당신(들)은 브레멘**으로 간다**.

4 fahren 동사 활용하기 ②

fahren + 주어(1격) + nach + 장소(나라, 도시)
: ~은(는) ~(으)로 갑니까?

예	**Fährst** du nach Bremen?	너는 브레멘으로 **가니**?
	Nein, ich **fahre** nach Berlin.	아니, 나는 베를린으로 **가**.
	Fährt er nach Frankfurt?	그는 프랑크푸르트로 **가니**?
	Ja, er **fährt** nach Frankfurt.	응, 그는 프랑크푸르트로 **가**.
	Fährt sie nach Busan?	그녀는 부산으로 **갑니까**?
	Nein, sie **fährt** nach Seoul.	아니요, 그녀는 서울로 **갑니다**.
	Fahren wir nach Hamburg?	우리는 함부르크로 **가니**?
	Nein, wir **fahren** nach München.	아니, 우리는 뮌헨으로 **가**.
	Fahrt ihr nach Stuttgart?	너희는 슈투트가르트로 **가니**?
	Ja, wir **fahren** nach Stuttgart.	응, 우리는 슈투트가르트로 **가**.
	Fahren sie nach Bonn?	그들은 본으로 **갑니까**?
	Ja, sie **fahren** nach Bonn.	네, 그들은 본으로 **갑니다**.
	Fahren Sie nach Bremen?	당신은 브레멘으로 **갑니까**?
	Nein, ich **fahre** nach Hamburg.	아니요, 저는 함부르크로 **갑니다**.
	Fahren Sie nach Dresden?	당신들은 드레스덴으로 **갑니까**?
	Ja, wir **fahren** nach Dresden.	네, 우리는 드레스덴으로 **갑니다**.

Auf Deutsch bitte!

1 주어에 맞게 fahren 동사의 알맞은 변화형을 채워 다음의 표를 완성하세요.

인칭 대명사(주어)	fahren
ich	fahre
du	1.
er	2.
sie	3.
wir	fahren
ihr	4.
sie	5.
Sie	6.

2 빈칸에 들어갈 알맞은 단어를 적어 문장을 완성하고, 큰 소리로 말해 보세요.

7. _____ du _____ Dresden?   너는 드레스덴으로 가니?

8. Sie _____ _____ Stuttgart.   그들은 슈투트가르트로 간다.

9. _____ ihr _____ Bonn?   너희는 본으로 가니?

10. Sie _____ _____ Seoul.   당신은 서울로 갑니다.

11. _____ er _____ Bremen?   그는 브레멘으로 가나요?

12. Sie _____ _____ München.   그녀는 뮌헨으로 간다.

13. Wir _____ _____ Frankfurt.   우리는 프랑크푸르트로 간다.

3 다음 주어진 독일의 도시명 어휘를 활용하여 누가 어디로 가는지 독일어로 쓰고 따라 말해 보세요.

> Dortmund 도르트문트 | Leipzig 라이프치히 | Freiburg 프라이부르크 | Hannover 하노버 | Bamberg 밤베르크 |
> Köln 쾰른 | Mainz 마인츠 | Heidelberg 하이델베르크

14. 우리는 밤베르크로 간다.
    _____

15. 나는 프라이부르크로 간다.
    _____

16. 너는 하이델베르크로 가니?
    _____

17. 그는 하노버로 가니?
    _____

18. 그들은 도르트문트로 간다.
    _____

19. 너희는 라이프치히로 가니?
    _____

20. 당신은 쾰른으로 간다.
    _____

21. 그녀는 마인츠로 간다.
    _____

정답

1.~6. 본문 참고 7. Fährst, nach 8. fahren, nach 9. Fahrt, nach 10. fahren, nach 11. Fährt, nach 12. fährt, nach 13. fahren, nach 14. Wir fahren nach Bamberg. 15. Ich fahre nach Freiburg. 16. Fährst du nach Heidelberg? 17. Fährt er nach Hannover? 18. Sie fahren nach Dortmund. 19. Fahrt ihr nach Leipzig? 20. Sie fahren nach Köln. 21. Sie fährt nach Mainz.

Tag 18

Du gehst nach Hannover.
너는 하노버로 간다.

2단계   Datum: . .

학습목표

앞서 누가 어디에서 왔는지, 누구를 만나는지 이야기를 나눴다면 오늘은 의문사 wohin를 활용하여 어디로 가는지에 대해 물어 보고, 규칙 동사인 gehen에 대해서도 배워 보겠습니다.
그럼 오늘의 학습 내용을 살펴볼까요?

1 의문사 wohin

wohin은 '어디로'라는 의미의 의문사입니다. 앞서 배운 'woher 어디로부터'와 의미와 쓰임새가 다르다는 점 구분하여 기억해 주세요.

2 gehen 동사의 규칙 변화

인칭 대명사(주어)	어간	어미
ich	geh	e
du	geh	st
er / sie / es	geh	t
wir	geh	en
ihr	geh	t
sie / Sie	geh	en

3 gehen 동사 활용하기 ①

주어(인칭 대명사) + gehen + nach + 장소(목적)
: ~은(는) ~(으)로 간다.

Notiz
강의를 듣고 메모해 보세요.

예 Ich **gehe** nach Hause.	나는 집으로 간다.
Du **gehst** nach Hause.	너는 집으로 간다.
Er **geht** schwimmen.	그는 수영하러 간다.
Sie **geht** schwimmen.	그녀는 수영하러 간다.
Wir **gehen** essen.	우리는 먹으러(식사하러) 간다.
Ihr **geht** essen.	너희는 먹으러(식사하러) 간다.

★ s. Haus 집

★ schwimmen 수영하다

★ essen 먹다

Sie **gehen einkaufen**.	그들은 **장 보러 간다**.
Sie **gehen einkaufen**.	당신(들)은 쇼핑하러 간다.

4 gehen 동사 활용하기 ②

Wohin + gehen + 주어(1격) ? : ~은(는) 어디로 갑니까?

예 **Wohin gehst** du?	너는 **어디로 가니**?
Ich **gehe** nach Hause.	나는 집으로 **가**.
Wohin geht er?	그는 **어디로 가니**?
Er **geht** nach Hause.	그는 집으로 **가**.
Wohin geht sie?	그녀는 **어디로 갑니까**?
Sie **geht** essen.	그녀는 식사하러 **갑니다**.
Wohin geht ihr?	너희는 **어디로 가니**?
Wir **gehen** essen.	우리는 먹으러 **가**.
Wohin gehen sie?	그들은 **어디로 가니**?
Sie **gehen** schwimmen.	그들은 수영하러 **가**.
Wohin gehen Sie?	당신들은 **어디로 갑니까**?
Wir **gehen** einkaufen.	우리는 쇼핑하러 **갑니다**.

 **Notiz**

강의를 듣고 메모해 보세요.

★ einkaufen 장 보다, 쇼핑하다

★ 'gehen nach Hause 집으로 가다', 'gehen schwimmen 수영하러 가다', 'gehen essen 먹으러(식사하러) 가다', 'gehen einkaufen 장 보러(쇼핑하러) 가다'와 같은 표현들은 마치 한 단어처럼 통으로 기억하고, 말하기 연습을 해 보세요. (gehen은 주어에 따라 형태 변화)

Auf Deutsch bitte!

1 주어에 맞게 gehen 동사의 알맞은 변화형을 채워 다음의 표를 완성하세요.

인칭 대명사(주어)	gehen
ich	gehe
du	1.
er	2.
sie	3.
es	geht
wir	4.
ihr	5.
sie	6.
Sie	gehen

2 다음 주어진 단어를 활용하여 빈칸을 채우고 완성된 문장을 큰 소리로 말해 보세요.

wohin | schwimmen | essen | gehen | du | einkaufen | Hause

7. Du _____ nach _____.   너는 집으로 간다.

8. _____ _____ ihr?   너희는 어디로 가니?

9. Sie _____ _____.   그들은 수영하러 간다.

10. Sie _____ _____.   그녀는 장 보러 간다.

11. Ich _____ _____.   나는 먹으러 간다.

12. _____ _____ wir?   우리 어디로 가?

3 다음 문장을 독일어로 말하고 써 보세요.

13. 너희는 집으로 가니?

14. 나는 쇼핑하러 가.
_____

15. 우리 수영하러 가?
_____

16. 그녀는 어디로 갑니까?
_____

17. 그는 장 보러 갑니까?
_____

18. 너는 어디로 가니?
_____

19. 그들은 집으로 간다.
_____

20. 당신은 식사하러 갑니까?
_____

21. 당신들은 집으로 갑니다.
_____

22. 그들은 쇼핑하러 갑니까?
_____

정답

1.~6. 본문 참고 7. gehst, Hause 8. Wohin, geht 9. gehen, schwimmen 10. geht, einkaufen 11. gehe, essen 12. Wohin, gehen 13. Geht ihr nach Hause? 14. Ich gehe einkaufen. 15. Gehen Wir schwimmen? 16. Wohin geht sie? 17. Geht er einkaufen? 18. Wohin gehst du? 19. Sie gehen nach Hause. 20. Gehen Sie essen? 21. Sie gehen nach Hause. 22. Gehen sie einkaufen?

Tag 19

Lesen wir die Zahlen!
숫자를 읽어 봅시다!

2단계 Datum: .   .

학습목표 오늘은 숫자를 자유롭게 말해 볼 시간입니다. 앞서 배운 1에서 12까지의 숫자뿐만 아니라 더 큰 많은 숫자들까지 말해 봅시다.
그럼 오늘의 학습 내용을 살펴볼까요?

1 1부터 12까지 복습하기

1. eins
2. zwei
3. drei
4. vier
5. fünf
6. sechs
7. sieben
8. acht
9. neun
10. zehn
11. elf
12. zwölf

 **Notiz**
강의를 듣고 메모해 보세요.

2 13부터 19까지 숫자 말하기

13. dreizehn
14. vierzehn
15. fünfzehn
16. **sechzehn**
17. **siebzehn**
18. achtzehn
19. neunzehn

13에서 19까지의 숫자들은, '일의 자리 숫자+10(zehn)'으로 표기하는 법칙이 있습니다. 단 16과 17은 각각 일의 자리 숫자 철자에서 s와 en이 탈락되고 zehn과 합쳐지는 점에 주의하세요.

3　20부터 29까지 숫자 읽기

20. zwanzig   25. fünfundzwanzig

21. **einundzwanzig**   26. sechsundzwanzig

22. zweiundzwanzig   27. siebenundzwanzig

23. dreiundzwanzig   28. achtundzwanzig

24. vierundzwanzig   29. neunundzwanzig

20부터는 일의 자리 숫자 + 십 단위의 숫자로 읽습니다. 일의 자리 숫자와 십 단위의 숫자 사이에 und라는 단어가 들어가는데, und는 독일어로 '그리고'라는 의미입니다. 우리말로 하면, '1 그리고 20'과 같은 식으로 숫자를 세는 셈입니다. 또한 20부터는 1이 다른 숫자와 결합될 때 eins에서 s가 생략된다는 점도 꼭 기억하세요.

4　30부터 90까지 10 단위로 숫자 읽기

30. dreißig   70. **siebzig**

40. vierzig   80. achtzig

50. fünfzig   90. neunzig

60. **sechzig**

30은 zig가 아닌 ßig가 붙는 점, 그 외에는 일의 자리 숫자+zig가 붙어 10 단위의 숫자를 읽는다고 알 수 있죠? 13~19에서와 마찬가지로 60과 70에서는 6과 7을 나타내는 철자에서 각각 s와 en이 생략됩니다.

5　100과 1000

100 einhundert
(백 단위 숫자 + hundert / 200 zweihundert, 300 dreihundert…)

1000 eintausend
(천 단위 숫자 + tausend / 2000 zweitausend, 3000 dreitausend…)

hundert와 tausend는 예외없이 '백 단위의 숫자 + hundert/tausend'를 붙여 읽으면 됩니다. 1000이 넘어가는 숫자를 읽을 땐 '100+나머지 숫자'로 읽으면 됩니다. 이때 띄어쓰기는 없습니다.

> 예　103 einhundertdrei
>   456 vierhundertsechsundfünfzig

Notiz
강의를 듣고 메모해 보세요.

Auf Deutsch bitte!

1 다음 주어진 숫자를 독일어로 말하고 써 보세요.

1. 21 _____
2. 16 _____
3. 28 _____
4. 95 _____
5. 14 _____
6. 11 _____
7. 37 _____
8. 67 _____
9. 55 _____
10. 42 _____

11. 78 _____
12. 87 _____
13. 32 _____
14. 12 _____
15. 17 _____
16. 76 _____
17. 66 _____
18. 81 _____
19. 13 _____
20. 1 _____

2 다음 중 숫자 표기가 <u>틀린</u> 것을 고르세요.

21. a. einsundzwanzig   b. vierundvierzig   c. fünfzig

22. a. einhundertsieben   b. zweiundsechszig   c. dreiundsiebzig

23. a. sechsundzweizig   b. sechzehn   c. siebenhundert

24. a. sechshundert   b. achtzehn   c. dreizig

25. a. neunundneunzig   b. achzig   c. einhundertfünfzehn

26. a. einhunderteins   b. sechstausend   c. zwolf

27. a. siebzehn   b. einzehn   c. einhundertvierzig

3 독일어 표기와 숫자를 바르게 연결해 보세요.

28. einunddreißig · · a) 59

29. sechsundsiebzig · · b) 76

30. zweihundertzwölf · · c) 3013

31. fünfundneunzig · · d) 68

32. dreitausenddreizehn · · e) 31

33. achtundsechzig · · f) 95

34. neunundfünfzig · · g) 212

4 다음 독일어로 표기한 숫자와 알맞게 빈칸에 아라비아 숫자를 적으세요.

35. einhunderteinundzwanzig _____   42. zweitausendzwanzig _____

36. siebenundsechzig _____   43. sechshundertsiebenundsechzig _____

37. dreihundertdreizehn _____   44. achttausendeinhundert _____

38. achthundertachtzig _____   45. vierhundertvierzehn _____

39. neunundvierzig _____   46. dreihundertachtunddreißig _____

40. siebenhundertelf _____   47. siebenhundertzweiundneunzig _____

41. fünftausendfünfzig _____   48. sechstausendsechzig _____

정답

1. einundzwanzig 2. sechzehn 3. achtundzwanzig 4. fünfundneunzig 5. vierzehn 6. elf 7. siebenunddreißig 8. siebenundsechzig 9. fünfundfünfzig 10. zweiundvierzig 11. achtundsiebzig 12. siebenundachtzig 13. zweiunddreißig 14. zwölf 15. siebzehn 16. sechsundsiebzig 17. sechsundsechzig 18. einundachtzig 19. dreizehn 20. eins 21. a 22. b 23. a 24. c 25. b 26. c 27. b 28. e 29. b 30. g 31. f 32. c 33. d 34. a 35. 121 36. 67 37. 313 38. 880 39. 49 40. 711 41. 5050 42. 2020 43) 667 44. 8100 45. 414 46. 338 47. 792 48. 6060

Tag 20

Er ist mein Bruder.
그는 나의 남자 형제입니다.

2단계 Datum: .   .

학습 목표

앞서 우리는 '하나의' 무엇임을 나타내는 부정 관사에 대해 배웠습니다. 오늘은 사물이 아닌, 사람을 향해 누구인지를 묻는 의문사 wer를 통해 질문하고, 소유 관사를 활용하여 대답하는 연습을 해 봅시다.
그럼 오늘의 학습 내용을 살펴볼까요?

1 의문사 wer

wer는 '누구'라는 의미의 의문사입니다. 의문사 wer를 'Wer + sein + 인칭 대명사'로 특정한 인물이 누구인지 활용하여 표현할 수 있습니다.

2 의문사 wer 활용하기

Wer + sein 동사 + 인칭 대명사 ? : ~은(는) 누구입니까?

예		
Wer bist du?	너는 **누구니**?
Wer ist er/sie?	그/그녀는 **누구입니까**?
Wer seid ihr?	너희는 **누구니**?
Wer sind sie?	그들은 **누구입니까**?
Wer sind Sie?	당신(들)은 **누구입니까**?

Notiz
강의를 듣고 메모해 보세요.

★ wer 의문사를 활용하여 누구냐고 묻는 질문은 보통 제3자를 가리켜 물을 때 사용하며, 직접적으로 상대에게 묻는 친한 상황일 땐 Wer bist du? / Wer sind Sie?라고 말하지 않습니다.

3 소유 관사 1격

'~의'를 나타내는 소유 관사 1격을 주격 인칭 대명사에 따라 다음의 표로 알아봅시다.

인칭 대명사 1격	뜻	소유 관사 1격	뜻
ich	나	mein	나의
du	너	dein	너의
er	그	sein	그의
sie	그녀	ihr	그녀의
es	그것	sein	그것의
wir	우리	unser	우리의
ihr	너희	euer	너희의
sie	그들	ihr	그들의
Sie	당신(들)	Ihr	당신(들)의

4 소유 관사 활용하기 ①

Das/인칭 대명사 ist + 소유 관사 1격 + 명사
: 이것은 ~의 ~입니다.

예 Das ist **mein** Bruder.   그것은(여기는) **나의** 남자 형제다.
    Das ist **deine** Katze.   그것은 **너의** 고양이다.
    Das ist **sein** Buch.   그것은 **그의** 책이다.
    Das sind nicht **ihre** Bananen.   그것은 **그녀의** 바나나들이 아니다.
    Das ist **unsere** Hose.   그것은 **우리의** 바지이다.
    Das ist **euer** Brot.   그것은 **너희의** 빵이다.
    Das ist **ihr** Stuhl.   그것은 **그들의** 의자다.
    Das sind **Ihre** Blumen.   그것은 **당신(들)의** 꽃들이다.

5 소유 관사 활용하기 ②

소유 관사 + 명사 + ist + 형용사. : ~의 ~은(는) ~하다.

예 **Mein** Tisch ist klein.   **나의** 책상은 작다.
    Deine Tomate ist groß.   **너의** 토마토는 크다.
    Sein Hemd ist schön.   **그의** 셔츠는 예쁘다.
    Ihr Rock ist nicht hässlich.   **그녀의** 치마는 못생기지 않았다.
    Unsere Tasche ist alt.   **우리의** 가방은 오래되었다.
    Euer Kind ist süß.   **너희의** 아이는 귀엽다.
    Ihr Hase ist nicht krank.   **그들의** 토끼는 아프지 않다.
    Ihre Schwester ist klug.   **당신의** 여자 형제는 똑똑합니다.
    Ihr Auto ist neu.   **당신들의** 자동차는 새것입니다.

📝 Notiz

강의를 듣고 메모해 보세요.

★ 소유 관사 뒤에 오는 명사의 성이 여성 또는 복수일 경우, 소유 관사 뒤에 e를 붙입니다. 남성 또는 중성인 경우에는 변화하지 않습니다.

Auf Deutsch bitte!

1 인칭 대명사 1격에 맞게 소유 관사 1격의 알맞은 변화형을 채워 다음의 표를 완성하세요.

인칭 대명사(1격)	소유 관사(1격)
ich	mein
du	1.
er	2.
sie	3.
es	4.
wir	5.
ihr	6.
sie	7.
Sie	Ihr

2 빈칸에 들어갈 알맞은 단어를 적어 문장을 완성하고, 큰 소리로 말해 보세요.

8. _____ _____ er?   그는 누구입니까?

9. Sie ist _____ _____.   그녀는 나의 여자 형제입니다.

10. _____ ist _____ Buch.   그것은 그녀의 책입니다.

11. _____ _____ sie?   그들은 누구입니까?

12. Er ist _____ _____.   그는 우리의 아이입니다.

13. Das ist _____ Hemd.   그것은 너희의 셔츠이다.

14. _____ _____ ist gesund.   당신의 고양이는 건강합니다.

3 다음 주어진 문장을 독일어로 쓰고 큰 소리로 따라 말해 보세요.

15. 그녀는 누구입니까?

_____

16. 그것은 내 자동차가 아닙니다.
_____

17. 당신의 의자는 오래되었습니다.
_____

18. 너희의 남자 형제는 귀여워.
_____

19. 그녀의 토끼는 예쁘다.
_____

20. 당신들의 공책은 작습니다.
_____

21. 그의 책상은 새것입니다.
_____

22. 그녀의 아버지는 상냥합니다.
_____

23. 그의 어머니는 행복합니다.
_____

24. 우리의 아이는 게으르지 않습니다.
_____

정답

1.~7. 본문 참고 8. Wer, ist 9. meine, Schwester 10. Das, ihr 11. Wer, sind 12. unser, Kind 13. euer 14. Ihre, Katze 15. Wer ist sie? 16. Das ist nicht mein Auto. 17. Ihr Stuhl ist alt. 18. Euer Bruder ist süß. 19. Ihr Hase ist schön. 20. Ihr Heft ist klein. 21. Sein Tisch ist neu. 22. Ihr Vater ist nett. 23. Seine Mutter ist glücklich. 24. Unser Kind ist nicht faul.

Tag 16-20

Wiederholung
복습 1

2단계 | Datum: . .

학습목표: Tag 16~20까지 배운 내용들을 잘 기억하고 있는지 실력을 점검해 보겠습니다. 다음 문제를 스스로 풀고, 정답을 확인해 보세요. 틀린 문제는 앞으로 돌아가 해당 내용을 찾아 보고, 다시 한 번 복습하세요.

1 다음 아라비아 숫자를 독일어로 적어 보세요.

1. 212 _____
2. 117 _____
3. 31 _____
4. 365 _____
5. 2001 _____
6. 99 _____
7. 611 _____
8. 7060 _____
9. 66 _____
10. 87 _____
11. 45 _____
12. 54 _____

2 다음 독일어 문장과 알맞은 우리말 해석문을 연결해 보세요.

13. Wer ist sie? ·   · a) 그는 도르트문트로 간다.
14. Ich treffe Sie. ·   · b) 우리는 서울로 간다.
15. Er fährt nach Dortmund. ·   · c) 너는 그를 만난다.
16. Wohin gehen sie? ·   · d) 그것은 우리의 책상이다.
17. Wir fahren nach Seoul. ·   · f) 나의 아버지는 프랑크푸르트로 간다.
18. Du triffst ihn. ·   · g) 그들은 누구입니까?
19. Mein Vater fährt nach Frankfurt. ·   · h) 나는 당신을 만난다.
20. Das ist unser Tisch. ·   · i) 그녀는 누구입니까?
21. Wer sind sie? ·   · j) 그것은 그의 꽃들이다.
22. Das sind seine Blumen. ·   · k) 그들은 어디로 갑니까?
23. Deine Mutter trifft dich. ·   · l) 너의 어머니는 너를 만난다.

3 다음 중 틀린 문장을 고르세요.

24. a. Das ist ihre Rock.　　b. Das ist sein Rock.　　c. Das ist ihr Rock.

25. a. Sie fährt nach Berlin.　　b. Ihr fahrt nach Berlin.　　c. Er fahrt nach Berlin.

26. a. Du triffst sie.　　b. Du treffst mich.　　c. Sie treffen dich.

27. a. Wohin fahren Sie?　　b. Woher fahren Sie?　　c. Wohin fahren sie?

28. a. Ich gehe nach Hause.　　b. Du gihst nach Hause.　　c. Sie gehen nach Hause.

4 다음 주어진 문장을 독일어로 쓰고 큰 소리로 따라 말해 보세요.

29. 그는 수영하러 간다.

_____

30. 너희는 먹으러 가니?

_____

31. 우리의 여자 형제는 작다.

_____

32. 너의 아이는 똑똑하다.

_____

33. 나의 의자는 새것이 아니다.

_____

정답

1. zweihundertzwölf 2. einhundertsiebzehn 3. einunddreißig 4. dreihundertfünfundsechzig 5. zweitausendeins 6. neunundneunzig 7. sechshundertelf 8. siebentausendsechzig 9. sechsundsechzig 10. siebenundachtzig 11. fünfundvierzig 12. vierundfünfzig 13. i 14. h 15. a 16. k 17. b 18. c 19. f 20. d 21. g 22. j 23. l 24. a 25. c 26. b 27. b 28. b 29. Er geht schwimmen. 30. Geht ihr essen? 31. Unsere Schwester ist klein. 32. Dein Kind ist klug. 33. Mein Stuhl ist nicht neu.

Tag 16-20

Wiederholung
복습 2

2단계 Datum: .   .

 Tag 16~20까지 배운 내용들을 활용해서 Dialog를 만들어 보겠습니다. 스스로 독일어 대화를 구성해 보고, 정답을 확인해 보세요. 잘 떠오르지 않는 문장은 앞으로 돌아가 해당 내용을 찾아 보고, 다시 한 번 복습하세요.

1 다음 대화 내용을 독일어로 쓰고 큰 소리로 따라 말해 보세요.

1. **A** : 너희는 쇼핑하러 가니?
   B : 응, 나는 쇼핑하러 가.
   C : 아니, 나는 수영하러 가.
   D : 아니, 나는 먹으러 가.

   A : _____

   B : _____

   C : _____

   D : _____

2. **A** : 그들은 누구니?
   B : 그녀는 그의 여자 형제야.
   C : 그는 그녀의 남자 형제야.

   A : _____

   B : _____

   C : _____

3. **A** : 그것은 무엇입니까?
   B : 그것은 강아지 한 마리입니다.
   A : 그것은 당신의 강아지입니까?
   B : 아니요, 그것은 그들의 강아지입니다.

A : _____

B : _____

A : _____

B : _____

4. **A :** 너희는 어디로 가니? (교통수단을 타고)
   B : 나는 함부르크로 가. (교통수단을 타고)
   C : 나는 뮌헨으로 가. (교통수단을 타고)
   D : 나는 집으로 가.

A : _____

B : _____

C : _____

D : _____

5. **A :** 그들은 너의 부모님이니? ★ pl. Eltern 부모
   B : 응, 그들은 나의 부모님이야.
   C : 아니, 그들은 나의 조부모님이야. ★ pl. Großeltern 조부모
   D : 응, 그들은 우리의 부모님이야.

A : _____

B : _____

C : _____

D : _____

정답

1. A: Geht ihr einkaufen? B: Ja, ich gehe einkaufen. C: Nein, ich gehe schwimmen. D: Nein, ich gehe essen. 2. A: Wer sind sie? B: Sie ist seine Schwester. C: Er ist ihr Bruder. 3. A: Was ist das? B: Das ist ein Hund. A: Ist das Ihr Hund? B: Nein, das ist ihr Hund. 4. A: Wohin fahrt ihr? B: Ich fahre nach Hamburg. C: Ich fahre nach München. D: Ich gehe nach Hause. 5. A: Sind sie deine Eltern? B: Ja, sie sind meine Eltern. C: Nein, sie sind meine Großeltern. D: Ja, sie sind unsere Eltern.

Tag 21 명사의 성 - 남성 der, 여성 die, 중성 das

3단계   Datum: . .

학습목표
독일어의 모든 명사는 남성, 여성 그리고 중성까지 세 가지의 성별로 구분된다고 배웠습니다. 명사의 성별에 따라 명사 앞에 관사를 붙여야 하고 나머지 문장 성분에도 변화가 적용됩니다. 따라서 명사 단어는 반드시 성별과 함께 암기해야 합니다. 그럼 오늘의 학습 내용을 살펴볼까요?

1 명사의 성을 구분하는 법칙

명사의 성 즉, 관사를 구분하는 몇 가지 규칙들이 있습니다. 단 예외도 항상 존재하므로 몇몇 단어는 별도로 암기해야 합니다.

 **Notiz**
강의를 듣고 메모해 보세요.

1 m. 남성 (der)

남성 사람 / 수컷 동물	der Mann 남자, der Onkel 삼촌, der Hahn 수탉
요일 / 월 / 계절 / 날씨	der Montag 월요일, der September 9월, der Winter 겨울, der Regen 비
방향, 때	der Norden 북쪽, der Morgen 아침 예외 die Nacht 밤
술	der Wein 와인, der Whisky 위스키 예외 das Bier 맥주
직업, 신분	der Professor 남자 교수, der Arzt 의사, der Lehrer 선생님, der Maler 화가

★ 직업은 남성 명사를 기본으로 하기 때문에, 보통 여성의 직업은 남성 직업 명사 끝에 -in을 붙입니다.
z. B)
der Professor → die Professorin
der Lehrer → die Lehrerin
der Maler → die Malerin
(단, 앞의 모음이 변모음이 되거나 형태가 바뀔 수도 있음.)

2 f. 여성 (die)

여성 사람 / 암컷 동물	die Frau 여성, die Tante 이모, die Professorin 여자 교수, die Henne 암탉
대부분의 독일 강 이름	die Donau 도나우강, die Elbe 엘베강
대부분 -e로 끝나는 명사	die Blume 꽃, die Schule 학교 예외 der Käse 치즈, das Auge 눈(眼)
꽃 / 식물	die Rose 장미, die Tulpe 튤립

3 n. 중성 (das)

사람이나 동물의 새끼	das Baby 아기, das Kind 아이, 어린이
국가명	das Korea 한국, das Deutschland 독일 예외 der Iran 이란, die Schweiz 스위스
대부분의 금속	das Gold 금, das Silber 은 예외 die Bronze 동
동사 원형이 명사로 쓰이는 경우	essen 먹다 → das Essen 음식, 요리
외래어	das Hotel 호텔, das Internet 인터넷

2 어미와 명사의 성

특정 어미를 첨가하는 방식을 통해 명사로 만들어진 단어들의 경우, 해당 명사의 성은 어미에 의하여 확정됩니다. 다음의 어미를 가진 명사는 어미에 해당하는 특정한 성을 갖습니다.

m. 남성	f. 여성	n. 중성
-ismus Realismus 사실주의	-ung Rechnung 계산서	-chen Mädchen 소녀
-ling Frühling 봄	-heit Schönheit 아름다움	-lein Tischlein 작은 탁자
-or Motor 모터	-keit Schwierigkeit 어려움	-ment Medikament 약
	-schaft Freundschaft 우정	
	-ion Religion 종교	
	-ei Datei 데이터	-o Foto 사진
	-ik Musik 음악	
	-ie Galerie 갤러리	
-er Koffer 트렁크	-e Blume 꽃 예외 der Käse 치즈 / der Name 이름 / der Affe 원숭이	-um Zentrum 중앙 예외 der Reichtum 부(富) der Irrtum 오류
	-ur Natur 자연	

Notiz
강의를 듣고 메모해 보세요.

Auf Deutsch bitte!

 단어의 성별을 구분하는 규칙을 떠올리며, 다음 명사들의 성별에 알맞은 관사를 찾아 동그라미하세요.

1. der / die / das   Frau
2. der / die / das   Mann
3. der / die / das   Fahrer
4. der / die / das   Schule
5. der / die / das   Bier
6. der / die / das   Wein
7. der / die / das   Baby
8. der / die / das   Kind

 명사의 어미 변화를 떠올리며, 다음 명사들의 성별에 알맞은 관사를 찾아 동그라미하세요.

9. der / die / das   Brötchen
10. der / die / das   Säugling
11. der / die / das   Situation
12. der / die / das   Freiheit
13. der / die / das   Blume
14. der / die / das   Germanistik
15. der / die / das   Feigling
16. der / die / das   Museum

3 뒤따르는 명사의 성에 부합하도록 빈칸에 알맞은 정관사 1격을 채워 독일어 문장을 완성하고 큰 소리로 말해 보세요.

17. Hallo, ich suche _____ Auto. Wo ist _____ Auto?

18. _____ Frau ist schön!

19. _____ Blume ist sehr groß, aber _____ Blume ist klein.

20. _____ Musik ist toll! Ich mag _____ Musik.   ★ mögen ~을(를) 좋아하다

21. _____ Bier ist sehr lecker!

22. _____ Rose ist rot und _____ Tulpe ist gelb.

23. _____ Baby schläft.   ★ schlafen 자다

24. _____ Mann ist schon da! _____ Frau kommt auch gleich!   ★ gleich 곧, 비슷한

4 다음 명사에 아래와 같이 성 표기를 해 보세요.

남성: r. / 여성 : e. / 중성 : s.

25. (　) Wein   29. (　) Motor   33. (　) Mädchen

26. (　) Bäckerei   30. (　) Koffer   34. (　) Musik

27. (　) Bier   31. (　) Übung   35. (　) Liebe

28. (　) Kind   32. (　) Einsamkeit   36. (　) Lehrer

정답
1.die 2. der 3. der 4. die 5. das 6. der 7. das 8. das 9.das 10.der 11. die 12.die 13. die 14. die 15. der 16. Das 17. das/das 18.Die 19.Die/die 20. Die/die 21.Das 22.Die/die 23. Das 24.Der/Die 25.r 26.e 27.s 28.s 29.r 30.r 31.e 32.e 33.s 34.e 35. e 36.r

Tag 22 정관사와 부정 관사의 격 변화

- das, des, dem, das! ein, eines, einem, ein!

3단계   Datum: . .

학습목표   독일어에서 관사는 크게 정관사와 부정 관사, 이렇게 두 가지로 분류됩니다. 정관사는 특정한 대상, 이미 알고 있는 대상, 하나밖에 없는 대상을 지칭할 때 사용되며 부정 관사는 불특정한 대상, 아직 언급되지 않은 대상을 지칭할 때 사용됩니다. 오늘은 성과 수, 격에 따라 관사의 형태가 어떻게 변화는지 알아보겠습니다.

 **Notiz**

강의를 듣고 메모해 보세요.

1 정관사 der, die, das

독일어 명사의 성은 남성, 여성, 중성으로 나누어지며, 격은 1: 주격, 2: 소유격, 3: 여격, 4: 목적격 네 가지로 구분되고, 단수와 복수로 나뉩니다. 이들 변화에 따른 정관사는 아래와 같습니다.

격	m. 남성	f. 여성	n. 중성	pl. 복수
1(은/는/이/가)	der	die	das	die
2(~의)	des	der	des	der
3(~에게)	dem	der	dem	den
4(~을/를)	den	die	das	die

2 정관사 남성 - der, des, dem, den

der Mann	그 남자가	**des** Mannes	그 남자의
dem Mann	그 남자에게	**den** Mann	그 남자를

3 정관사 여성 - die, der, der, die

die Frau	그 여자가	**der** Frau	그 여자의
der Frau	그 여자에게	**die** Frau	그 여자를

4 정관사 중성 - das, des, dem, das

das Kind	그 아이가	**des** Kindes	그 아이의
dem Kind	그 아이에게	**das** Kind	그 아이를

5 정관사 복수 - die, der, den, die

die Eltern	그 부모님이	**der** Eltern	그 부모님의
den Eltern	그 부모님에게	**die** Eltern	그 부모님을

6. 부정관사 ein, eine, ein

부정관사는 '하나의~'를 의미하므로 복수형이 없습니다.

격	m. 남성	f. 여성	n. 중성
1(은/는/이/가)	ein	eine	ein
2(~의)	eines	einer	eines
3(~에게)	einem	einer	einem
4(~을/를)	einen	eine	ein

Notiz
강의를 듣고 메모해 보세요.

7. 부정 관사 남성 - ein, eines, einem, einen

ein Mann	한 남자가
eines Mannes	한 남자의
einem Mann	한 남자에게
einen Mann	한 남자를

8. 부정 관사 여성 - eine, einer, einer, eine

eine Frau	한 여자가
einer Frau	한 여자의
einer Frau	한 여자에게
eine Frau	한 여자를

9. 부정 관사 중성 - ein, eines, einem, ein

ein Kind	한 아이가
eines Kindes	한 아이의
einem Kind	한 아이에게
ein Kind	한 아이를

Auf Deutsch bitte!

1 정관사 3격을 사용하여 독일어 문장을 완성하고 큰 소리로 말해 보세요.

1. Die Hose passt _____ Frau.   ★ passen ~에게 맞다, 어울리다

2. Das Auto gehört _____ Mann.   ★ gehören ~에게 속하다

3. Der Pullover steht _____ Freundin.   ★ stehen ~에게 어울리다, 서 있다

4. Der Lehrer hilft _____ Schüler.   ★ helfen ~에게 도움을 주다

5. Der Hut passt _____ Verkäufer.   ★ r. Verkäufer 남자 판매원

6. Der Vater schenkt _____ Kind einen Ball.   ★ schenken ~에게 ~을(를) 선물하다

7. Das Mädchen hilft _____ Hund.

2 정관사 4격을 사용하여 독일어 문장을 완성하고 큰 소리로 말해 보세요.

8. Wir brauchen _____ Brot.   ★ brauchen ~을(를) 필요로 하다

9. Ich mache _____ Hausaufgaben.   ★ machen ~을(를) 만들다, 하다

10. Sie kaufen _____ Schuhe.   ★ kaufen ~을(를) 사다

11. Der Vater hat _____ Schirm.   ★ r. Schirm 우산

12. Hanna trinkt _____ Kaffee.   ★ r. kaffee 커피 ★ trinken ~을(를) 마시다

13. Julius kauft _____ Käse.

14. Sie kaufen _____ Zeitung.   ★ e. Zeitung 신문

3 괄호 안에 쓰인 명사의 격에 알맞은 정관사를 빈칸에 채워 문장을 완성해 보세요.

15. _____ Mann(1) schenkt _____ Kind(3) _____ Buch(4).

16. _____ Eltern(1) sind nicht zu Hause. _____ Kinder(1) sind auch nicht zu Hause.
    ★ zu Hause sein 집에 있다

17. _____ Frau(1) findet _____ Mann(4) sehr hübsch.
    ★ finden ~을(를) ~(이)라고 생각하다

Tag 22

18. _____ Kind(1) hat _____ Brot(4).

19. _____ Verkäufer(1) kauft _____ Brot(4).

20. Ich mag _____ Bier(4). _____ Bier(1) ist sehr lecker!

21. _____ Winter(1) ist sehr kalt und _____ Sommer(1) ist sehr warm.

★ kalt 차가운 ★ warm 따뜻한

22. _____ Mann(1) gibt _____ Frau(3) _____ Blume(4).

★ geben 주다

4 괄호 안에 쓰인 명사의 격에 알맞은 부정 관사를 빈칸에 채워 문장을 완성해 보세요.

23. _____ Lehrerin(1) kauft _____ Kind(3) _____ Buch(4).

24. _____ Hund(1) spielt. _____ Katze(1) spielt auch.

★ spielen 놀다

25. _____ Mann(1) findet die Schule nicht.

26. _____ Baby(1) trinkt _____ Tasse(4) Milch.

★ e. Tasse 잔 ★ e. Milch 우유

27. _____ Frau(1) kauft _____ Tasche(4).

28. _____ Mann(1) gibt _____ Frau(3) _____ Blume(4).

29. _____ Kind(1) spielt auf dem Spielplatz.

★ r. Spielplatz 놀이터

30. _____ Schule(1) ist klein.

정답

1. der 2. dem 3. der 4. dem 5. dem 6. dem 7. dem 8. das 9. die 10. die 11. den 12. den 13. den 14. die 15. Der, dem, das 16. Die, Die 17. Die, den 18. Das, das 19. Der, das 20. das, Das 21. Der, der 22. Der, der, die 23. Eine, einem, ein 24. Ein, Eine 25. Ein 26. Ein, eine 27. Eine, eine 28. Ein, einer, eine 29. Ein 30. Eine

Tag 23 — Wie heißt du?
너의 이름은 무엇이니?

3단계 Datum: . .

학습목표: 독일어 동사의 기본형은 대부분 -en으로 끝나고 인칭과 시제에 따라 규칙적인 변화를 합니다. 하지만 예외적으로 불규칙 동사들도 존재한다는 것을 앞서 배웠습니다. 오늘은 동사의 어간이 -s / -ss / -ß / -z로 끝날 경우 불규칙한 동사들이 인칭에 따라 어떤 식으로 변화하는지 살펴 보겠습니다.

1 불규칙 동사의 규칙

동사의 어간이 -s / -ss / -ß / -z로 끝날 경우, '어간+st'가 아닌 '**어간+t**'가 됩니다. 다음의 표로 불규칙 동사의 규칙 변화를 배워 보겠습니다.

Notiz
강의를 듣고 메모해 보세요.

1 heißen ~(이)라 불리다

인칭 대명사	어간	어미	heißen
ich	heiß	e	heiße
du		t	**heißt**
er / sie / es		t	**heißt**
wir		en	heißen
ihr		t	heißt
sie / Sie		en	heißen

2 reisen 여행하다

인칭 대명사	어간	어미	reisen
ich	reis	e	reise
du		t	**reist**
er / sie / es		t	**reist**
wir		en	reisen
ihr		t	reist
sie / Sie		en	reisen

3 küssen 입 맞추다

인칭	어간	어미	küssen
ich	küss	e	küsse
du	küss	t	küsst
er / sie / es	küss	t	küsst
wir	küss	en	küssen
ihr	küss	t	küsst
sie / Sie	küss	en	küssen

2 의문사 wie

wie는 '어떻게'라는 의미의 의문사입니다. 주로 수단, 방법, 상태 등을 물을 때 사용되는데, 굉장히 빈번하게 사용되는 의문사인 만큼 헷갈리지 말고 꼭 알아두세요.

3 의문사 wie 와 heißen 동사 활용하기

> **Wie (어떻게) + heißen + 주어? : ~은(는) 어떻게 불리나요?**
> **: ~은(는) 이름이 뭐예요?**

예 A: Wie **heißen** Sie?   당신은 **성함이** 어떻게 **되세요**?
B: Ich **heiße** Michael Schön.   저는 Michael Schön**입니다**.

A: Wie **heißt** er?   그는 **이름이 뭐야**?
B: Er **heißt** Hans.   그는 Hans **라고 불러**.

A: Wie **heißen** sie?   그들은 **이름이 뭐야**?
B: Sie **heißen** Laura und Tim.   그들은 Laura와 Tim**이야**.

> **Wie (어떻게) + heißen + das (이/그/저것) + auf 언어명**
> **: ~은(는) (언어명)으로 어떻게 불리나요? (=~은(는) (언어명)으로 뭐라고 해요?)**

예 A: Wie **heißt** das auf Deutsch?   이것은 독일어로 **뭐예요**?
B: Das **heißt** Tisch.   이것은 Tisch**라고 해요**.

A: Wie **heißt** Baum auf Koreanisch?   Baum을 한국어로는 뭐라고 **해요**?
B: Baum **heißt** 나무 auf Koreanisch.   Baum은 한국어로 나무**라고 해요**.

A: Wie **heißt** 빵 auf Deutsch?   빵을 독일어로 뭐라고 **해요**?
B: 빵 **heißt** Brot auf Deutsch.   빵은 독일어로 Brot**라고 해요**.

Notiz
강의를 듣고 메모해 보세요.

★ r. Tisch 탁자, 테이블

Auf Deutsch bitte!

1 동사의 어간이 -s / -ss / -ß / -z로 끝나는 동사: heißen, reisen 그리고 küssen의 동사 변화를 인칭에 맞게 채워서 다음의 표를 완성하세요.

인칭	heißen	reisen	küssen
ich	1.	6.	küsse
du	2.	7.	10.
er / sie / es	3.	reist	11.
wir	4.	reisen	12.
ihr	5.	8.	13.
sie / Sie	heißen	9.	14.

2 동사의 어간이 -s / -ss / -ß / -z로 끝나는 다른 불규칙한 동사: grüßen, heizen 그리고 beweisen의 변화 또한 인칭에 맞게 채워주세요.

인칭	grüßen	heizen	beweisen
ich	grüße	19.	24.
du	15.	20.	beweist
er / sie / es	16.	21.	25.
wir	grüßen	22.	26.
ihr	17.	heizt	27.
sie / Sie	18.	23.	28.

★ grüßen 인사하다 ★ heizen 데우다 (난방하다) ★ beweisen 증명하다

3 빈칸에 들어갈 heißen 동사를 주어에 맞게 적어 문장을 완성하고, 큰 소리로 말해 보세요.

29. Hallo, ich _____ Lina. Wie _____ du?

30. Ich _____ Tom.

31. Wie _____ das auf Deutsch?

32. Das? Das _____ Brot auf Deutsch!

4 다음 주어진 문장을 독일어로 쓰고 큰 소리로 따라 말해 보세요.

33. 그의 이름은 무엇입니까?
　

34. 나는 Dan입니다.
　

35. 그녀는 Franzi라고 불린다.
　

36. 그것은 빵이라고 한다.
　

37. 우리는 독일에서 여행한다.
　

38. Laura는 Tim에게 키스한다.
　

39. 너희는 이름이 뭐야?
　

40. 이것은 한국어로 어떻게 불러요?
　

정답

1-14번 본문 참고 15. grüßt 16. grüßt 17. grüßt 18. grüßen 19. heize 20. heizt 21. heizt 22. heizen 23. heizen 24. beweise 25. beweist 26. beweisen 27. beweist 28. beweisen 29. heiße, heißt 30. heiße 31. heißt 32. heißt 33. Wie heißt er? 34. Ich heiße Dan. 35. Sie heißt Franzi. 36. Das heißt Brot. 37. Wir reisen in Deutschland. 38. Laura küsst Tim. 39. Wie heißt ihr? 40. Wie heißt das auf Koreanisch?

Tag 24

Wie geht's ihm?
그는 잘 지내?

3단계 | Datum: . .

학습목표

독일어의 동사는 크게 자동사와 타동사로 나눌 수 있습니다. 타동사는 목적어 즉, 3격 그리고 4격이 필요한 동사입니다. 먼저 인칭 대명사 3격의 형태와 활용을 배워 봅시다. 3격은 매우 자주 쓰이니 반복해서 여러 번 연습하며 확실히 암기해야 합니다. 그럼 오늘의 학습 내용을 살펴볼까요?

1. 인칭 대명사 1격 (~은/는/이/가)와 3격 (~에게) 비교

인칭 대명사 1격	뜻	인칭 대명사 3격	뜻
ich	나는	mir	나에게
du	너는	dir	너에게
er	그는	ihm	그에게
sie	그녀는	ihr	그녀에게
es	그것은	ihm	그것에게
wir	우리는	uns	우리에게
ihr	너희는	euch	너희에게
sie / Sie	그들은/당신(들)은	ihnen / Ihnen	그들에게/당신(들)에게

Notiz
강의를 듣고 메모해 보세요.

2. es gefällt + 3격 + gut: ~(3격)의 마음에 들다

'~이/가(1격) ~에게(3격) 마음에 든다'로 직역됩니다. es의 자리에는 마음에 드는 대상을 1격으로, 마음에 들어 하는 주체는 3격으로 취합니다.

Es gefällt **mir** gut.	그것은 **나에게** 마음에 든다.
Es gefällt **dir** gut.	그것은 **너에게** 마음에 든다.
Es gefällt **ihm** gut.	그것은 **그(것)에게** 마음에 든다.
Es gefällt **ihr** gut.	그것은 **그녀에게** 마음에 든다.
Es gefällt **uns** gut.	그것은 **우리에게** 마음에 든다.
Es gefällt **euch** gut.	그것은 **너희에게** 마음에 든다.
Es gefällt **ihnen** gut.	그것은 **그들에게** 마음에 든다.
Es gefällt **Ihnen** gut.	그것은 **당신(들)에게** 마음에 든다.

3. es geht + 3격 + gut : ~(3격)은/는 잘 지낸다

한국어로는 인칭대명사 3격이 '~은(는)'으로 해석되어 1격으로 혼동하기 쉽습니다. 그러나 독일어에서는 3격으로 말한다는 점 반드시 기억하세요.

Es geht **mir** gut.	나는 잘 지낸다.
Es geht **dir** gut.	너는 잘 지낸다.
Es geht **ihm** gut.	그는 / 그것은 잘 지낸다.
Es geht **ihr** gut.	그녀는 잘 지낸다.
Es geht **uns** gut.	우리는 잘 지낸다.
Es geht **euch** gut.	너희는 잘 지낸다.
Es geht **ihnen** gut.	그들은 잘 지낸다.
Es geht **Ihnen** gut.	당신(들)은 잘 지낸다.

4. helfen + 3격 : ~이(가) ~(3격)에게 도움을 주다

'~이(가)(1격) ~에게(3격) 도움을 주다'로 직역됩니다. 도움을 주는 주체는 1격을, 도움을 받는 대상은 3격을 취합니다.

Du hilfst **mir**.	너는 **나에게** 도움을 준다.
Ich helfe **dir**.	나는 **너에게** 도움을 준다.
Sie hilft **ihm**.	그녀는 **그를 / 그것에게** 도움을 준다.
Er hilft **ihr**.	그는 **그녀에게** 도움을 준다.
Ihr helft **uns**.	너희는 **우리에게** 도움을 준다.
Wir helfen **euch**.	우리는 **너희에게** 도움을 준다.
Sie helfen **ihnen**.	당신은 **그들에게** 도움을 준다.
Sie helfen **Ihnen**.	그들은 **당신(들)에게** 도움을 준다.

Notiz
강의를 듣고 메모해 보세요.

★ 한국어로는 '~이(가) ~을(를) 돕는다' 처럼 해석 될 수 있어, 자칫 3격 목적어를 '~을(를)'에 해당하는 4격으로 오인하기 쉽습니다. 그러나 helfen 동사를 쓸 때는 항상 3격을 써야 한다는 점을 꼭 기억하세요.

Auf Deutsch bitte!

1 인칭 대명사의 1격과 3격 형태를 채워 다음의 표를 완성해 보세요.

	1격 (은/는/이/가)	3격 (~에게)
나	1.	10.
너	2.	11.
그	3.	12.
그녀	4.	13.
그것	5.	14.
우리	6.	15.
너희	7.	16.
그들	8.	17.
당신(들)	9.	18.

2 빈칸에 들어갈 알맞은 인칭 대명사를 격 변화하여 독일어 문장을 완성하고, 큰 소리로 말해 보세요.

19. Das Auto gefällt _____ nicht.   이 자동차는 내 마음에 안 든다.

20. Das Haus gefällt _____.   이 집은 당신의 마음에 든다.

21. Ein Mann hilft _____.   한 남자가 그녀를 돕는다.

22. Eine Frau hilft _____.   한 여자가 너희를 돕는다.

23. Die Tasche gefällt _____ nicht.   그 가방은 우리 마음에 들지 않는다.

24. Wir helfen _____ nicht.   우리는 그를 돕지 않는다.

25. Der Stuhl gefällt _____.   그 의자는 그들의 마음에 든다.

26. Sie helfen _____.   그들은 너를 돕는다.

3 다음 주어진 문장을 독일어로 쓰고 큰 소리로 따라 말해 보세요.

27. 당신은 어떻게 지내세요? _____?

28. 저는 잘 지내요. _____.

29. 저는 잘 못 지내요. _____.

30. 그녀는 어떻게 지내? _____?

31. 그녀는 잘 지내. _____.

32. 그는 어떻게 지내요? _____?

33. 그는 못 지내요. _____.

34. 너희는 어떻게 지내? _____?

35. 우리는 나쁘게 지내요. _____.

36. 우리는 잘 못 지내요. _____.

37. 그들은 어떻게 지내요? _____?

38. 너는 한 여자를 돕는다. _____.

39. 그는 한 남자를 돕는다. _____.

40. 그 꽃은 당신의 마음에 든다. _____.

정답

1-18번 본문 참고 19. mir 20. Ihnen 21. ihr 22. euch 23. uns 24. ihm 25. ihnen 26. dir 27. Wie geht es Ihnen? 28. Es geht mir gut. 29. Es geht mir nicht gut. 30. Wie geht es ihr? 31. Es geht ihr gut. 32. Wie geht es ihm? 33. Es geht ihm nicht gut. 34. Wie geht es euch? 35. Es geht uns schlecht. 36. Es geht uns nicht gut. 37. Wie geht es ihnen? 38. Du hilfst einer Frau. 39. Er hilft einem Mann. 40. Die Blume gefällt Ihnen.

Tag 25

Ich liebe dich.
나는 널 사랑해.

3단계 Datum: .   .

학습목표 독일어의 동사는 크게 자동사와 타동사로 나눌 수 있으며 타동사는 목적어 즉, 3격 그리고 4격이 필요한 동사임을 앞서 배웠습니다. 이제 인칭 대명사 4격의 형태와 그 활용을 배워 볼 차례입니다.
그럼 오늘의 학습 내용을 살펴볼까요?

1 인칭 대명사 4격 (~을/~를) 복습하기

인칭 대명사 1격	인칭 대명사 4격	인칭 대명사 1격	인칭 대명사 4격
ich	mich	wir	uns
du	dich	ihr	euch
er	ihn	sie	sie
sie	sie	Sie	Sie
es	es		

Notiz 강의를 듣고 메모해 보세요.

2 mögen ~을(를) 좋아하다

mögen 동사는 불규칙 동사로서, ö가 a로 변화합니다. 다음의 표로 인칭에 맞는 동사 형태를 꼼꼼히 익히세요.

인칭 대명사	mögen
ich	mag
du	magst
er / sie / es	mag
wir	mögen
ihr	mögt
sie / Sie	mögen

3 mögen + 인칭 대명사 4격 활용하기

Ich mag dich.	나는 너를 좋아해.
Magst du uns?	너는 우리를 좋아하니?
Er mag ihn.	그는 그를 좋아해.

Notiz
강의를 듣고 메모해 보세요.

Sie mögen mich.	그들은 나를 좋아해.
Sie mag euch.	그녀는 너희를 좋아해.
Wir mögen Sie.	우리는 당신을 좋아합니다.

4 lieben ~을(를) 사랑하다 / 매우 좋아하다

인칭 대명사	lieben
ich	liebe
du	liebst
er / sie / es	liebt
wir	lieben
ihr	liebt
sie / Sie	lieben

5 lieben + 인칭 대명사 4격 활용하기

Ich liebe dich.	나는 너를 사랑해.
Du liebst mich.	너는 나를 사랑해.
Sie liebt ihn.	그녀는 그를 사랑해.
Sie lieben sie.	그들은 그녀를 사랑해.
Er liebt ihn.	그는 그를 사랑해.
Wir lieben sie.	우리는 그들을 사랑해.

6 gern / lieb haben + 인칭 대명사 4격 ~을(를) 좋아하다

Ich habe dich gern/lieb.	나는 너를 좋아해.
Du hast ihn lieb.	너는 그를 좋아해.
Ihr habt uns lieb.	너희들은 우리를 좋아해.
Sie hat ihn gern.	그녀는 그를 좋아해.
Wir haben euch lieb.	우리는 너희를 좋아해.

* lieben은 연인 관계나 부모 자식 사이 등, 진지하게 사랑하는 관계에서 쓰는 표현으로, 더 가벼운 느낌의 호감을 표하는 gern/lieb haben과 구분됩니다.

Auf Deutsch bitte!

1 규칙 동사 lieben과 불규칙 동사 mögen을 인칭에 맞게 변화시켜 다음 표를 완성하세요.

인칭	lieben	mögen
ich	1.	6.
du	2.	7.
er/sie/es	3.	mag
wir	4.	mögen
ihr	5.	8.
sie/Sie	lieben	9.

2 다음 주어진 단어로 대화문을 완성하고 큰 소리로 따라 말해 보세요.

liebe / liebe / magst / lieb

10. Ich habe eine Blume für dich!

    Ich _____ Blumen! Danke schön. Ich habe dich _____!

11. _____ du die Frau?

12. Nein, ich _____ sie. Sie ist meine Frau.

3 다음 주어진 문장을 독일어로 쓰고 따라 말해 보세요.

13. 나는 너를 사랑해.

    _____

14. 그 여자는 너를 사랑해.

    _____

15. 그는 너를 좋아해.

    _____

16. 그 아이는 나를 좋아해.
___

17. 그녀는 그를 사랑해.
___

18. 그들은 우리를 좋아해(숙어).
___

19. 우리는 너를 사랑해.
___

20. 우리는 너희를 사랑하지 않아.
___

21. 그들은 우리를 좋아해.
___

22. 그 고양이는 나를 좋아해.
___

정답

1-9번 본문 참고 10. liebe/lieb 11. Magst 12. liebe 13 Ich liebe dich. 14. Die Frau liebt dich. 15. Er mag dich. 16. Das Kind mag mich. 17. Sie liebt ihn. 18. Sie haben uns lieb. 19. Wir lieben dich. 20. Wir lieben euch nicht. 21. Sie mögen uns. 22. Die Katze mag mich.

Tag 26

Er findet das Kind süß.
그는 그 아이를 귀엽다고 생각해.

학습목표
finden 동사의 변화와, 동사의 어간이 -d, -t, -chn, -fn, -gn으로 끝날 경우 불규칙변화 동사들이 인칭에 따라 어떻게 변화하는지 알아보겠습니다.
그럼 오늘의 학습 내용을 살펴볼까요?

1 정관사 복습

격	m. 남성	f. 여성	n. 중성	pl. 복수
1	der	die	das	die
2	des	der	des	der
3	dem	der	dem	den
4	den	die	das	die

2 finden ~을(를) ~하다고 생각하다

	finden
ich	finde
du	**findest**
er/sie/es	**findet**
wir	finden
ihr	**findet**
sie/Sie	finden

3 finden 동사 활용하기

Du **findest** den Mann **hässlich**.	넌 그 남자를 못생겼다고 생각해.
Er **findet** die Frau **nicht schön**.	그는 그 여자를 예쁘지 않다고 생각해.
Sie **findet** das Kind **süß**.	그녀는 그 아이를 귀엽다고 생각해.
Ihr **findet** den Lehrer **toll**.	너희는 그 남선생님을 좋다고 생각해.
Wir **finden** die Leute **nett**.	우리는 그 사람들을 친절하다고 생각해.
Sie **finden** die Lehrerin **komisch**.	그들은 그 여선생님을 이상하다고 생각해.

Notiz
강의를 듣고 메모해 보세요.

4. 불규칙 동사 변화의 규칙

동사의 어간이 -d, -t, -chn, -fn, -gn 으로 끝날 경우, 2인칭 단/복수와 3인칭 단수에서 동사 어간과 어미 사이에 e가 추가됩니다.

인칭	arbeiten 일하다	rechnen 계산하다	öffnen 열다
ich	arbeite	rechne	öffne
du	arbeitest	rechnest	öffnest
er / sie / es	arbeitet	rechnet	öffnet
wir	arbeiten	rechnen	öffnen
ihr	arbeitet	rechnet	öffnet
sie / Sie	arbeiten	rechnen	öffnen

Notiz

강의를 듣고 메모해 보세요.

5. arbeiten 동사 활용하기

Ich arbeite viel.	나는 일을 많이 한다.
Der Mann arbeitet immer.	그 남자는 항상 일을 한다.
Meine Eltern arbeiten gern.	나의 부모님은 일(하는 것)을 좋아한다.
Arbeitest du morgen?	너 내일 일해?

6. rechnen 동사 활용하기

Das Kind rechnet.	그 아이는 계산한다.
Die Verkäuferin rechnet schnell.	그 판매원은 빨리 계산한다.
Wir rechnen den Preis.	우리는 그 가격을 계산한다.
Die Mutter rechnet jetzt.	그 엄마는 지금 계산한다.

7. öffnen 동사 활용하기

Die Frau öffnet die Tür.	그 여자는 그 문을 연다.
Das Kind öffnet die Dose.	그 아이는 그 캔을 딴다(연다).
Die Schüler öffnen die Tasche.	그 학생들은 저 가방을 연다.
Wir öffnen die Tür.	우리는 저 문을 연다.

Auf Deutsch bitte!

1 아래에 주어진 불규칙 동사의 동사 변화를 인칭에 맞게 채워서 다음 표를 완성하세요.

	finden	rechnen	arbeiten
ich	1.	6.	arbeite
du	2.	7.	10.
er / sie / es	3.	rechnet	11.
wir	4.	rechnen	12.
ihr	5.	8.	13.
sie / Sie	finden	9.	14.

2 다음 주어진 단어를 활용하여 빈칸을 채우고 완성된 문장을 큰 소리로 말해 보세요.

> finde / öffnet / findet / arbeite / arbeitet / rechnet / findest

15. Das Buch _____ ich nicht schön.

16. Das Kind _____ den Hund süß.

17. Ich _____ jeden Tag.

18. Der Schüler _____ mit dem Handy.

19. Er _____ die Dose.

20. Wie _____ du die Lehrerin?

21. Der Mann _____ zu Hause.

3 다음 주어진 단어를 활용하여 문장을 독일어로 쓰고 따라 말해 보세요.

> f. Maus 쥐 | f. Blume 꽃 | n. Brötchen 작은 빵 | m. Bruder 남자 형제 | f. Schwester 여자 형제 | m. Bus 버스 | f. Chefin 여자 상사 | m. Deutschlehrer 남자 독일어 선생님

22. 나는 그 꽃을 예쁘다고 생각해.
_____

23. 너는 그 남자 형제가 친절하다고 생각해.
_____

24. 그 쥐는 그 작은 빵을 맛있다고 생각해.
_____

25. 그 여자 형제는 그 버스를 크다고 생각해.
_____

26. 그는 그 남자를 못생겼다고 생각해.
_____

27. 나는 그 여자 상사를 예쁘다고 생각해.
_____

28. 우리는 그 남자 독일어 선생님을 엄격하다고 생각해. ★ streng 엄격한
_____

정답

1. finde 2. findest 3. findet 4. finden 5. findet 6. rechne 7. rechnest 8. rechnet 9. rechnen 10. arbeitest 11. arbeitet 12. arbeiten 13. arbeitet 14. arbeiten 15. finde 16. findet 17. arbeite 18. rechnet 19. öffnet 20. findest 21. arbeitet 22. Ich finde die Blume schön. 23. Du findest den Bruder nett. 24. Die Maus findet das Brötchen lecker. 25. Die Schwester findet den Bus groß. 26. Er findet den Mann hässlich 27. Ich finde die Chefin schön. 28. Wir finden den Deutschlehrer streng.

Tag 21-23 Wiederholung 복습

3단계 Datum: . .

Tag 21~23까지 배운 내용들을 잘 기억하고 있는지 실력을 점검해 보겠습니다. 다음 문제를 스스로 풀고, 정답을 확인해 보세요. 틀린 문제는 앞으로 돌아가 해당 내용을 찾아보고, 다시 한 번 복습하세요.

1 주어진 동사를 활용하여 빈칸에 들어갈 알맞은 단어를 적어 대화를 완성해 보세요.

1 heißen

1. Ich _____ Lisa und wie _____ du?

2. Ich _____ Laura!

3. Wie _____ der Hund?

4. Der Hund _____ Bella!

2 reisen

5. Der Mann _____ gerne mit seiner Frau.

6. _____ du auch gerne?

7. Ich _____ nicht so gerne. Aber meine Frau _____ gerne.

2 다음 주어진 단어로 빈칸을 채워 독일어 문장을 완성하고, 큰 소리로 말해 보세요.

> heißt / ein / das / heißt

8. A: Was ist das?
   B: Das ist _____ Brot. _____ Brot ist sehr lecker.

9. Wie _____ Brot auf Koreanisch?

10. Das _____ 빵 auf Koreanisch.

heißt / heiße / heißt / heißt / lieb / heißt / heißt

11. Wie _____ du?

12. Ich _____ Lina! Wie _____ der Hund?

13. Der Hund _____ Bella!

14. Wie _____ die Katze?

15. Die Katze _____ Nana. Ich habe sie _____.

3. 다음 주어진 문장을 독일어로 쓰고 큰 소리로 따라 말해 보세요.

16. 그것은 빵이라고 한다.

   _____

17. 그 아이의 이름은 피터이다.

   _____

18. 한나는 하나의 차를 산다.

   _____

19. 리사는 그 책을 사랑한다.

   _____

20. 그 강아지는 그 고양이를 좋아한다.

   _____

정답

1. heiße, heißt 2. heiße 3. heißt 4. heißt 5. reist 6. Reist 7. reise, reist 8. ein, Das 9. heißt 10. heißt 11. heißt 12. heiße, heißt 13. heißt 14. heißt 15. heißt, lieb 16. Das heißt Brot. 17. Das Kind heißt Peter. 18. Hanna kauft ein Auto. 19. Lisa liebt das Buch. 20. Der Hund mag die Katze.

Tag 24-26 Wiederholung 복습

3단계 Datum: .   .

학습목표 Tag 24~26까지 배운 내용들을 잘 기억하고 있는지 실력을 점검해 보겠습니다. 다음 문제를 스스로 풀고, 정답을 확인해 보세요. 틀린 문제는 앞으로 돌아가 해당 내용을 찾아보고, 다시 한 번 복습하세요.

1 괄호 안에 주어진 동사를 알맞게 변화시켜 빈칸을 채우고 독일어 문장을 완성한 후 큰 소리로 말해 보세요.

1. Der Mann _____ die Frau sehr hübsch. Er _____ die Frau.
   (finden / lieben)

2. Die Schülerin _____ den Lehrer nicht so gut. Er_____ nicht viel.
   (finden /arbeiten)

3. Ich _____ Katzen toll. Aber meine Mutter _____ keine Katzen.
   (finden / mögen)

4. Der Mann _____ den Hund sehr hässlich. Aber er _____ ihn.
   (finden / lieben)

2 다음 주어진 단어와 표현을 배열하여 문장을 만들고 큰 소리로 말해 보세요.

5. er / findet / Wie ? / das Haus

   _____

6. freundlich / finde / Ich / die Frau

   _____

3 다음 주어진 문장을 독일어로 쓰고 따라 말해 보세요.

7. 그 남자는 그 여자를 사랑해.

   _____

8. 그 여자는 나를 사랑하지 않아.
_____

9. 그 고양이는 나를 좋아해.
_____

10. 나는 그 남자 선생님을 친절하지 않다고 생각해.
_____

11. 나는 그 아이를 이상하다고 생각해.
_____

12. 그 남자는 그 아이를 귀엽다고 생각해.
_____

13. 그녀는 그 고양이를 예쁘다고 생각해.
_____

14. 너는 그 남자를 못생겼다고 생각해.
_____

15. 그녀는 잘 지내.
_____

16. 그는 어떻게 지내요?
_____

17. 그는 못 지내요.
_____

정답

1. findet, liebt 2. findet, arbeitet 3. finde, mag 4. findet, liebt 5. Wie findet er das Haus? 6. Ich finde die Frau freundlich. 7. Der Mann liebt die Frau. 8. Die Frau liebt mich nicht. 9. Die Katze mag mich. 10. Ich finde den Lehrer nicht freundlich. 11. Ich finde das Kind komisch. 12. Der Mann findet das Kind süß. 13. Sie findet die Katze hübsch. 14. Du findest den Mann hässlich. 15. Ihr geht es gut. 16. Wie geht es ihm? 17. Es geht ihm nicht gut.

Tag 27

Die Bluse gefällt der Frau.
그 블라우스가 그 여자에게 맘에 든다.

3단계 Datum: .   .

학습목표
정관사 3격의 형태와 활용을 복습하면서, gefallen과 같이 불규칙 변화하는 동사를 활용해 문장으로 말하기 연습을 해 보겠습니다.
그럼 오늘의 학습 내용을 살펴볼까요?

1 정관사 복습

격	m. 남성	f. 여성	n. 중성	pl. 복수
1	der	die	das	die
2	des	der	des	der
3	dem	der	dem	den
4	den	die	das	die

2 gefallen ~에게 마음에 들다

앞서 '~이/가 ~에게 마음에 들다'라는 표현으로 'es gefällt + 인칭 대명사 3격'을 배웠습니다. 여기서 gefällt 동사의 원형은 바로 gefallen입니다. gefallen 동사는 움라우트 변화가 일어나므로 주의해서 암기하세요. 알파벳 a, o, u는 2인칭 단수와 3인칭 단수에서 각각 ä, ö, ü 변모음으로 바뀌는 경우가 있습니다.

인칭	gefallen
ich	gefalle
du	gefällst
er / sie / es	gefällt
wir	gefallen
ihr	gefallt
sie / Sie	gefallen

 **Notiz**
강의를 듣고 메모해 보세요.

★ gefallen은 '~이(가) ~에게 마음에 들다'를 뜻하는 동사로, 마음에 드는 대상이 주어인 1격으로 오고, 마음에 들어 하는 주체가 3격으로 옵니다. 혼동하지 않도록 꼼꼼히 구분해서 기억하세요.

3. 명사를 1격에서 3격으로

표현하려는 격에 따라서 정관사와 부정관사의 형태가 달라지는 점을 앞서 배웠습니다. '~에', '~에게', '~에서'라는 표현을 하고자 할 땐, 1격(주격)이 아닌 3격(여격)을 사용해야 합니다.

der Mann	→	dem Mann
die Frau		der Frau
das Kind		dem Kind
die Leute		den Leuten

4. 'gefallen ~에게 마음에 들다' 동사 활용하기

Das gefällt **dem Mann**.	그것이 그 남자에게 마음에 든다.
Das gefällt **der Frau**.	그것이 그 여자에게 마음에 든다.
Das gefällt **dem Kind**.	그것이 그 아이에게 마음에 든다.
Das gefällt **den Eltern**.	그것이 그 부모님에게 마음에 든다.

Das Haus gefällt **dem Mann**.	그 집이 그 남자에게 마음에 든다.
Der Hund gefällt **der Frau**.	그 강아지가 그 여자에게 마음에 든다.
Das Kleid gefällt **dem Mädchen**.	그 원피스가 그 여자아이에게 마음에 든다.
Die Schuhe gefallen **den Eltern**.	그 신발이 그 부모님에게 마음에 든다.

Notiz
강의를 듣고 메모해 보세요.

★ 한국어로는 '~이(가) ~에게 마음에 든다'라고 직역 가능하지만, 자연스럽게 표현하자면 '그 남자는 그것을 마음에 들어 한다.'와 같이 1격과 3격을 바꿔서 이해해도 됩니다. 단, 문장을 만들 땐 1격과 3격의 쓰임에 꼭 주의하세요.

Auf Deutsch bitte!

1 다음 주어진 단어와 표현을 배열하여 문장을 만들고 큰 소리로 말해 보세요.

1. gefällt / dem Mann / der Anzug ★ r. Anzug 수트, 정장

   _____

2. der Frau / gefällt / die Bluse ★ e. Bluse 블라우스

   _____

3. das Kleid / dem Kind / gefällt ★ s. Kleid 옷

   _____

4. den Leuten / die Schuhe / gefallen ★ pl. Leute 사람들

   _____

2 아래 대화문의 빈칸을 주어진 인칭의 3격으로 채워 완성해 주세요.

5. Peter, das Buch gefällt _____ ! (ich)

6. Gefällt das Buch _____ ? _____ gefällt das Buch nicht. (du / ich)

7. Die Farbe ist schön. Die rote Farbe gefällt _____ . (wir)

8. Nein, die Farbe gefällt _____ nicht. (ich)

9. Peter hat einen Hund! _____ gefällt der Hund. (er)

10. Wow, ein Hund! Ich mag auch Hunde. _____ gefallen aber Katzen auch! (ich)

11. _____ gefallen Katzen nicht! (sie 그녀)

3 다음 주어진 단어를 활용하여 문장을 독일어로 쓰고 따라 말해 보세요.

n. Fahrrad 자전거 | m. Freund 남자 친구 | m. Fußball 축구, 축구공 | pl. Schuhe 신발들 | f. Jacke 재킷

12. 그 차가 나에게 맘에 들어.

   _____

Tag 27

13. 그 축구공이 그 여자에게 맘에 든다.

14. 그 친구가 그 엄마에게 맘에 든다.

15. 그 자전거가 그 여자에게 맘에 든다.

16. 그 신발들이 그 사람들에게 맘에 든다.

17. 그 재킷이 그에게 맘에 든다.

18. 너의 자전거는 나에게 마음에 든다.

19. 그녀의 재킷이 너에게 마음에 든다.

20. 당신의 남자 친구가 우리에게 마음에 든다.

정답

1. Der Anzug gefällt dem Mann. 2. Die Bluse gefällt der Frau. 3. Das Kleid gefällt dem Kind. 4. Die Schuhe gefallen den Leuten. 5. mir 6. dir, Mir 7. uns 8. mir 9. Ihm 10. Mir 11. Ihr 12. Mir gefällt das Auto. 13. Der Fußball gefällt der Frau. 14. Der Freund gefällt der Mutter. 15. Das Fahrrad gefällt der Frau. 16. Die Schuhe gefallen den Leuten. 17. Die Jacke gefällt ihm. 18. Dein Fahrrad gefällt mir. 19. Ihre Jacke gefällt dir. 20. Ihr Freund gefällt uns.

Tag 28

Er hilft einem Kind.
그는 한 아이에게 도움을 준다.

3단계 Datum: .   .

학습목표
부정 관사 3격의 형태와 활용을 복습하고, helfen과 같이 2인칭 단수와 3인칭 단수 형태에서 모음 변화하는 동사를 활용하여 문장으로 말해 볼 시간입니다.
그럼 오늘의 학습 내용을 살펴볼까요?

1 부정 관사 복습

격	m. 남성	f. 여성	n. 중성	pl. 복수
1	ein	eine	ein	
2	eines	einer	eines	/
3	einem	einer	einem	
4	einen	eine	ein	

2 'helfen ~에게 도움을 주다' 동사 변화

helfen 동사는 2인칭 단수 및 3인칭 단수에서 e가 i로 변합니다.

인칭	helfen
ich	helfe
du	hilfst
er / sie / es	hilft
wir	helfen
ihr	helft
sie / Sie	helfen

 Notiz
강의를 듣고 메모해 보세요.

★ 한국어로는 '~이(가) ~에게 도움을 주다.'라고 직역 가능하지만, '내가 그녀를 돕는다.'와 같이 이해하고 해석하면 자연스럽습니다. 단, 문장을 만들 땐 반드시 도움 받는 대상을 3격으로 쓴다는 점 기억하세요.

3. e → i 모음 변화 동사의 규칙

일부 동사들은 2인칭과 3인칭 단수에서 동사의 첫 모음 e가 i로 변화합니다. 이와 같은 동사들의 모음은 규칙적으로 변화하며, 어미 변화는 일반동사의 어미 변화와 동일한 방식입니다.

인칭	sprechen 말하다	treffen 만나다	sterben 죽다
ich	spreche	treffe	sterbe
du	**sprichst**	**triffst**	**stirbst**
er / sie / es	**spricht**	**trifft**	**stirbt**
wir	sprechen	treffen	sterben
ihr	sprecht	trefft	sterbt
sie / Sie	sprechen	treffen	sterben

4. sprechen 동사 활용하기

Der Kellner **spricht** laut.	그 (남자) 종업원은 크게 **말한다**.
Die Tochter **spricht** langsam.	그 딸은 천천히 **말한다**.
Ich **spreche** gern.	나는 **말(하는 것)**을 좋아한다.
Du **sprichst** leise.	너는 조용히 **말한다**.

5. treffen 동사 활용하기

Ich **treffe** meinen Deutschlehrer.	나는 나의 독일어 선생님을 **만난다**.
Mein Vater **trifft** meine Mutter.	나의 아빠는 나의 엄마를 **만난다**.
Du **triffst** den Freund.	너는 그 남자 친구를 **만난다**.
Wir **treffen** euch.	우리는 너희를 **만난다**.

6. sterben 동사 활용하기

Die Kakerlake **stirbt**.	바퀴벌레가 죽는다.
Ich **sterbe**.	나는 죽는다.

Notiz

강의를 듣고 메모해 보세요.

Auf Deutsch bitte!

1 독일어 문장과 바른 해석문을 연결하세요.

1. Ich helfe einer Frau. ·   · A. 그는 한국어를 잘 말한다.

2. Du hilfst einer Frau. ·   · B. 그들은 친구들에게 도움을 준다.

3. Er hilft einem Kind. ·   · C. 그는 한 아이에게 도움을 준다.

4. Wir helfen Leuten. ·   · D. 그는 한 남자를 만난다.

5. Das Kind hilft einem Verkäufer. ·   · E. 그 아이는 한 판매원에게 도움을 준다.

6. Der Mann hilft einer Kellnerin. ·   · F. 그 남자가 한 여자 종업원에게 도움을 준다.

7. Wir helfen einem Mädchen. ·   · G. 우리는 사람들에게 도움을 준다.

8. Sie helfen Freunden. ·   · H. 나는 한 여자에게 도움을 준다.

9. Du sprichst gut Französisch. ·   · I. 너는 프랑스어를 잘 말한다.

10. Er spricht gut Koreanisch. ·   · J. 너는 한 여자에게 도움을 준다.

11. Er trifft einen Mann. ·   · K. 우리는 한 소녀에게 도움을 준다.

12. Triffst du den Mann? ·   · L. 너는 그 남자를 만나니?

2 sprechen 동사와 helfen 동사를 인칭에 알맞은 형태로 변화시켜 아래 대화문의 빈칸을 채워 문장을 완성하세요.

13. _____ du Koreanisch?

14. Ja, ich _____ sehr gut Koreanisch.

15. Ich _____ kein Koreanisch. _____ du mir?

16. Ja, natürlich! Ich _____ dir!

17. _____ du mir?

18. Ja, natürlich! Ich _____ dir gerne!

19. _____ du dem Mädchen auch?

20. Wer ist das? _____ sie Koreanisch?

3 다음 주어진 문장을 독일어로 쓰고 큰 소리로 따라 말해 보세요.

21. 한 여자아이가 한 남자를 만난다.
_____

22. 한 아이가 한 강아지에게 도움을 준다.
_____

23. 나는 한 여자 대학생을 돕는다.
_____

24. 그는 죽는다.
_____

25. 너희는 한 남자 교수에게 도움을 준다.
_____

정답

1.H 2. J .3 C 4. G 5. E. 6. F 7. K 8. B 9. I 10. A 11.D 12. L 13.Sprichst 14. spreche 15. spreche/Hilfst 16. helfe 17.Hilfst 18 helfe 19. Hilfst 20. Spricht 21 Ein Mädchen trifft einen Mann. 22. Ein Kind hilft einem Hund. 23. Ich helfe einer Studentin. 24. Er stirbt. 25. Ihr helft einem Professor.

Tag 29

Sie isst einen Kuchen.
그녀는 하나의 케이크를 먹는다.

3단계 Datum: .   .

학습목표

앞서 우리는 동사 어간의 e가 i로 변하는 불규칙 동사들을 배웠습니다. 오늘은 그중에서도 nehmen, essen 그리고 vergessen과 같이 어간에서 e 뿐만 아니라 추가적인 변화를 하는 불규칙 동사들에 대해서 더 알아보겠습니다.
그럼 오늘의 학습 내용을 살펴볼까요?

1. 불규칙 동사

지금 배울 불규칙 동사들에서는 특히 2인칭 단수와 3인칭 단수에서 그 형태에 변화가 생기므로, 각별히 주의해서 암기할 필요가 있습니다.

1) nehmen ~을(를) 취하다 / 타고 가다 (교통수단과 함께)

인칭	nehmen
ich	nehme
du	**nimmst**
er / sie / es	**nimmt**
wir	nehmen
ihr	nehmt
sie / Sie	nehmen

2) nehmen 동사 활용하기

nehmen 동사는 '~을(를) 취하다'의 의미 외에도 다양한 뜻을 나타내는 동사입니다. 문장에서 여러 가지 의미로 쓰일 수 있으므로, 문맥에 알맞게 쓰고 해석할 필요가 있습니다.

Ich **nehme** das Auto.	나는 그 차를 **탄다**.
Du **nimmst** die Tram.	너는 그 트램을 **탄다**.
Sie **nimmt** das Taxi.	그녀는 그 택시를 **탄다**.
Ihr **nehmt** den Stuhl.	너희는 그 의자를 **산다(가져간다)**.
Wir **nehmen** die Suppe.	우리는 그 수프를 **먹는다(선택한다)**.
Sie **nehmen** das Medikament.	그들은 그 약을 **먹는다(복용한다)**.

Notiz
강의를 듣고 메모해 보세요.

3. fahren 동사와의 비교

'~을(를) 타고 가다'는 두 가지 구문으로 표현할 수 있습니다. 'fahren + mit 교통수단(3격)' 그리고 'nehmen + 교통수단(4격)'입니다. 의미는 같지만 어떤 동사를 선택하느냐에 따라 전치사와 교통수단의 격이 달라지므로 주의해야 합니다.

4. essen ~을(를) 먹다

인칭	essen
ich	esse
du	isst
er / sie / es	isst
wir	essen
ihr	esst
sie / Sie	essen

5. essen 동사 활용하기

Ich **esse** die Melone.	나는 그 멜론을 먹는다.
Du **isst** die Kartoffel.	너는 그 감자를 먹는다.
Er **isst** das Gemüse.	그는 그 채소를 먹는다.
Ihr **esst** eine Wurst.	너희는 한 소시지를 먹는다.

6. vergessen ~을(를) 잊어버리다

인칭	vergessen
ich	vergesse
du	vergisst
er / sie / es	vergisst
wir	vergessen
ihr	vergesst
sie / Sie	vergessen

7. vergessen 동사 활용하기

Ich **vergesse** das.	나는 그것을 잊어버린다.
Du **vergisst** das nicht.	너는 그것을 잊어버리지 않는다.
Er **vergisst** dich.	그는 너를 잊어버린다.

📝 Notiz

강의를 듣고 메모해 보세요.

★ z. B) Ich fahre mit einem Zug.
  = Ich nehme einen Zug.
  나는 한 기차를 타고 간다.

Wir fahren mit einer U-Bahn.
= Wir nehmen eine U-Bahn.
우리는 한 지하철을 타고 간다.

Auf Deutsch bitte!

1 독일어 문장과 바른 해석문을 연결하세요.

1. Ich esse den Apfel.
2. Du isst die Banane.
3. Er isst das Obst.
4. Sie isst einen Kuchen.
5. Es isst eine Suppe.
6. Ihr esst ein Eis.
7. Wir vergessen das.
8. Sie vergessen das nicht.

A: 그들은 그것을 잊지 않는다.
B: 너는 그 바나나를 먹는다.
C: 우리는 그것을 잊는다.
D: 그녀는 한 케이크를 먹는다.
E: 너희는 한 아이스크림을 먹는다.
F: 그것은 한 수프를 먹는다.
G: 나는 그 사과를 먹는다.
H: 그는 그 과일을 먹는다.

2 불규칙 동사들을 인칭에 맞게 변화형을 채워 다음의 표를 완성하세요.

인칭	nehmen	essen	vergessen
ich	9.	14.	vergesse
du	10.	15.	18.
er / sie / es	11.	isst	19.
wir	12.	essen	20.
ihr	13.	16.	21.
sie / Sie	nehmen	17.	22.

3 다음 주어진 문장을 독일어로 쓰고 큰 소리로 따라 말해 보세요.

23. 너는 뭘 먹어?

_____

24. 그들은 뭘 즐겨 먹어?

_____

25. 그녀는 그 사과를 즐겨 먹는다.
   _____

26. 당신은 한 소시지를 먹는다.   ★ e. Wurst 소시지
   _____

27. 그는 그 야채를 먹는다.   ★ s. Gemüse 야채
   _____

28. 너희는 한 감자를 먹는다.   ★ e. Kartoffel 감자
   _____

29. 우리는 한 멜론을 먹는다.   ★ e. Melone 멜론
   _____

30. 그들은 한 빵을 먹는다.
   _____

31. 그는 나를 잊어버리지 않는다.
   _____

32. 너는 그것을 잊어버리지 않는다.
   _____

정답

1. G 2. B 3. H 4. D 5. F 6. E 7. C 8. A 9. nehme 10. nimmst 11. nimmt 12. nehmen 13. nehmt 14. esse 15.isst 16.esst 17.essen 18.vergisst 19.vergisst 20.vergessen 21.vergesst 22.vergessen 23. Was isst du? 24. Was essen sie gern? 25. Sie isst gern den Apfel. 26. Sie essen eine Wurst. 27. Er isst das Gemüse. 28. Ihr esst eine Kartoffel. 29. Wir essen eine Melone. 30. Sie essen ein Brot. 31. Er vergisst mich nicht. 32. Du vergisst das nicht.

Tag 30

Er wird heute Vater.
그는 오늘 아빠가 될 것이다.

3단계 | Datum: . .

학습목표

지금까지 우리는 현재 시제 문장들을 배웠습니다. 오늘은 미래 시제에서 쓰이는 werden 동사와, 생일 및 나이 묻고 답하기를 배워 보겠습니다. werden 동사는 기본적으로 '~이(가) 되다'라는 의미이나 조동사로 사용될 수도 있고, 수동태에서도 쓰일 수 있습니다.
우선은 미래를 표현할 때 werden이 어떻게 쓰이는지 알아볼까요?

1 werden 동사: ~이(가) 되다, ~해지다

werden 동사가 문장에서 단독으로 쓰일 경우, '~이(가) 되다(=될 것이다)'의 의미를 나타냅니다. 하지만 조동사로 쓰일 경우는 'werden (조동사) + 동사 원형(본동사)'의 구조로, werden이 '~하게 되다 / ~할 것이다'의 의미를 본동사에 더해 주게 됩니다. 다음은 werden 동사의 인칭별 형태 변화 표입니다. 불규칙 변화하므로, 2인칭 단수와 3인칭 단수에서의 형태를 잘 기억해 두세요.

인칭	werden
ich	werde
du	wirst
er / sie / es	wird
wir	werden
ihr	werdet
sie / Sie	werden

2 werden 동사 활용하기

Ich **werde** bald 30.	나는 곧 서른 살이 **될 것이다**.
Wir **werden** das Buch **lesen**.	우리는 그 책을 읽을 거야.
Sie **werden** zusammen **tanzen**.	그들은 함께 춤추게 될 거야.
Sie **werden** zur Schule **gehen**.	그들은 학교에 가게 될 거야.
Sie **wird** Ärztin.	그녀는 의사가 될 거다.
Er **wird** heute Vater.	그는 오늘 아빠가 될 것이다.

Notiz
강의를 듣고 메모해 보세요.

★ werden이 조동사로 쓰일 때 본동사는 반드시 동사 원형의 형태로 문장 맨 마지막에 위치합니다.

3 생일 묻고 답하기

> **Wann** 언제 + **haben** 동사 + 주어 + **Geburtstag** 생일 + ?
> : ~은(는) 언제 생일을 가지고 있나요? (~은(는) 생일이 언제예요?)

예 A: **Wann hat** sie **Geburtstag**? 그녀는 언제 생일을 갖고 있어요?
B: Sie **hat** übermorgen **Geburtstag**. 그녀는 모레 생일이에요.

A: **Wann hast** du **Geburtstag**? 너는 생일이 언제야?
B: Ich **habe** heute **Geburtstag**. 나는 오늘 생일이에요.

A: **Wann hat** er **Geburtstag**? 그는 언제 생일인가요?
B: Der Mann **hat** morgen **Geburtstag**. 그 남자는 내일이 생일이에요.

4 나이 묻고 답하기

> **Wie** 얼마나 + **alt** 나이든 + **sein** 동사 + 주어 + ?
> : ~은(는) 얼마나 나이가 들었나요? (~은(는) 몇 살인가요?)

예 A: **Wie alt ist** der Mann? 그 남자는 몇 살이야?
B: Er **ist** 30 **Jahre alt**. 그는 30살이에요.

A: **Wie alt ist** die Frau? 그 여자는 몇 살이야?
B: Sie **ist** 40 **Jahre alt**. 그녀는 40살이에요.

A: **Wie alt seid** ihr? 너희는 몇 살이야?
B: Wir **sind** 20 **Jahre alt**. 저희는 20살이에요.

A: **Wie alt sind** Peter und Laura? 페터와 라우라는 몇 살이야?
B: Sie **sind** 22 **Jahre alt**. 그들은 22살이에요.

Notiz
강의를 듣고 메모해 보세요.

★ 나이를 말할 때, Jahre는 s. Jahr(1년)의 복수형입니다. 독일은 만으로 나이를 계산하므로, 생일이 지나야 한 살 더 먹는다는 점도 함께 알아 두세요.

Auf Deutsch bitte!

1 아래 주어진 단어들로 대화문의 빈칸을 알맞게 채워 주세요.

| ich | hat | hat | Jahre alt | ist | bin | bist | bist |

1. Wann _____ Peter Geburtstag?

2. Er _____ morgen Geburtstag!

3. Wie alt _____ er?

4. Er ist 27 _____. Wie alt _____ du?

5. Ich _____ 25 Jahre alt. Wie alt _____ du?

6. Ich? _____ bin 26 Jahre alt.

| werden | habe | werde | morgen | Geburtstag |

7. Ich _____ bald 30!

8. Hast du bald _____?

9. Ja, ich _____ morgen Geburtstag!

10. Ich habe _____ auch Geburtstag!

11. Wow, wir _____ morgen 30!

2 다음 주어진 문장을 독일어로 쓰고 큰 소리로 따라 말해 보세요.

12. 그녀는 언제 생일을 갖고 있어요?

_____

13. 넌 생일이 언제야?

_____

14. 그 여자는 내일이 생일이에요.

_____

15. 나는 곧 마흔 살이 된다.

_____

16. 우리는 언젠가 의사가 된다.   ★ irgendwann 언젠가

_____

17. 그녀는 오늘 엄마가 된다.

_____

18. 그는 내일 그 책을 살 것이다.

_____

19. 너희는 그것을 볼 거야.

_____

20. 그들은 모레 학생들이 된다.

_____

정답

1. hat 2. hat 3. ist 4. Jahre alt, bist 5. bin, bist 6. Ich 7. werde 8. Geburtstag 9. habe 10. morgen 11. werden 12. Wann hat sie Geburtstag? 13. Wann hast du Geburtstag? 14. Sie hat morgen Geburtstag. 15. Ich werde bald 40. 16. Wir werden irgendwann Ärzte. 17. Sie wird heute Mutter. 18. Er wird morgen das Buch kaufen. 19. Ihr werdet das sehen. 20. Sie werden übermorgen Schüler.

Tag 31

Sie liebt meinen Onkel.
그녀는 나의 삼촌을 사랑한다.

3단계 | Datum:

학습 목표: 오늘은 소유 관사 4격을 배울 차례입니다. 소유 관사는 명사를 수식하는 구조이므로 그 자체로 어미 변화를 합니다. 즉, 소유 관사의 끝에 어미를 붙이는데, 이는 수식하는 명사의 성과 격에 따라 달라집니다. 소유 관사 단수의 격 변화는 부정 관사 어미 변화와 일치하고, 소유 관사 복수의 격 변화는 정관사의 어미변화와 일치합니다.
먼저 앞서 배웠던 내용을 복습해 볼까요?

1 소유 관사 1격 복습

인칭 대명사 1격	소유 관사 1격
ich	mein
du	dein
er	sein
sie	ihr
es	sein
wir	unser
ihr	euer
sie / Sie	ihr / Ihr

Notiz 강의를 듣고 메모해 보세요.

★ Tag20을 참고하세요.

2 정관사 복습

격	m. 남성	f. 여성	n. 중성	pl. 복수
1	der	die	das	die
2	des	der	des	der
3	dem	der	dem	den
4	den	die	das	die

3 부정 관사 복습

격	m. 남성	f. 여성	n. 중성	pl. 복수
1	ein	eine	ein	/
2	eines	einer	eines	/
3	einem	einer	einem	/
4	einen	eine	ein	/

3 문장 만들기

소유 관사는 뒤따르는 명사가 어떤 성을 갖는지 또 무슨 격인지에 따라 부정 관사에 해당하는 어미 변화를 하며, 명사가 복수일 경우에는 부정 관사가 나올 수 없으므로 정관사 어미를 따릅니다.

다음 예문을 통해 부정관사와 소유관사의 1격, 4격 문장을 비교해 보세요.

1격	4격
이것은 **하나의 사과**이다. Das ist **ein Apfel**.	나는 **하나의 사과**를 갖고 있다. Ich habe **einen Apfel**.
이것은 **나의 사과**이다. Das ist **mein Apfel**.	나는 **나의 사과**를 갖고 있다. Ich habe **meinen Apfel**.
이것은 **하나의 가방**이다. Das ist **eine Tasche**.	너는 **하나의 가방**을 갖고 있다. Du hast **eine Tasche**.
이것은 **너의 가방**이다. Das ist **deine Tasche**.	너는 **너의 가방**을 갖고 있다. Du hast **deine Tasche**.
이것은 **하나의 책**이다. Das ist **ein Buch**.	그는 **하나의 책**을 갖고 있다. Er hat **ein Buch**.
이것은 **그의 책**이다. Das ist **sein Buch**.	그는 **그의 책**을 갖고 있다. Er hat **sein Buch**.
이것은 **하나의 의자**다. Das ist **ein Stuhl**.	너희는 **하나의 의자**를 갖고 있다. Ihr habt **einen Stuhl**.
이것은 **너희의 의자**다. Das ist **euer Stuhl**.	너희는 **너희의 의자**를 갖고 있다. Ihr habt **euren Stuhl**.
이것은 **강아지들**이다. Das sind **Hunde**.	우리는 **강아지들**을 갖고 있다. Wir haben **Hunde**.
이것은 **우리의 강아지들**이다. Das sind **unsere Hunde**.	우리는 **우리의 강아지들**을 갖고 있다. Wir haben **unsere Hunde**.

Notiz
강의를 듣고 메모해 보세요.

★ ihr에 해당하는 소유 관사 euer는 남성 1격과 중성 1, 4격에서만 euer 형태 그대로 오고, 그 외의 경우 eur-의 형태로 두 번째 e는 생략됩니다. eur-로 바뀐 후 다시 수와 격에 따라 부정 관사 및 정관사 어미 변화를 하므로 각별히 주의해야 합니다.

Auf Deutsch bitte!

 보기와 같이 소유 관사의 4격을 활용한 문장으로 바꾸어 써 보세요.

> Das ist mein Spiegel. ▶ Ich habe meinen Spiegel.
> Das ist unsere Tasche. ▶ Wir haben unsere Tasche.

1. Das ist seine Schokolade. ★ e. Schokolade 초콜릿

2. Das ist ihr Buch. (그녀의)

3. Das ist dein Haus.

4. Das ist euer Bleistift. ★ r. Bleistift 연필

5. Das ist mein Heft.

6. Das ist mein Stuhl.

7. Das sind unsere Tische.

8. Das ist sein Kalender. ★ r. Kalender 달력

9. Das ist unser Computer. ★ r. Computer 컴퓨터

10. Das sind eure Bananen.

2 다음 주어진 문장을 독일어로 쓰고 큰 소리로 따라 말해 보세요.

11. 이것은 그들의 옷장이다. ★ r. Schrank 옷장
___

12. 이것은 너희의 샐러드이다. ★ r. Salat 샐러드
___

13. 이것은 그의 사과이다.
___

14. 이것은 그녀의 차다.
___

15. 이것은 그들의 가방이다.
___

16. 나는 나의 집을 갖고 있다.
___

17. 너는 너의 공책을 가지고 있다.
___

18. 그 강아지는 너희의 공을 가지고 있다. ★ r. Ball 공
___

19. 그들은 당신의 아이들이다.
___

정답
1. Er hat seine Schokolade. 2. Sie hat ihr Buch. 3. Du hast dein Haus. 4. Ihr habt euren Bleistift. 5. Ich habe mein Heft. 6. Ich habe meinen Stuhl. 7. Wir haben unsere Tische. 8. Er hat seinen Kalender. 9. Wir haben unseren Computer. 10. Ihr habt eure Bananen. 11. Das ist ihr Schrank. 12. Das ist euer Salat. 13. Das ist sein Apfel. 14. Das ist ihr Auto. 15. Das ist ihre Tasche. 16. Ich habe mein Haus. 17. Du hast dein Heft. 18. Der Hund hat euren Ball. 19. Sie sind Ihre Kinder.

Tag 32 — Wie geht es seiner Frau?
그의 부인은 어떻게 지내?

3단계 Datum: .   .

학습목표 바로 앞 과에서 소유 관사 4격의 형태와 쓰임에 대해 배워 봤습니다. 이제 이어서 소유 관사의 3격을 배울 차례입니다. es geht 구문을 소유 관사 3격과 함께 활용해 보고 새로운 동사인 schmecken과 danken도 학습하겠습니다.

1 소유 관사 격 변화 정리

격	m. 남성	f. 여성	n. 중성	pl. 복수
1	-	-e	-	-e
2	-es	-er	-es	-er
3	-em	-er	-em	-en
4	-en	-e	-	-e

Notiz 강의를 듣고 메모해 보세요.

2 소유 관사 3격의 쓰임 (~의 ~에게)

Er hilft **deinem Freund**.	그는 **너의 친구에게** 도움을 준다.
Sie hilft **deinem Kind**.	그녀는 **너의 아이에게** 도움을 준다.
Ich helfe **eurer Tante**.	나는 **너희들의 이모에게** 도움을 준다.
Das Auto gefällt **seiner Freundin**.	그 차는 **그의 여자친구에게** 마음에 든다.
Das Buch gefällt **unserem Lehrer**.	그 책은 **우리의 선생님에게** 마음에 든다.
Die Blumen gefallen **Ihrer Frau**.	이 꽃들이 **당신의 부인에게** 마음에 든다.

3 es geht 와 소유 관사 3격

Wie 어떻게 + es geht 지내다 + 3격 목적어(~에게) + ?
: ~의 ~은(는) 어떻게 지내요?

예 A: Wie geht es **Ihrer Lehrerin**? **당신의 여자 선생님**은 어떻게 지내세요?
B: Es geht **meiner Lehrerin** nicht gut. **나의 여자 선생님**은 잘 지내지 않습니다.

A: Wie geht es **deinem Mann**? **너의 남편**은 어떻게 지내?
B: Es geht **meinem Mann** sehr gut. **나의 남편**은 아주 잘 지내.

예 A: Wie geht es **eurem Kind**?   **너희의 아이**는 어떻게 지내?
B: Es geht **unserem Kind** gut.   **우리의 아이**는 잘 지내.

A: Wie geht es **ihren Kindern**?   **그들의 아이들**은 어떻게 지내?
B: Es geht **ihren Kindern** sehr gut.   **그들의 아이들**은 아주 잘 지내

강의를 듣고 메모해 보세요.

4 3격 지배 동사 schmecken 과 소유 관사 3격

Wie 어떻게+ schmecken 맛이 나다 + 주어 + 3격 목적어(~에게) + ?
: ~은(는) ~에게 어떻게 맛이 나요?

예 A: Wie **schmeckt** es **deinem Kind**?   **너의 아이에게** 맛이 어떻게 나니?
B: Es **schmeckt meinem Kind** gut.   그것은 **나의 아이에게** 맛이 좋네요.

A: Wie **schmeckt** es **eurer Mutter**?   **너희의 어머니에게** 맛이 어떻게 나니?
B: Es **schmeckt unserer Mutter** gut.   그것은 **우리의 어머니에게** 맛이 좋다.

A: Wie **schmeckt** das Essen **Ihrem Sohn**?   이 음식은 **당신의 아들에게** 맛이 어떻게 납니까?
B: Das Essen **schmeckt meinem Sohn** nicht gut.   이 음식은 **나의 아들에게** 맛이 좋지 않다.

5 3격 지배 동사 danken과 소유 관사 3격

주어 + danken 감사하다 + 3격 목적어(~에게).
: ~은(는) ~에게 감사하다.

Ich **danke deiner Schwester**.	나는 **너의 여자 형제에게** 감사하다.
Du **dankst meinem Bruder**.	너는 **나의 남자 형제에게** 감사하다. (감사해한다.)
Er **dankt ihrer Mutter**.	그는 **그녀의 어머니에게** 감사하다.
Sie **dankt seinem Vater**.	그녀는 **그의 아버지에게** 감사하다.
Wir **danken euren Eltern**.	우리는 **너희의 부모님에게** 감사하다.
Ihr **dankt unseren Großeltern** sehr.	너희는 **우리의 조부모님에게** 매우 감사해한다.

Auf Deutsch bitte!

1 독일어 문장과 바르게 해석된 문장을 연결하세요.

1. Es schmeckt ihren Eltern gut.   · · A: 그들의 아이는 어떻게 지내?

2. Wie geht es deinem Mann?   · · B: 그것은 그들의 부모님에게 맛있다.

3. Es geht meinen Eltern sehr gut.   · · C: 나의 부모님은 아주 잘 지내셔.

4. Wie geht es ihrem Kind?   · · D: 너의 남편은 어떻게 지내?

5. Es geht unseren Eltern sehr gut.   · · E: 우리의 부모님은 아주 잘 지내셔.

2 아래 주어진 단어들로 대화문의 빈칸을 완성해 주세요.

| unserer | schmeckt | dein | gefällt | gefällt | mir | danken |

6. Ich kaufe die Banane. Das _____ mir gut!

7. _____ dir mein Essen?

8. Nein, _____ Essen schmeckt _____ nicht gut.

9. Aber die Banane _____ mir sehr gut.

10. Wir _____ _____ Lehrerin.

3 다음 문장을 독일어로 쓰고 큰 소리로 따라 말해 보세요.

11. 그는 나의 남자 친구에게 도움을 준다.

    _____

12. 그것이 그의 여자 친구에게 마음에 든다.

    _____

13. 당신에게 마음에 들어요?

    _____

14. 나의 부모님에게 아주 맛이 좋네요.
_____

15. 이 음식은 당신의 아이들에게 맛있네요.
_____

16. 그녀의 부모님은 어떻게 지내세요?
_____

17. 우리의 강아지는 잘 지내요.
_____

18. 그의 부인은 어떻게 지내?
_____

19. 그녀의 아이는 아주 잘 지내.
_____

20. 나는 너희의 남자 교수님에게 매우 감사하다.
_____

정답

1. B 2. D 3. C 4. A 5. E 6. gefällt / schmeckt 7. Gefällt 8. dein, mir 9. gefällt 10. danken, unserer 11. Er hilft meinem Freund. 12. Das(Es) gefällt seiner Freundin. 13. Gefällt das(es) Ihnen? 14. Das(Es) schmeckt meinen Eltern sehr gut. 15. Das Essen schmeckt Ihren Kindern gut. 16. Wie geht es ihren Eltern? 17. Unserem Hund geht es gut. 18. Wie geht es seiner Frau? 19. Es geht ihrem Kind sehr gut. 20. Ich danke eurem Professor sehr.

Tag 27-29 Wiederholung 복습

  3단계 | Datum: . .

Tag 27~29까지 배운 내용들을 잘 기억하고 있는지 실력을 점검해 보겠습니다. 다음 문제를 스스로 풀고, 정답을 확인해 보세요. 틀린 문제는 앞으로 돌아가 해당 내용을 찾아보고, 다시 한 번 복습하세요.

1. 다음 주어진 단어와 표현을 배열하여 문장을 만들고 큰 소리로 말해 보세요.

1. Isst / die Banane / du

   _____

2. den Kindern / helft / Ihr

   _____

3. Ich / das / vergesse

   _____

4. nicht / Ich / das / vergesse

   _____

2. 아래의 대화문을 주어진 동사를 알맞게 인칭 변화시켜 완성하세요.

5. Mama, ich _____ die Banane. (essen)

6. Nein, Peter, du _____ das Brot! (nehmen)

7. Aber mir _____ das Brot nicht! Ich _____ das Brot nicht! (gefallen / nehmen)

3. 다음 주어진 문장을 독일어로 쓰고 따라 말해 보세요.

8. 너는 뭐 먹어?

   _____

9. 그는 뭘 즐겨 먹어?

_____

10. 당신은 뭘 드시나요?

_____

11. 당신은 뭘 즐겨 드세요?

_____

12. 너는 그 빵을 먹니?

_____

13. 그 여자는 한 수프를 먹는다.

_____

14. 그 남자는 그 치즈를 먹니?

_____

15. 나는 그 사과를 먹는다.

_____

16. 너는 한국어를 참 잘한다.

_____

17. 그는 죽는다.

_____

정답

1. Du isst die Banane. 2. Ihr helft den Kindern. 3. Ich vergesse das. 4. Ich vergesse das nicht. 5. esse 6. nimmst 7. gefällt, nehme 8. Was isst du? 9. Was isst er gerne? 10. Was essen Sie? 11. Was essen Sie gerne? 12. Isst du das Brot? 13. Die Frau isst eine Suppe. 14. Isst der Mann den Käse? 15 Ich esse den Apfel. 16 Du sprichst gut Koreanisch. 17. Er stirbt.

Tag 30-32 Wiederholung 복습

Tag 30~32까지 배운 내용들을 잘 기억하고 있는지 실력을 점검해 보겠습니다. 다음 문제를 스스로 풀고, 정답을 확인해 보세요. 틀린 문제는 앞으로 돌아가 해당 내용을 찾아보고, 다시 한 번 복습하세요.

1 아래 주어진 단어들로 대화문의 빈칸을 채워 문장을 완성해 주세요.

| werden | liebe | euch | uns | liebst | werdet | meine | wird | mein | deine |

1. Das ist _____ Freund Peter und das ist _____ beste Freundin Laura.

2. Hallo Peter! Ihr _____ morgen heiraten!

3. Ja, wir _____ morgen heiraten!

4. Herzlichen Glückwunsch! Peter, _____ du _____ Freundin?

5. Ja, ich _____ meine Freundin.

6. Sehr gut! Ich habe ein Geschenk. Gefällt es _____?

7. Ja, es gefällt _____ sehr gut!

2 다음 빈칸에 알맞은 소유 관사를 채워 독일어 문장을 완성하고, 큰 소리로 말해 보세요.

8. Ich lese _____ Buch! (du)   ★ lesen 읽다

9. Dem Freund gefällt _____ Tasche. (sie)

10. Das Brot schmeckt _____ Mutter nicht. (ich)

11. Du liebst _____ Freundin? (er)

3 다음 문장을 독일어로 쓰고 따라 말해 보세요.

12. 이것은 우리의 거울이다. _____

★ r. Spiegel 거울

13. 이 쪽은 나의 남자 친구야. _____

14. 이 분은 그의 이모야. _____

15. 이 사람은 그녀의 딸이야. _____

16. 그녀는 그녀의 의자를 갖고 있다. _____

17. 그들은 그들의 초콜릿을 갖고 있다. _____

18. 너희는 너희의 책을 갖고 있다. _____

19. 우리는 우리의 거울을 갖고 있다. _____

20. 나는 나의 남자 친구를 사랑해. _____

21. 그는 누구를 사랑해? _____

22. 그는 그의 여자 친구를 사랑해. _____

23. 너희는 누구를 사랑해? _____

★ wen 누구를 (wer의 4격)

24. 맛있네요. (너의 여자 친구에게) _____

25. 맛있다. (그의 아이에게) _____

26. 맛있네요. (그녀의 부모님에게) _____

27. 맛있다. (너희의 학생에게) _____

28. 저희 부모님은 잘 지내세요. _____

29. 너의 남편은 어떻게 지내? _____

정답

1. mein, meine 2. werdet 3. werden 4. liebst/deine 5. liebe 6. euch 7. uns 8. dein 9. ihre 10. meiner 11. seine 12. Das ist unser Spiegel. 13. Das ist mein Freund. 14. Das ist seine Tante. 15. Das ist ihre Tochter. 16. Sie hat ihren Stuhl. 17. Sie haben ihre Schokolade. 18. Ihr habt euer Buch. 19. Wir haben unseren Spiegel. 20. Ich liebe meinen Freund. 21. Wen liebt er? 22. Er liebt seine Freundin. 23. Wen liebt ihr? 24. Das schmeckt deiner Freundin. 25. Das schmeckt seinem Kind. 26. Das schmeckt ihren Eltern. 27. Das schmeckt eurem Schüler. 28. Meinen Eltern geht es gut. 29. Wie geht es deinem Mann?

Tag 33

Er ist kleiner als ich.
그는 나보다 작다.

4단계 Datum: . .

학습목표 '더 ~하다', '~보다 ~하다'와 같은 표현을 말하기 위해, 오늘은 형용사의 비교급을 배워 보겠습니다. 또, 새로운 동사 glauben과 finden의 쓰임에 대해서도 알아보겠습니다.
그럼 오늘의 학습 내용을 살펴볼까요?

1. 형용사의 비교급

형용사의 비교급은 기본적으로 '형용사+er'의 형태입니다.

schön	예쁜	schön**er**	**더** 예쁜
klein	작은	klein**er**	**더** 작은
billig	싼	billig**er**	**더** 싼
fleißig	부지런한	fleißig**er**	**더** 부지런한
schlecht	나쁜	schlecht**er**	**더** 나쁜
hässlich	못생긴	hässlich**er**	**더** 못생긴

2. 변모음화하는 비교급

단음절 형용사의 경우, 단어에 a, o, u 가 있으면 이 모음들은 비교급에서 변모음화하여 해당 모음에 움라우트가 붙게 됩니다.

groß	큰	gr**ö**ß**er**	**더** 큰
kalt	추운	k**ä**lt**er**	**더** 추운
jung	젊은	j**ü**ng**er**	**더** 젊은
warm	따뜻한	w**ä**rm**er**	**더** 따뜻한
klug	똑똑한	kl**ü**g**er**	**더** 똑똑한
alt	나이 든	**ä**lt**er**	**더** 나이 든

3. -er, -el로 끝나는 형용사의 비교급

-er, -el로 끝나는 형용사는 대부분 er, el에서 e가 생략되고 어미가 붙습니다. 소유관사 unser와 euer가 변화할 때 e가 생략되는 현상과 같은 이치입니다.

dunkel	어두운	dunk**l**er	**더** 어두운
teuer	비싼	teu**r**er	**더** 비싼

Notiz

강의를 듣고 메모해 보세요.

4 **형용사 hoch의 비교급**

형용사 hoch는 비교급으로 변화할 때 c가 생략되고, 모음 o가 변모음화합니다.

hoch	높은	höher	더 높은

Notiz

강의를 듣고 메모해 보세요.

5 **형용사 비교급 + als**

als는 '~보다'라는 의미이며 '~이(가)(1격) ~(1격)보다 ~하다'라고 말할 때 위와 같이 비교급과 결합하여 쓰입니다. 두 비교 대상이 문장 안에서 같은 격으로 온다는 점을 꼭 기억하세요.

Sie ist **groß**. 그녀는 (키가) 크다.	Du bist **größer als** sie. 네가 그녀보다 크다.
Du bist **klein**. 너는 작다.	Das Kind ist **kleiner als** du. 그 아이가 너보다 작다.
Das Hemd ist **billig**. 이 셔츠는 싸다.	Das Hemd ist **billiger als** das. 이 셔츠가 그것보다 싸다.

6 **glauben / finden 동사와 함께 비교급 활용하기**

glauben 동사는 '믿다'라는 의미입니다. 나의 의견을 더할 때 '~(이)라고 생각하다'라는 뜻으로도 사용될 수 있습니다. 마찬가지로 finden 동사는 '찾다'라는 의미이나 '~(이)라고 생각한다', '~(이)라고 판단하다'로도 쓰입니다.

> Ich glaube, 주어 + 동사 / Ich finde, 주어 + 동사
> : 나는 생각한다, ~라고. (나는 ~(이)라고 생각한다.)

Ich glaube, das Mädchen ist **schön**.	나는 생각해, 그 소녀가 예쁘다고.
Ich finde, du bist **schöner als** sie.	난 생각해, 네가 그녀보다 더 예쁘다고.
Du glaubst, ich bin **klug**.	너는 생각한다, 내가 똑똑하다고.
Ich finde, die Frau ist **klüger als** ich.	난 생각한다, 그 여자가 나보다 똑똑하다고.
Er glaubt, das Kleid ist billig.	그는 이 원피스가 싸다고 생각한다.
Sie findet, das ist **billiger als** das Kleid.	그녀는 이게 그 원피스보다 싸다고 생각한다.
Wir glauben, wir sind jung.	우리는 우리가 젊다고 생각한다.
Ihr findet, ihr seid **jünger als** wir.	너희는 너희가 우리보다 젊다고 생각한다.
Sie glauben, Sie sind alt.	그들은 당신이 나이 들었다고 생각한다.
Sie finden, sie sind **älter als** Sie.	당신은 그들이 당신보다 나이 들었다고 생각한다.

Auf Deutsch bitte!

1 독일어 문장과 바른 해석문을 연결하세요.

1. 난 그녀가 안 예쁘다고 생각해. · · A: Ich finde, das ist teurer.

2. 난 네가 더 똑똑한 것 같아. · · B: Ich glaube, die Bluse ist billig.

3. 너는 내가 크다고 생각하지. · · C: Du glaubst, ich bin groß.

4. 난 그가 나보다 어린 것 같아. · · D: Ich finde, er ist jünger. (als ich)

5. 이 블라우스가 싸다고 생각해. · · E: Ich glaube, sie ist nicht schön.

6. 이게 그것보다 비싼 것 같은데. · · F: Ich finde, du bist schlauer.

2 다음 주어진 형용사를 비교급 형태로 빈칸에 알맞게 넣어 독일어 대화문을 완성하고, 큰 소리로 말해 보세요.

| schön | schön | teuer | groß | klein |

7. Oh, Lisa schau mal! Das Kleid! Es ist sehr schön! Das Kleid ist _____ als der Rock!

8. Hm, ich finde, der Rock ist _____!

9. Aber ich glaube, der Rock ist _____ als das Kleid!

10. Ich glaube, ich bin _____ als du!

11. Nein, ich bin nicht _____!

★ schauen 보다   ★ s. Kleid 옷

3 다음 주어진 문장을 독일어로 쓰고 큰 소리로 따라 말해 보세요.

12. 그 여자가 그 소녀보다 예쁘다.

_____

13. 그가 나보다 크다.

_____

14. 이 책이 그것보다 비싸다.

_____

15. 여기가 더 춥다.   ★ kalt 차가운, 추운

_____

16. 내가 너희보다 크다.

_____

17. 그 소녀가 그 아이보다 똑똑하다.

_____

18. 이 방이 너의 방보다 더 어둡다.

_____

19. 이것이 더 싸다.

_____

20. 이것이 그 건물보다 더 높다.   ★ s. Gebäude 건물, 빌딩

_____

정답

1.-E 2.-F 3.-C 4.-D 5.-B 6.-A 7. schöner 8. schöner 9. teurer 10. größer 11. kleiner 12.Die Frau ist schöner als das Mädchen. 13. Er ist größer als ich. 14. Das Buch ist teurer als das. 15. Hier ist es kälter. 16. Ich bin größer als ihr. 17. Das Mädchen ist klüger als das Kind. 18. Das Zimmer ist dunkler als dein Zimmer. 19. Das ist billiger. 20 Das ist höher als das Gebäude.

Tag 34

Die Bluse ist am billigsten.
이 블라우스가 가장 싸다.

4단계 Datum: . .

학습목표
지난 시간에는 형용사 비교급 형태와 '비교급 + als ~보다 더' 구조를 공부했습니다. 오늘은 '가장 ~한'을 나타내는 최상급 형태를 활용해 보겠습니다. 그럼 오늘의 학습 내용을 살펴볼까요?

1 형용사의 최상급

형용사의 최상급은 기본적으로 'am + 형용사 원급(원형) + -sten'의 형태입니다.

뜻	원급	비교급	최상급
예쁜	schön	schöner	am schönsten
작은	klein	kleiner	am kleinsten
싼	billig	billiger	am billigsten
부지런한	fleißig	fleißiger	am fleißigsten
못생긴	hässlich	hässlicher	am hässlichsten

Die Frau ist am schönsten.	그 여자가 가장 예쁘다.
Der Mann ist am kleinsten.	그 남자가 가장 작다.

2 변모음 하는 최상급

단음절 형용사의 경우, 단어에 a, o, u가 있으면 이 모음들은 비교급과 마찬가지로 최상급에서도 변모음 즉, 해당 모음에 움라우트가 붙게 됩니다.

뜻	원급	비교급	최상급
큰	groß	größer	am größten
젊은	jung	jünger	am jüngsten
따뜻한	warm	wärmer	am wärmsten
똑똑한	klug	klüger	am klügsten

Es ist hier am wärmsten.	여기가 가장 따뜻하다.
Das Mädchen ist am größten.	그 소녀가 가장 크다.

Notiz
강의를 듣고 메모해 보세요.

★ 날씨를 형용사로 표현할 때는 가주어 Es와 함께 쓰입니다.

z.B)
Es ist kalt. 날씨가 춥다.
(kalt 차가운)

Es ist warm. 날씨가 따뜻하다.
(warm 따뜻한)

3 -esten이 붙는 최상급

형용사 원급이 -d, -t, -s, -ß, -sch, -u, -x, -z로 끝나는 경우, 대부분 최상급에서 형용사 원급에 -st 대신 -est가 붙습니다.

뜻	원급	비교급	최상급
나쁜	schlecht	schlechter	am schlechtesten
부드러운	mild	milder	am mildesten
차가운, 추운	kalt	kälter	am kältesten
예쁜	hübsch	hübscher	am hübschesten
귀여운/(맛이) 단	süß	süßer	am süßesten

Der Kaffee ist am mildesten.	이 커피가 가장 부드럽다.
Mein Kind ist am süßesten.	내 아이가 가장 귀엽다.

4 형용사 nah 의 최상급

형용사 nah는 최상급으로 변화할 때 c가 추가되고, 모음 a가 변모음화합니다.

가까운	nah	**näher**	am nächsten

Das Haus ist am nächsten.	그 집은 가장 가까이에 있다.

5 예외적인 불규칙 비교급, 최상급

아래의 형용사들은 비교급과 최상급일 때 형태가 완전히 달라집니다. 자주 사용하는 형용사인 만큼, 비교급과 최상급의 형태를 꼼꼼히 외워 두세요.

뜻	원급	비교급	최상급
좋은	gut	besser	am besten
좋아하는/즐겨 하는	gern	lieber	am liebsten
많은	viel	mehr	am meisten

Der Bleistift ist am besten.	이 연필이 가장 좋다. (최고다)
Ich trinke Tee am liebsten.	난 차를 가장 즐겨 마신다.

Notiz
강의를 듣고 메모해 보세요.

★ am nächsten 최상급에서 nächst만 따 와서 형용사로 활용하기도 합니다. 가장 가까운 즉, '다음의'라는 의미로 널리 쓰입니다.
z.B) nächste Woche 다음 주

Auf Deutsch bitte!

1 형용사들의 원급, 비교급, 최상급 형태를 바르게 적어 다음의 표를 완성하세요.

예쁜	schön	1.	2.
작은	3.	kleiner	4.
젊은	5.	6.	am jüngsten
따듯한	7.	8.	9.
좋은	10.	11.	12.
싼	13.	14.	15.
가까운	16.	17.	18.
차가운	19.	20.	21.

2 다음 보기와 같이 주어진 형용사 원급 문장들을 비교급과 최상급으로 바꿔 보세요.

> Das Buch ist schön. ▶ Das Buch ist schöner. ▶ Das Buch ist am schönsten.

22. Der Vogel ist groß. ▶ _____ . ▶ _____ .

23. Das Auto ist billig. ▶ _____ . ▶ _____ .

24. Die Frau ist klug. ▶ _____ . ▶ _____ .

25. Das Haus ist warm. ▶ _____ . ▶ _____ .

26. Die Bluse ist schön. ▶ _____ . ▶ _____ .

3 다음 주어진 문장을 독일어로 쓰고 큰 소리로 따라 말해 보세요.

27. 이 공책이 가장 좋다.

28. 이 침대가 가장 넓다.   ★ s. Bett 침대 ★ breit 넓은

_____

29. 그는 물을 가장 즐겨 마신다.

_____

30. Lara가 가장 돈이 많다.   ★ s. Geld 돈

_____

31. 이 원피스가 가장 싸다.

_____

32. 여기가 가장 춥다.

_____

33. 우리가 가장 크다.

_____

34. 그녀가 가장 똑똑하다.

_____

35. 그 책이 가장 새것이다.

_____

정답

1. schöner 2. am schönsten 3. klein 4. am kleinsten 5. jung 6. jünger 7. warm 8. wärmer 9. am wärmsten 10. gut 11. besser 12. am besten 13. billig 14. billiger 15. am billigsten 16. nah 17. näher 18. am nächsten 19. kalt 20. kälter 21. am kältesten 22. Der Vogel ist größer. / Der Vogel ist am größten. 23. Das Auto ist billiger. / Das Auto ist am billigsten. 24. Die Frau ist klüger. / Die Frau ist am klügsten. 25. Das Haus ist wärmer. / Das Haus ist am wärmsten. 26. Die Bluse ist schöner. / Die Bluse ist am schönsten. 27. Das Heft ist am besten. 28. Das Bett ist am breitesten. 29. Er trinkt Wasser am liebsten. 30. Lara hat am meisten Geld. 31. Das Kleid ist am billigsten. 32. Es ist hier am kältesten. 33. Wir sind am größten. 34. Sie ist am klügsten. 35. Das Buch ist am neusten.

Tag 35

Ich bin am 3. Juni geboren!
나는 6월 3일에 태어났어!

4단계 Datum: .   .

오늘은 날짜에 대해서 배워 볼 차례입니다. 날짜를 말하기 위해 먼저 요일과 달의 명칭과 서수에 대해서 학습하고, 이를 응용하여 날짜와 생일을 묻고 답하는 연습을 해 보겠습니다.
그럼 오늘의 학습 내용을 살펴볼까요?

1 die Woche 주

Montag 월 | Dienstag 화 | Mittwoch 수 | Donnerstag 목 | Freitag 금 | Samstag 토 | Sonntag 일

2 der Monat 달(월)

Januar 1월 | Februar 2월 | März 3월 | April 4월 | Mai 5월 | Juni 6월 | Juli 7월 | August 8월 | September 9월 | Oktober 10월 | November 11월 | Dezember 12월

Notiz
강의를 듣고 메모해 보세요.

★ 요일과 달은 모두 남성 명사(der) 입니다.

3 Ordinalzahl 서수

서수는 1부터 19까지 - 숫자 뒤에 -te / 20부터 무한대까지 - 숫자 뒤에 -ste를 붙여서 읽습니다.

숫자	서수	숫자	서수	숫자	서수
1 eins	1. erste	6 sechs	6. sechste	11 elf	11. elfte
2 zwei	2. zweite	7 sieben	7. siebte	12 zwölf	12. zwölfte
3 drei	3. dritte	8 acht	8. achte	13 dreizehn	13. dreizehnte
4 vier	4. vierte	9 neun	9. neunte	20 zwanzig	20. zwanzigste
5 fünf	5. fünfte	10 zehn	10. zehnte	30 dreißig	30. dreißigste

★ 1, 3, 7의 서수는 예외이므로 주의!

4 날짜 묻고 답하기

Welcher 어느 / 어떤 + Tag (요)일 + sein 동사 + es / 묻고자 하는 때 + ?
Welches 어느 / 어떤 + Datum 날짜 + sein + es / 묻고자 하는 때 + ?
: (그때는) 어느 요일/날짜 입니까?

Wann 언제 + 동사 + 주어 + ?
: ~은(는) 언제 ~ 합니까?

Welcher Tag ist heute?	오늘은 무슨 요일이니?
Welches Datum ist der Valentinstag?	밸런타인 데이는 어느 날짜인가요?
Wann gehen Sie nach Hause?	당신은 언제 집에 갑니까?
Wann arbeitet er?	그는 언제 일해?

정확한 날짜를 말할 때 : 1격
Es/말하는 때 + sein 동사 + 요일 / 달(월) / 정관사 + 날짜(서수)

언제 인지를 말하고 싶을 때 : 3격 (~에)
주어 + 동사 + im Monat 달(월) / am + 요일 / 서수-n + 달(월)

반복되는 일정 / 기념 날짜 : 관사 없이 사용 가능

Heute ist Samstag.	오늘은 토요일이야.
Der Valentinstag ist **der** vierzehnte Februar.	밸런타인 데이는 2월 14일입니다.
Ich gehe **im** Mai nach Hause.	저는 5월에 집에 갑니다.
Er arbeitet **am** dritten Fünften.	그는 5월 3일에 일해.

3. 생일 묻고 답하기

Wann 언제 + sein 동사 + 주어 + geboren 태어났다 + ?
: ~은(는) 언제 태어났습니까?

Wann ist Herr Schmidt geboren?	Schmidt씨는 언제 태어났나요?
Wann seid ihr geboren?	너희들은 언제 태어났니?

주어 + haben 동사 + am + 서수-n + Geburtstag.
: ~은(는) 언제(날짜) 생일입니다.

주어 + sein 동사 + am + 서수-n + geboren.
: ~은(는) 언제(날짜) 태어났습니다.

Er hat am fünften Mai Geburtstag.	그는 5월 5일에 생일입니다.
Wir sind am achten Dezember 2000(zweitausend) geboren.	우리는 2000년 12월 8일에 태어났습니다.

 **Notiz**

강의를 듣고 메모해 보세요.

★ Wann을 사용하여 질문할 경우, 대답으로 Tag, Monat, Datum 모두 사용할 수 있습니다.

★ 시간 부사는 소문자로 시작하는 것에 유의하세요.
어제 - gestern
오늘 - heute
내일 - morgen
모레 - übermorgen

★ Tag30에서 배운 생일 묻는 표현을 참고하세요.

★ 가주어 es를 쓸 경우, 일반적으로 오늘(지금)을 의미합니다.

★ 독일어로 날짜를 표현할 때 일, 월, 년 순으로 이야기합니다.

★ 보통 생일을 답할 때(haben을 이용할 때)는 날짜만, 언제 태어났는지를 말할 때(sein을 이용할 때)는 연도까지 말합니다.

★ 월(달)은 서수로도 표현 가능합니다. 이때 날(일)은 소문자로, 달(월)은 대문자로 시작합니다.

Auf Deutsch bitte!

1 다음 괄호 안에 있는 아라비아 숫자를 독일어 서수로, 독일어 서수를 아라비아 숫자로 바꿔 적어 주세요.

1. ▶_____ (31)
2. ▶_____ (1)
3. ▶_____ (17)
4. ▶_____ (3)
5. ▶_____ (7)

6. ▶_____ (111)
7. ▶_____ (achtundfünfzigste)
8. ▶_____ (neunundsiebzigste)
9. ▶_____ (dreiunddreißigste)
10. ▶_____ (siebenhundertsiebenundsiebzigste)

2 주어진 질문에 알맞은 답을 독일어로 작성하세요.

11. Welcher Tag ist heute?

   ▶_____ (수요일)

12. Wann macht er einen Kuchen?

   ▶_____ (5월 7일)

13. Wann gehst du zum Arzt?

   ▶_____ (화요일)

14. Wann ist der Hochzeitstag.   ★ r. Hochzeitstag 결혼기념일

   ▶_____ (4월 7일)

3 다음 답에 알맞은 질문을 독일어로 적어 보세요.

> A: Welcher Tag ist heute ?
> B: Heute ist Sonntag.

15. A: _____?

   B: Der dreißigste März ist Donnerstag.

16. A: _____?

   B: Am Samstag fahre ich nach Deutschland.

17. A: _____? (Welcher/s 이용)

    B: Übermorgen ist der elfte April.

18. A: _____? (Wann 이용)

    B: Silvester ist am einunddreißigsten Dezember. ★ s. Silvester 섣달 그믐날

4 예시를 참고하여 생일이 언제인지 독일어로 묻고 대답해 보세요.

> Albert Einstein: 14. März
> ▶ F : Wann hat Albert Einstein Geburtstag?
>   A : Albert Einstein hat am vierzehnten März Geburtstag.

19. Lisa Fuchs: 27. Dezember

▶ F: _____

▶ A: _____

20. Denis Hoffmann: 1. März

▶ F: _____

▶ A: _____

21. Thomas Volk: 31. Oktober

▶ F: _____

▶ A: _____

22. Daniela Freitag: 11. Juli

▶ F: _____

▶ A: _____

정답

1. einunddreißigste 2. erste 3. siebzehnte 4. dritte 5. siebte 6. (ein)hundertelfte 7. 58 8. 79 9. 33 10. 777 11. Heute ist Mittwoch. 12. Er macht am siebten Mai einen Kuchen. 13. Ich gehe am Dienstag zum Arzt. 14. Der Hochzeitstag ist am siebten April. 15. Welcher Tag ist der dreißigste März? 16. Wann fahren Sie nach Deutschland? 17. Welches Datum ist übermorgen? 18. Wann ist Silvester? 19. Wann hat Lisa Fuchs Geburtstag? Lisa Fuchs hat am siebenundzwanzigsten Dezember Geburtstag. 20. Wann hat Denis Hoffmann Geburtstag? Denis Hoffmann hat am ersten März Geburtstag. 21. Wann hat Thomas Volk Geburtstag? Thomas Volk hat am einunddreißigsten Oktober Geburtstag. 22. Wann hat Daniela Freitag Geburtstag? Daniella Freitag hat am elften Juli Geburtstag.

Tag 36 — Wie spät ist es? 몇 시야?

4단계 Datum: . .

학습목표

날짜에 이어서 시간에 대해 배워 볼 차례입니다. 시간을 묻는 여러 가지 표현을 먼저 익히고, 이어서 시간을 말하는 표현에 대해서 학습하겠습니다. 시간을 말하는 표현은 형식적 그리고 비형식적인 2가지가 있습니다.
그럼 오늘의 학습 내용을 살펴볼까요?

1. 시간을 묻는 세 가지 표현

 **Notiz**
강의를 듣고 메모해 보세요.

Wie 어떻게 + spät 늦은 + ist + es 가주어 + ?
: 얼마나 (시간이)늦었니? = 몇 시야?

Wie 어떻게 + viel 많이 + Uhr 시간 + ist + es + ?
: 얼마나 많은 시간이니? = 몇 시야?

Um wie viel Uhr 몇 시에 + 동사 + 주어 + …
: 언제 / 몇 시에 ~?

Wie spät ist es?	얼마나 (시간이) 늦었니? = 몇 시야?
Wie viel Uhr ist es?	얼마나 많은 시간이니? = 몇 시야?
Um wie viel Uhr essen wir?	얼마나 많은 시간에 우리 밥 먹니? = 우리 언제 밥 먹어?
Um wie viel Uhr fahren sie nach Berlin?	그들은 몇 시에 베를린으로 가나요?

2. 형식적인 시간을 말하는 표현

Es + ist + 숫자 Uhr + (분). : (지금은) 몇 시 몇 분이다.

주어 + 동사 + um 숫자 Uhr + (분). : 몇 시 몇 분에 무엇을 한다.

Es ist drei Uhr.	(지금은) 3시(정각) 이야.
Es ist elf Uhr dreißig.	(지금은) 11시 30분이야.
Wir essen um zwölf Uhr.	우리는 12시에 밥 먹을 거야.
Sie fahren um sieben Uhr fünfundfünfzig nach Berlin.	그들은 7시 55분에 베를린으로 가.

3 비형식적 / 일상적인 시간을 말하는 표현

5분 단위로 말하는 경우에 흔히 비형식적으로 시간을 말하며, 20분까지는 'vor 전' 또는 'nach 후'로 말합니다. 30분, 25분 그리고 35분은 시간을 반으로 나눈다고 하여, 한 시간을 더 높여서 말합니다. 즉, 9시 반은 'halb zehn', 10시 반은 'halb elf'라고 말해야 합니다. 25분과 35분은 30분을 기준으로 '30분에서 5분 전', 그리고 '30분에서 5분 후'라고 말합니다.

1 vor 전 & nach 후

Es ist zehn vor zehn.	(지금은) 10시 10분전입니다. = 9시 50분
Es ist zehn nach zehn.	(지금은) 10시 10분입니다.
Es ist zehn nach vier.	(지금은) 4시 10분입니다.

2 Viertel 15분 (¼)

Es ist Viertel nach zehn.	(지금은) 10시 15분입니다.
Es ist Viertel vor zehn.	(지금은) 10시 15분전입니다. = 9시 45분

3 halb 30분 (반)

Es ist halb zehn.	(지금은) 9시 반입니다.
Es ist fünf vor halb zehn	(지금은) 9시 25분입니다.
Es ist fünf nach halb zehn.	(지금은) 9시 35분입니다.

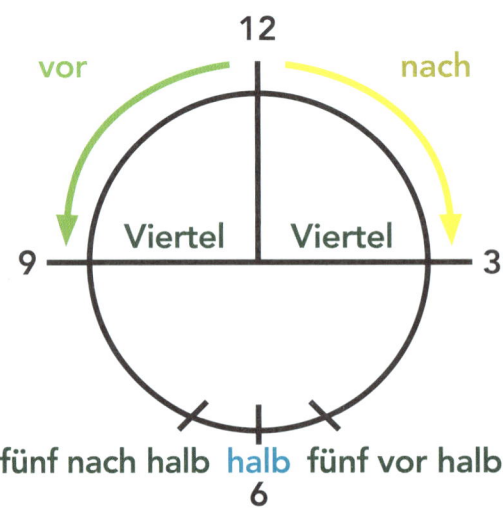

 **Notiz**

강의를 듣고 메모해 보세요.

★ 1) 정오를 넘어가는 경우, 형식적으로 시간을 말할 때만 13시 ~23시로 표현하며, 비형식적 시간으로 말할 땐 1~12 숫자로만 시간을 표현합니다.

2) '언제'라는 표현은 'um + 시간'이라고 말하며, 형식 / 비형식적 표현 모두 가능합니다.

z.B)
Wir essen um sieben Uhr dreißig. / Wir essen um halb acht.
우리는 7시 30분에 식사한다.

Auf Deutsch bitte!

1 문맥에 알맞게 빈칸을 채워 Dialog를 완성 해보세요. (비형식적 시간)

1. Jakob: Mina, _____ jetzt?
   미나야, 지금 몇 시야?

2. Mina: Es ist _____.
   지금은 13시 13분이야.

3. Jakob: Dann gehen wir _____ nach Hause.
   그럼 우리 2시 45분에 집에 가자.   ★ dann 그러면, 그리고 나서

4. Mina: Super Idee! Wir essen _____.
   좋은 생각이야! 5시 30분에는 밥을 먹자.

2 다음 주어진 시간을 예시와 같이 형식적 그리고 비형식적으로 적어주세요.

> 11:20Uhr ▶ 형식: Es ist elf Uhr zwanzig. ▶ 비형식: Es ist zwanzig nach elf.

5. 12:45Uhr

   ▶ 형식: _____

   ▶ 비형식: _____

6. 09:10Uhr

   ▶ 형식: _____

   ▶ 비형식: _____

7. 03:35Uhr

   ▶ 형식: _____

   ▶ 비형식: _____

8. 05:25Uhr

   ▶ 형식: _____

   ▶ 비형식: _____

9. 07:45 Uhr

   ▶ 형식: _____

   ▶ 비형식: _____

3 다음 주어진 문장을 독일어로 쓰고 큰 소리로 따라 말해 보세요.

10. 지금은 11시 45분이야. (비형식)

11. 우리 아빠는 12시에 밥을 먹어. (형식)

12. 리사는 월요일 11시 반에 밥을 먹어. (비형식)

13. 그 여자 선생님은 12시 반에 와. (비형식)

14. 그 차는 정확히 1시에 온다. (비형식)   ★ pünktlich 정확히

15. 한 학생이 10시 반에 밥을 먹어. (형식)

16. 우리는 18시 25분에 일해. (비형식)

정답

1. wie viel Uhr ist es 2. dreizehn nach eins. 3. um Viertel vor drei 4. um halb sechs. 5. Es ist zwölf Uhr fünfundvierzig./ Es ist Viertel vor eins. 6. Es ist neun Uhr zehn./ Es ist zehn nach neun. 7. Es ist drei Uhr fünfunddreißig./ Es ist fünf nach halb vier. 8. Es ist fünf Uhr fünfundzwanzig./ Es ist fünf vor halb sechs. 9. Es ist sieben Uhr fünfundvierzig./ Es ist Viertel vor acht. 10. Es ist Viertel vor zwölf. 11. Mein Vater isst um zwölf Uhr. 12. Lisa isst am Montag um halb zwölf. 13. Die Lehrerin kommt um halb eins. 14. Das Auto kommt pünktlich um eins. 15. Ein Student isst um zehn Uhr dreißig. 16. Wir arbeiten um fünf vor halb sieben.

Tag 37

Wir lernen immer Deutsch.
우리는 항상 독일어를 배운다.

4단계 | Datum: . .

학습목표

'얼마나 자주' 무엇을 하는지 그리고 '언제' 무엇을 하는지 독일어로 표현하기 위해서는 시간 부사를 알아야 합니다. 독일어에서는 시간 부사라는 큰 틀 안에 빈도 부사가 포함되어 있는데요, 오늘은 자주 쓰이는 주요 시간 부사 및 빈도 부사에 대해서 배워 봅시다.
그럼 오늘의 학습 내용을 살펴볼까요?

1. 시간 부사의 두 가지 종류

시간 부사는 사건 및 일의 대략적 빈도를 나타내는 부정 빈도 부사(자주, 가끔 등)와 반복해서 일어나는 일을 표현하는 시간 부사, 그리고 과거, 현재, 미래를 나타내는 시간 부사들이 있습니다.

2. 부정 빈도 부사의 종류

```
nie        selten      oft / häufig    fast immer
0%                     50%                    100%
fast nie   manchmal    meistens        immer
```

immer	항상
fast immer	거의 항상
meistens	대개, 대체적으로
oft/häufig	자주, 빈번히
manchmal	종종, 가끔
selten	드물게
fast nie	거의 아닌
nie	결코 ~아닌, 전혀

Ich frühstücke **immer**.	나는 **항상** 아침 식사를 한다.
Fast immer kommt sie pünktlich.	그녀는 **거의 항상** 제시간에 온다.
Ich gehe **meistens** alleine ins Kino.	나는 **대체로** 혼자 영화관에 간다.
Oft fahren Sie mit dem Auto.	당신은 **자주** 차를 타고 간다.
Er kommt **häufig** spät.	그는 **빈번히** 늦게 온다.
Manchmal spielt er zu Hause Klavier.	그는 **가끔** 집에서 피아노를 연주한다.
Wir gehen **selten** in die Disco.	나는 **드물게** 디스코를 간다.
Ich esse **fast nie** Gemüse.	나는 **거의** 야채를 먹지 **않는다**.
Sie geht **nie** zur Schule.	그녀는 학교에 **전혀** 가지 **않는다**.

Notiz
강의를 듣고 메모해 보세요.

★ fast 거의

★ frühstücken 아침 식사하다
★ alleine 혼자
★ 악기명 + spielen
   ~을(를) 연주하다
★ in die Disco gehen
   디스코에 가다

3. 반복을 나타내는 시간 부사

 **Notiz**
강의를 듣고 메모해 보세요.

뜻	시간 부사	뜻	시간 부사
하루에	am Tag / pro Tag	일주일에	in der Woche / pro Woche
매일	jeden Tag / täglich	매주	jede Woche / wöchentlich
한 달에	im Monat / pro Monat	일년에	im Jahr / pro Jahr
매달	jeden Monat / monatlich	매년	jedes Jahr / jährlich

Er trifft sie zweimal **im Monat**. 그는 **한 달에 두 번** 그녀를 만난다.
Sie schwimmt **jeden Tag/täglich**. 그녀는 **매일** 수영을 한다.

★ zweimal 두 번

★ schwimmen 수영하다

뜻	시간 부사
아침에, 아침마다	morgens (jeden Morgen)
저녁에, 저녁마다	abends (jeden Abend)
밤에, 밤마다	nachts (jede Nacht)

Sie trinkt **abends** Bier. 그녀는 **저녁마다** 맥주를 마신다.
Ich jogge **morgens**. 나는 **아침마다** 조깅을 한다.

4. 과거, 현재, 미래를 나타내는 시간 부사

뜻	시간 부사
과거	gestern 어제 / früher 옛날에 / damals 당시에 / vorgestern 그제
현재	heute 오늘(날) / jetzt 지금 / gleich 금방, 바로 / sofort 즉시 / bald 곧
미래	morgen 내일 / später 나중에 / übermorgen 모레

Ich werde gleich zu dir gehen. 나는 **금방** 너에게 갈 것이다.
Das mache ich später. 나는 **나중에** 그걸 할 거야.

★ morgen은 첫 철자의 대소문자 여부, 전치사 동반 여부 등에 따라 뜻과 쓰임이 달라지므로 주의하세요.

z.B)
morgen 내일
am Morgen 아침에
morgens 아침마다

Auf Deutsch bitte!

1 보기와 같이 반대되는 부정 빈도 부사로 문장을 바꿔 보세요.

> Ich kaufe immer ein Buch. ▶ Ich kaufe nie ein Buch.

1. Ich esse meistens ein Butterbrot. ★ s. Butterbrot 버터빵

   _____

2. Oft isst Peter eine Banane zum Frühstück. ★ zum Frühstück 아침 식사로

   _____

3. Die Eltern werden nie umziehen. ★ umziehen 이사하다

   _____

4. Ich gehe fast nie zur Uni. ★ e. Uni ('e. Universität 대학교'의 줄임말) ★ zur Uni 대학교에

   _____

2 아래 주어진 단어들로 대화문의 빈칸을 알맞게 채워 문장을 완성해 주세요.

> immer   manchmal   fast nie

5. Ich mag die Uni nicht. Ich gehe _____ zur Uni.

6. Ich liebe Bücher! Ich lese _____ Bücher. ★ pl. Bücher 책들

7. Mein Bruder fährt gern Autos, aber _____ fährt er mit dem Bus.

3 다음 주어진 문장을 독일어로 쓰고 큰 소리로 따라 말해 보세요.

8. 나는 항상 먹는다.

   _____

9. 나는 대체로 버스를 타고 간다.

   _____

10. 나는 때때로 학교에 간다.

    _____

11. 우리는 소고기를 거의 안 먹는다. ★ s. Rindfleisch 소고기

12. 나는 나중에 그 휴대폰을 살 거야.

13. 피터는 아침마다 한 개의 바나나를 먹는다.

14. 그는 즉시 올 것이다.

15. 너는 자주 대학교에 혼자 가니?

16. 나는 가끔 춤을 춰.

17. 나는 저녁마다 신문을 읽는다. ★ e. Zeitung 신문

18. 우리는 매주 베를린에 간다.

정답

1. Ich esse fast nie ein Butterbrot. 2. Peter isst selten eine Banane zum Frühstück. 3. Die Eltern werden immer umziehen. 4. Ich gehe fast immer zur Uni. 5. fast nie 6. immer 7. manchmal 8.Ich esse immer. 9. Meistens fahre ich mit dem Bus. 10. Manchmal gehe ich zur Schule. 11. Wir essen fast nie Rindfleisch. 12. Ich werde später das Handy kaufen. 13. Peter isst jeden Morgen (morgens) eine Banane. 14. Er wird sofort kommen. 15. Gehst du oft alleine zur Uni / Universität? 16. Ich tanze manchmal. 17. Ich lese abends/jeden Abend die Zeitung. 18. Wir fahren wöchentlich/jede Woche nach Berlin.

Tag 38

Ich lerne Deutsch, denn das macht Spaß.
나는 독일어를 공부한다, 왜냐하면 재미있기 때문이다.

4단계 　 Datum: 　.　.

학습목표
접속사는 문장과 문장을 이어 주는 역할을 합니다. 접속사의 종류에는 대등 접속사, 부사적 접속사 그리고 종속 접속사가 있습니다. 오늘은 대등 접속사에 대해 먼저 배워 보겠습니다.
그럼 오늘의 학습 내용을 살펴볼까요?

1 대등 접속사

대등 접속사는 문장과 문장 사이에 위치하여 두 개 이상의 문장을 서로 이어 주는 역할을 합니다. 접속사가 두 문장 사이에 위치할 때 두 문장의 배열은 대등하며, 의미 역시 대등하게 이어집니다.

2 und 그리고

1 주어 + 동사 und 동사 + ...

두 문장의 주어가 같을 경우 주어를 두 번 반복하는 대신 뒷 문장의 주어를 생략하고 und로 연결하여 말할 수 있습니다.

> 예 나는 서울에 살아 **그리고** 독일어를 전공해.
> → Ich wohne in Seoul **und** (ich) studiere Deutsch.

2 주어 + 동사 + ... und 주어 + 동사 + ...

두 문장의 주어가 다를 경우에도 und로 두 문장을 이어줄 수 있는데, 이때 두 문장 중 어떤 주어도 생략할 수 없습니다. 또한 접속사로 인하여 두 문장의 문장 성분 위치가 변하지 않습니다.

> 예 우리는 집에 머무르**고** 그는 대학교로 간다.
> → Wir bleiben zu Hause **und** er geht zur Uni.

3 aber 그러나

1 주어 + 동사 + ...(형용사 / 부사 등) , aber + ... (형용사 / 부사 등)

두 문장의 주어와 동사가 동일하거나 두 문장이 같은 맥락에서 서술하고 있는 경우, 뒤에 나오는 문장의 주어 및 동사를 생략하고 aber로 이을 수 있습니다.

> 예 그는 게으르**지만** 친절하다.
> → Er ist faul, **aber** (er ist) freundlich.

Notiz
강의를 듣고 메모해 보세요.

2 주어 + 동사 + ... , aber 주어 + 동사 + ...

두 문장의 주어가 다를 경우에도 aber로 두 문장을 이을 수 있는데, 이때 두 문장 중 어떤 주어도 생략할 수 없습니다. 또한 접속사로 인하여 두 문장의 문장 성분 위치가 변하지 않습니다.

> 예 나는 버스를 타**지만**, 그는 그의 자동차로 간다.
> → Ich nehme einen Bus, **aber** er fährt mit seinem Auto.

4 oder 또는

1 주어 + 동사 + ... , oder + ... / 주어 + 동사 oder + 동사

두 문장의 주어와 동사가 동일하거나 두 문장이 같은 맥락에서 서술하고 있는 경우, oder 뒤에 나오는 문장의 주어 및 동사를 생략하고 콤마 없이 oder로 이을 수 있습니다.

> 예 그녀는 내일 먹거**나** 잔다.
> → Sie isst morgen **oder** (sie) schläft.

2 주어 + 동사 + ... , oder 주어 + 동사 + ...

두 문장의 주어가 다를 경우에도 oder로 연결할 수 있는데, 이때 두 문장 중 어떤 주어도 생략할 수 없습니다. 또한 주어가 같더라도 상반되는 문장이라면 콤마와 함께 oder를 씁니다.

> 예 우리는 걸어서 간다, **아니면(그렇지 않으면)** 버스를 타고 간다.
> → Wir gehen zu Fuß, **oder** wir fahren mit dem Bus.
>
> 나는 그를 만난다, **아니면(그렇지 않으면)** 그는 혼자 집에 간다.
> → Ich treffe ihn, **oder** er geht allein nach Hause.

5 denn 왜냐하면

1 주어 + 동사, denn 주어 + 동사

주문장에 대한 이유를 설명하는 부문장을 이어주는 접속사로서, 두 문장의 주어가 같더라도 생략하지 않고 콤마와 함께 denn을 씁니다.

> 예 교수님은 오지 않아, **왜냐하면** 그가 아프거든.
> → Der Professor kommt nicht, **denn** er ist krank.

📝 **Notiz**
강의를 듣고 메모해 보세요.

★ oder 를 다르게 사용하는 방법
문장 끝에 콤마와 함께 oder와 물음표를 붙이면, 상대의 동의를 구하는 '그렇지?', '그렇지 않지?'라는 의미가 됩니다.

z.B)
이거 맛있다, 그렇지?
→ Das ist sehr lecker, oder?

Auf Deutsch bitte!

1 아래 문장의 어울리는 대등 접속사를 적으세요.

1. Ich studiere in Mannheim, _____ mein Bruder studiert in Hamburg.
   나는 만하임에서 공부하지만 내 남자 형제는 함부르크에서 공부한다. (대학교에 다닌다)

2. Meine Schwester bleibt in Hamburg, _____ sie liebt Hamburg.
   내 여자 형제는 함부르크에 머무르고 있다, 왜냐하면 그녀는 함부르크를 사랑하기 때문이다.

3. Mein Freund lernt Deutsch _____ ich lerne Koreanisch.
   내 남자 친구는 독일어를 배우고 나는 한국어를 배운다.

4. Ich werde in Deutschland studieren _____ arbeiten.
   나는 독일에서 (대학에서) 공부를 하거나 일을 할 것이다.

5. Peter ist bald zu Hause, _____ wir haben kein Essen!
   페터는 곧 집으로 온다, 그런데 우리는 먹을 것이 없어!

2 다음 주어진 단어와 표현을 배열해서 문장을 만들고, 큰 소리로 말해 보세요.

6. studiert   der Professor   in Köln,   denn   wohnt   seine Frau   in Köln.

▶ _____

7. liebt   meine Mutter   Essen,   Diät.   sie   aber   macht

▶ _____

8. Peter   aus Deutschland   kommt   und   25 Jahre alt.   er   ist

▶ _____

3 다음 주어진 문장을 독일어로 쓰고 큰 소리로 따라 말해 보세요.

9. 내 이름은 칼이고 독일에서 왔어.

_____

10. 나는 서울에 살고 독일어를 전공해.
    _____

11. 그는 착하지 않지만 일을 잘한다.
    _____

12. 그 집은 예쁘지 않지만 싸다.
    _____

13. 우리는 내일 공부하거나 수영한다.
    _____

14. 그녀는 집에 머무르거나 (그렇지 않으면) 학교에 간다.
    _____

15. 이거 맛있다, 그렇지?
    _____

16. 아빠는 오지 않아, 왜냐하면 아빠는 아프거든.   ★ r. Papa 아빠 (구어체)
    _____

17. 나는 독일어를 배워, 왜냐하면 흥미롭기 때문이야.   ★ interessant 흥미로운
    _____

정답

1. aber 2. denn 3. und 4. oder 5. aber 6. Der Professor studiert in Köln, denn seine Frau wohnt in Köln. 7. Meine Mutter liebt Essen, aber sie macht Diät. 8. Peter kommt aus Deutschland und er ist 25 Jahre alt. 9.Ich heiße Karl und (ich) komme aus Deutschland. 10. Ich wohne in Seoul und (ich) studiere Deutsch. 11. Er ist nicht nett, aber (er) arbeitet gut. 12. Das Haus ist nicht hübsch, aber es (das Haus) ist billig. 13. Wir lernen morgen oder (wir) schwimmen. 14. Sie ist (bleibt) zu Hause, oder sie geht zur Schule. 15. Das ist lecker, oder? 16. Papa kommt nicht, denn er ist krank. 17. Ich lerne Deutsch, denn das ist interessant.

Tag 39

Er verdient viel, trotzdem ist er unzufrieden.
그는 돈을 많이 벌지만 만족하지 못한다.

4단계 Datum: . .

학습목표
앞서 대등 접속사는 서로 독립되는 문장과 문장을 이어 주면서도 문장 성분의 배열이 달라지지 않는다는 것을 배웠습니다. 이제 문장에 의미를 더하여 두 개의 문장을 이어주는 역할을 하는 부사적 접속사에 대해 배워 보겠습니다.
그럼 오늘의 학습 내용을 살펴볼까요?

Notiz
강의를 듣고 메모해 보세요.

1 deswegen / deshalb 그래서

1 문장 구조: 주어 + 동사, deswegen 동사 + 주어

앞서 대등 접속사와는 달리, 주어가 동일하더라도 생략하지 않습니다. 부사적 접속사가 문장 내 포지션 1이기 때문에 두 번째 문장에서 동사와 주어가 도치됩니다.

Satz 1 Er ist gesund. 그는 건강하다.
Satz 2 Er kommt heute. 그는 오늘 온다.
Satz 1+2 Er ist gesund, **deswegen** kommt er heute.
그는 건강하다, **그래서** 그는 오늘 온다.

Satz 1 Das Mädchen ist sehr schüchtern. 그 소녀는 매우 수줍음이 많다.
Satz 2 Sie spricht nicht viel. 그녀는 말을 많이 하지 않는다.
Satz 1+2 Das Mädchen ist sehr schüchtern, **deshalb** spricht sie nicht viel.
그 소녀는 매우 수줍음이 많다 / 소심하다, **그래서** 그녀는 말을 많이 하지 않는다.

★ schüchtern 수줍음 많은

2 trotzdem 그럼에도 불구하고

1 문장 구조: 주어 + 동사, trotzdem 동사 + 주어

앞서 대등 접속사와는 달리 주어가 동일하더라도 생략하지 않습니다. 부사적 접속사가 문장 내 포지션 1이기 때문에 두 번째 문장에서 동사와 주어가 도치됩니다.

Satz 1 Er isst viel. 그는 많이 먹는다.
Satz 2 Er hat Hunger. 그는 배고프다.
Satz 1+2 Er isst viel, **trotzdem** hat er Hunger.
그는 많이 먹지만, **그럼에도 불구하고** 그는 배가 고프다.

★ r. Hunger 배고픔
★ Hunger haben
배고픔을 가지다 (=배고프다)

> **Satz 1** Sie isst sehr viel. 그녀는 아주 많이 먹는다.
> **Satz 2** Sie ist schlank. 그녀는 날씬하다.
> **Satz 1+2** Sie isst sehr viel, **trotzdem** ist sie schlank.
> 그녀는 아주 많이 먹지만, **그럼에도 불구하고** 날씬하다.

📝 Notiz
강의를 듣고 메모해 보세요.

★ schlank 날씬한(마른)

3 dann / danach 그러고 나서, 그 후에

1 문장 구조: 주어 + 동사, dann / danach 동사 + 주어

앞서 대등 접속사와는 달리, 주어가 동일하더라도 생략하지 않습니다. 부사적 접속사가 문장 내 포지션 1이기 때문에 두 번째 문장에서 동사와 주어가 도치됩니다.

> **Satz 1** Wir essen zuerst. 우리는 먼저 밥을 먹는다.
> **Satz 2** Wir sehen einen Film. 우리는 한 영화를 본다.
> **Satz 1+2** Wir essen zuerst, **dann** sehen wir einen Film.
> 우리는 먼저 밥을 먹**고 나서** 한 영화를 본다. (보자)

> **Satz 1** Ich schlafe jetzt. 나는 지금 잔다.
> **Satz 2** Ich helfe dir. 나는 너에게 도움을 준다.
> **Satz 1+2** Ich schlafe jetzt, **danach** helfe ich dir.
> 난 지금은 자고, **그 후에** 너에게 도움을 줄게.

4 sonst 그렇지 않으면

1 문장 구조: 주어 + 동사, sonst 동사 + 주어

> **Satz 1** Du schreibst das. 너는 그것을 쓴다.
> **Satz 2** Du vergisst das. 너는 그것을 잊어버린다.
> **Satz 1+2** Du schreibst das, **sonst** vergisst du das.
> 너는 그것을 쓴다, **그렇지 않으면** 너는 그것을 잊어버린다.

> **Satz 1** Wir laufen schnell. 우리는 빨리 달린다.
> **Satz 2** Wir verpassen den Bus. 우리는 버스를 놓친다.
> **Satz 1+2** Wir laufen schnell, **sonst** verpassen wir den Bus.
> 우리는 빨리 뛴다, **그렇지 않으면** 우리는 버스를 놓친다.

★ sonst의 또 다른 쓰임새도 알아두세요.
Sonst noch etwas?
그 밖에/외에 더 필요한 것 없어요?

★ laufen 동사의 경우 '달리다' 그리고 '걷다'라는 의미를 혼용하여 사용합니다.

★ vergessen 잊다, 잊어버리다

★ verpassen 놓치다

Auf Deutsch bitte!

1 괄호 안의 대등 접속사로 두 문장을 한 문장으로 연결해 보세요.

1. Petras Mutter ist krank. Sie geht nach Hause. (deshalb)
   페트라의 엄마는 아프다. 그녀는 집으로 간다.
   _____

2. Das Leben in Deutschland ist nicht einfach. Wir arbeiten und studieren hier. (trotzdem)
   독일에 산다는 것은 쉽지 않다. 우리는 여기에서 일하고 공부한다.
   _____

3. Wir besuchen unseren Freund. Wir werden da essen. (danach)
   우리는 우리의 남자 친구를 방문한다. 우리는 그곳에서 식사를 할 것이다.
   _____

4. Ich habe kein Geld. Ich studiere in Deutschland. (deswegen)
   나는 돈이 없다. 나는 독일에서 공부한다.   ★ s. Geld 돈
   _____

5. Wir telefonieren viel. Wir gehen um 10 Uhr nach Hause. (dann)
   우리는 전화를 많이 한다. 우리는 10시에 집으로 간다.   ★ telefonieren 전화하다, 통화하다
   _____

2 아래 주어진 접속사들로 대화문의 빈칸을 알맞게 채워 문장을 완성하세요.

> trotzdem   deshalb   sonst   danach

6. Er ist jetzt krank, _____ spielt er heute Fußball.

7. Du bist sehr arrogant, _____ hasse ich dich!   ★ hassen 싫어하다

8. Peter isst eine Banane zum Frühstück, _____ geht er zur Schule.

9. Ich lese täglich ein Buch, _____ werde ich später dumm.   ★ dumm 멍청한

3 다음 주어진 문장을 독일어로 쓰고 큰 소리로 따라 말해 보세요.

10. 그는 아파, 그래서 내일 오지 않아.

11. 그는 매우 수줍음이 많다, 그래서 그는 말을 많이 하지 않는다.

12. 그녀는 부유하다, 그럼에도 불구하고 그녀는 불만족스럽다. ★ unzufrieden 불만족한

13. 그들은 매우 많이 먹는다, 그럼에도 불구하고 말랐다. ★ dünn 마른

14. 우리는 밥을 먼저 먹고, 그러고 나서 커피를 마신다. ★ r. Kaffee 커피

15. 난 지금은 자고, 그 후에 너에게 그것을 말할게. ★ sagen 말하다

16. 그녀는 그것을 쓴다, 그렇지 않으면 그녀는 그것을 잊어버린다. ★ schreiben 쓰다

17. 우리는 빨리 뛴다, 그렇지 않으면 우리는 저 기차를 놓친다. ★ rennen 달리다, 뛰다

18. 나는 학교에 간다, 그렇지 않으면 공부를 안 한다.

정답

1. Petras Mutter ist krank, deshalb geht sie nach Hause. 2. Das Leben in Deutschland ist nicht einfach, trotzdem arbeiten und studieren wir hier. 3. Wir besuchen unseren Freund, danach werden wir da essen. 4. Ich habe kein Geld, deswegen studiere ich in Deutschland. 5. Wir telefonieren viel, dann gehen wir um 10 Uhr nach Hause. 6. trotzdem 7. deshalb 8. danach 9. sonst 10. Er ist krank, deswegen/deshalb kommt er morgen nicht. 11. Er ist sehr schüchtern, deshalb/deswegen spricht er nicht viel. 12. Sie ist reich, trotzdem ist sie unzufrieden. 13. Sie essen viel, trotzdem sind sie dünn. 14. Wir essen zuerst, dann trinken wir einen Kaffee. 15. Ich schlafe jetzt, danach sage ich dir das. 16. Sie schreibt das, sonst vergisst sie das. 17. Wir rennen schnell, sonst verpassen wir den Zug. 18. Ich gehe zur Schule, sonst lerne ich nicht.

Tag 33-36 Wiederholung 복습

 Tag 33~36까지 배운 내용들을 잘 기억하고 있는지 실력을 점검해 보겠습니다. 다음 문제를 스스로 풀고, 정답을 확인해 보세요. 틀린 문제는 앞으로 돌아가 해당 내용을 찾아보고, 다시 한 번 복습하세요.

1. 다음 보기와 같이 주어진 형용사 원급 문장들을 비교급과 최상급으로 바꿔 보세요.

> Das Buch ist schön. ▶ Das Buch ist schöner ▶ Das Buch ist am schönsten.

1. Ich bin groß. ▶ _____ . ▶ _____ .
2. Das Buch ist schön. ▶ _____ . ▶ _____ .
3. Das Auto ist klein. ▶ _____ . ▶ _____ .
4. Der Onkel ist reich. ▶ _____ . ▶ _____ .
5. Mein Freund ist fleißig. ▶ _____ . ▶ _____ .

2. 괄호 안에 주어진 단어를 활용하여 빈칸을 채워 대화문을 완성하고, 큰 소리로 말해 보세요.

> Hey, Peter. Kennst du das Buch? Das ist sehr teuer. (kennen 알다)

6. Das Buch ist _____ als dein Buch. (teuer)

7. Nein, mein Buch ist am _____. (teuer)

8. Ich _____, das Brot ist sehr billig. (finden)

9. Ich _____, die Tomate ist _____ als das Brot. (glauben/ billig)

10. Kaufen wir die Tomate? Die Tomate ist am _____. (billig)

3 아래 한국어로 적힌 날짜를 오늘이 몇 월 며칠인지 말하는 독일어 문장으로 완성해 주세요.

5월 27일 ▶ Heute ist der siebenundzwanzigste Mai.

11. 8월 21일 ▶ _____.
12. 12월 25일 ▶ _____.
13. 1월 1일 ▶ _____.

4 다음 주어진 시간을 형식적 그리고 비형식적으로 표현해 보세요.

11:20Uhr ▶ Es ist elf Uhr zwanzig. ▶ Es ist zwanzig nach elf.

14. 11시 5분 ▶ _____. ▶ _____.
15. 6시 15분 ▶ _____. ▶ _____.
16. 9시 25분 ▶ _____. ▶ _____.

5 다음 주어진 문장을 독일어로 쓰고 따라 말해 보세요.

17. 그 남자는 12월 24일에 생일이다.
_____

18. 나는 2010년 11월 11일에 태어났다.
_____

19. 그 아이가 그 새보다 귀엽다.
_____

20. 지금은 11시 25분이다. (비형식)
_____

정답

1. Ich bin größer/Ich bin am größten 2. Das Buch ist schöner/ Das Buch ist am schönsten. 3. Das Auto ist kleiner/ Das Auto ist am kleinsten. 4. Der Onkel ist reicher/ Der Onkel ist am reichsten. 5. Mein Freund ist fleißiger/ Der Freund ist am fleißigsten. 6. teurer 7. teuersten 8. finde 9. glaube/billiger 10. billigsten 11. Heute ist der einundzwanzigste August. 12. Heute ist der fünfundzwanzigste Dezember. 13. Heute ist der erste Januar. 14. Es ist elf Uhr fünf. Es ist fünf nach elf. 15. Es ist sechs Uhr fünfzehn. Es ist Viertel nach sechs. 16. Es ist neun Uhr fünfundzwanzig. Es ist fünf vor halb zehn. 17. Der Mann hat am vierundzwanzigsten Dezember Geburtstag. 18. Ich bin am elften November 2010(zweitausendzehn) geboren. 19. Das Kind ist süßer als der Vogel. 20. Es ist fünf vor halb zwölf.

Tag 37-39 Wiederholung 복습

  4단계   Datum: . .

학습목표 Tag 37~39까지 배운 내용들을 잘 기억하고 있는지 실력을 점검해 보겠습니다. 다음 문제를 스스로 풀고, 정답을 확인해 보세요. 틀린 문제는 앞으로 돌아가 해당 내용을 찾아보고, 다시 한 번 복습하세요.

1 아래 두 문장을 주어진 접속사로 연결하여 한 문장으로 만드세요.

1. Der Mann liest das Buch. Das Buch ist schwer. (aber)
   _____

2. Ich studiere in Deutschland. Mein Freund studiert in Korea. (und)
   _____

3. Ich habe morgen eine Prüfung. Ich lerne heute viel. (deshalb)
   _____

4. Es regnet. Die Familie geht spazieren. (trozdem)   ★ spazieren gehen 산책하다 ★ regnen 비 오다
   ★ e. Familie 가족
   _____

5. Ich liebe meinen Hund. Wir spielen täglich zusammen. (deswegen)   ★ zusammen 함께
   _____

2 아래 주어진 접속사들로 대화문의 빈칸을 채워 독일어 문장을 완성하세요.

| immer   denn   danach   denn   nie   sonst |

6. Ich kaufe mir ein Buch, _____ lese ich es.

7. Liest du abends _____ Bücher?

8. Ja, es macht mir Spaß, _____ die Geschichte ist sehr interessant.

9. Ich lese _____ Bücher, _____ ich liebe Computerspiele.

10. Du liest Bücher, _____ wirst du dumm.

3 다음 주어진 문장을 독일어로 쓰고 따라 말해 보세요.

11. 그녀는 그 자전거를 전혀 타지 않는다. ★ s. Fahrrad 자전거
_____

12. 이거 맛있다, 그렇지?
_____

13. 나의 아빠는 오지 않고 나의 엄마도 오지 않아.
_____

14. 가끔 나는 맥주를 마신다.
_____

15. 우리는 빨리 뛴다, 하지만 저 기차를 놓친다.
_____

16. 나는 배가 고프지 않다, 그럼에도 불구하고 밥을 먹는다.
_____

17. 나는 항상 책을 읽는다, 그렇지 않으면 독일어를 잊어버린다.
_____

18. 나는 아침에 자주 우유를 마신다, 그 후에 빵을 먹는다.
_____

19. 그는 즉시 갈 것이다.
_____

정답

1. Das Buch ist zu schwer, aber der Mann liest das Buch. 2. Ich studiere in Deutschland und mein Freund studiert in Korea. 3. Ich habe morgen eine Prüfung deshalb lerne ich heute viel. 4. Es regnet, trotzdem geht die Familie spazieren. 5. Ich liebe meinen Hund, deswegen spielen wir täglich mit zusammen. 6. danach 7. immer 8. denn 9. nie, denn 10. sonst 11. Sie fährt nie das Fahrrad. 12. Das ist lecker, oder? 13. Mein Vater kommt nicht und meine Mutter kommt auch nicht. 14. Ich trinke manchmal Bier. 15. Wir rennen schnell, aber wir verpassen den Zug. 16. Ich habe keinen Hunger, trotzdem esse ich. 17. Ich lese immer, sonst vergesse ich Deutsch. 18. Ich trinke morgens oft Milch, danach esse ich Brot. 19. Er wird sofort gehen.

Tag 40 — Ich möchte jetzt bezahlen.
저 지금 계산하고 싶어요.

4단계 Datum: .   .

학습목표
오늘은 화법 조동사 möchten 그리고 wollen 동사에 대해 배워 볼 차례입니다. 화법조동사란 각자의 의미를 가지고 있어, 본동사에 그 의미를 더해 주는 조동사입니다. 화법 조동사를 통해 더 다양한 표현을 할 수 있습니다.
그럼 오늘의 학습 내용을 살펴볼까요?

1. 화법 조동사의 규칙

1) 주어 + 화법 조동사 + ... + 본동사.

화법 조동사는 원칙적으로 문장 내에서 단독으로 사용되기보다는 본동사에 의미를 더해 주는 조동사로서 사용됩니다. 따라서 문장에 화법 조동사와 원래의 의미를 지니는 본동사가 함께 쓰이게 되며, 이때 **화법 조동사의 위치는 2번째, 본동사의 위치는 문장의 맨 끝입니다.**

2) möchten ~을 (하길) 원하다/하고 싶다

möchten은 원래 'mögen 좋아하다' 동사의 접속법 2식형입니다. 그러나 일상 독일어에서 매우 자주 쓰이기 때문에 별개의 조동사로 다루기도 합니다. möchten은 '~하고 싶다/하기를 원하다' 라는 단순한 소망이나 소원의 의미를 더해 줍니다.

인칭 대명사(주어)	möchten
ich	möchte
du	möchtest
er / sie / es	möchte
wir	möchten
ihr	möchtet
sie / Sie	möchten

3. möchten 동사 활용하기

1) bestellen 주문하다

예) Ich **möchte bestellen**. 나는 **주문하고 싶어요**.
    Sie **möchten** noch nicht **bestellen**. 그들은 아직 **주문하고 싶지** 않다.

Notiz 강의를 듣고 메모해 보세요.

★ 접속법 2식형은 나중에 더 공부하면 알 수 있어요. 우선 용어만 가볍게 보고 넘어가세요.

★ noch nicht 아직 ~않다

2 (be)zahlen 계산하다(지불하다)

> 예 Ich möchte bezahlen.　　나는 계산하고 싶어요.
> Sie möchte später bezahlen.　그녀는 나중에 계산하고 싶다.

4 화법 조동사 'wollen ~을(를) 하고 싶다 / ~하려고 하다'

wollen은 '무언가를 하고 싶고, 그렇게 할 것이다 또는 하려고 한다'는 의지나 계획이 담긴 **강한 느낌의 소망**을 표현합니다.

인칭대명사(주어)	wollen
ich	will
du	willst
er/ sie / es	will
wir	wollen
ihr	wollt
sie / Sie	wollen

5 wollen 동사 활용하기

wollen 또한 문장의 두 번째 자리에 위치하며, 본동사는 문장의 맨 끝에 위치합니다.

1 nach Hause gehen 집으로 가다(집에 가다)

> 예 Ich will nach Hause gehen.
> 나는 집에 가고 싶다. (집에 갈 것이다)
>
> Sie wollen nicht nach Hause gehen.
> 그들은 집에 가지 않을 거야. (가고 싶지 않다)

2 kaufen 사다

> 예 Ich will einen Tisch kaufen.
> 나는 책상 하나를 사고 싶다. (살 것이다)
>
> Wir wollen kein Auto kaufen.
> 우리는 차를 사고 싶지 않다. (차를 사지 않을 것이다)

📝 **Notiz**

강의를 듣고 메모해 보세요.

★ später 나중에

★ wollen은 möchten과 비교했을 때, 의지나 계획의 뉘앙스를 포함하나 강한 소망을 표현할 때 쓰이므로, 실제로 행동할 계획이 있는 werden 미래 시제와 혼동하지 않도록 유의하세요.

Auf Deutsch bitte!

1 다음 문장들을 화법 조동사 möchten을 사용하여 보기와 같이 바꾸어 보세요.

> Er bestellt eine Pizza. ▶ Er möchte eine Pizza bestellen.

1. Er kauft ein Auto.
   ▶ _____

2. Ich bleibe zu Hause.
   ▶ _____

3. Peter geht zum Bahnhof. ★ r. Bahnhof 기차역
   ▶ _____

4. Lisa wartet nicht lange. ★ warten 기다리다
   ▶ _____

5. Die Lehrerin reist.
   ▶ _____

2 다음 주어진 단어와 표현을 배열해서 문장을 만들고 큰 소리로 말해 보세요.

6.　　　　　der Mann　　rauchen　　jetzt　　will
   ▶ _____

   ★ rauchen 흡연하다

7.　　　　　Der Professor　　kaufen　　ein Buch　　möchte
   ▶ _____

3 다음 주어진 문장을 독일어로 쓰고 큰 소리로 따라 말해 보세요.

8. 그는 주문하고 싶어요.

   _____

Tag 40 | 3

9. 우리는 계산하고 싶어요.

10. 그녀는 오늘 계산하려고 한다.

11. 그들은 아직 주문하고 싶지 않다.

12. 난 지금 집에 가고 싶지 않아.

13. 그는 내일 술 마시고 싶다.

14. 그는 가수가 되고 싶다. ★ r. Sänger 가수

15. 저는 독일어를 배워요. 왜냐하면 독일에서 (대학에서) 공부하고 싶기 때문이에요.

16. 그는 너무 뚱뚱하다, 그럼에도 불구하고 많이 먹고 싶어한다. ★ zu 너무 ★ dick 뚱뚱한, 두꺼운

정답

1. Er möchte ein Auto kaufen. 2. Ich möchte zu Hause bleiben. 3. Peter möchte zum Bahnhof gehen. 4. Lisa möchte nicht lange warten. 5. Die Lehrerin möchte reisen. 6. Der Mann will jetzt rauchen. 7. Der Professor möchte ein Buch kaufen. 8. Er möchte bestellen. 9. Wir möchten bezahlen. 10. Sie will heute bezahlen. 11. Sie möchten noch nicht bestellen. 12. Ich möchte jetzt nicht nach Hause gehen. 13. Er möchte morgen (Alkohol) trinken. 14. Er möchte Sänger werden. 15. Ich lerne Deutsch, denn ich möchte in Deutschland studieren. 16. Er ist zu dick, trotzdem möchte er viel essen.

Tag 41

Kann ich dort parken?
저기에 주차해도 될까요?

4단계 Datum: . .

학습 목표

가능 및 능력을 표현하는 화법조동사 'können ~을(를) 할 수 있다'와 허락 및 금지의 의미를 가지고 있는 'dürfen ~을(를) 해도 된다' 동사에 대해 배울 시간입니다. 그럼 오늘의 학습 내용을 살펴볼까요?

1 화법 조동사 können ~을(를) 할 수 있다

können은 능력 및 가능성을 뜻하는 화법 조동사입니다. 문맥에 따라서 허락의 뉘앙스로도 사용됩니다.

인칭 대명사(주어)	können
ich	kann
du	kannst
er/sie/es	kann
wir	können
ihr	könnt
Sie/sie	können

2 können 동사 활용하기

1 spielen 연주하다, 경기하다

예 Ich **kann** Klavier **spielen**.   나는 피아노를 **연주할 수 있다**.
　 Was **könnt** ihr **spielen**?   너희는 무엇을 **연주할 수 있어**?

★ können 동사 역시 문장의 두 번째 자리에 위치하며, 본동사는 문장의 맨 끝에 위치합니다.

2 parken 주차하다

예 Du **kannst** hier **parken**.   너는 여기에 **주차할 수 있다**.
　 Kann ich(man) dort **parken**?   저기에 **주차할 수 있을까요**?

★ man은 불특정한 누군가, 사람(들)을 의미하는 대명사로 해석 시 의미를 생략하기도 합니다. (3인칭 단수 취급)

Notiz
강의를 듣고 메모해 보세요.

3 화법 조동사 'dürfen ~을(를) 해도 된다'

dürfen은 그 자체로는 허락을, 부정어 nicht / kein이 나올 경우에는 불허(금지)를 의미하는 화법 조동사입니다.

인칭대명사(주어)	dürfen
ich	darf
du	darfst
er / sie / es	darf
wir	dürfen
ihr	dürft
Sie / sie	dürfen

Notiz
강의를 듣고 메모해 보세요.

4 dürfen 동사 활용하기

(1) 허락의 의미 (~해도 된다)

① rauchen 담배 피우다 / 흡연하다

예 **Darf** ich(man) hier **rauchen**?
제가 여기서 **담배 피워도 될까요**?

Sie **dürfen** nur draußen **rauchen**.
당신은 밖에서만 **담배 피울 수 있습니다**.(펴도 된다)

Du **darfst** nur heute **rauchen**.
넌 오늘만 **담배 피워도 돼**.

★ dürfen 동사 역시 문장의 두 번째 자리에 위치하며, 본동사는 문장의 맨 끝에 위치합니다.

(2) 금지의 의미 (~해서는 안 된다)

예 Man **darf** dort **nicht parken**. 사람들은 저기에 **주차해선 안 된다**.

Du **darfst nicht aufgeben**! 넌 **포기해선 안 돼**!

5 문장 비교하기

Du **trinkst** Bier.	너는 맥주를 마신다.
Du **kannst** Bier **trinken**.	너는 맥주를 마실 수 있다. (단순 가능의 의미)
Du **darfst** morgen Bier **trinken**.	내일 맥주를 마셔도 된다. (허가의 의미)

Tag 41 | 2

Auf Deutsch bitte!

1 다음 문장의 빈칸에 알맞은 화법 조동사를 채워 독일어 문장을 완성하고, 큰 소리로 말해 보세요.

1. Am Wochenende _____ ich ins Kino gehen. (허락)

2. Ich _____ am Montag leider nicht mitkommen, denn ich habe keine Zeit. (가능)

3. Er _____ Deutsch sprechen, denn er studiert Deutsch. (능력)

4. Ich denke, Peter _____ nach Hause gehen. (허락)

5. Du _____ das jetzt nicht anfassen! (금지) ★ anfassen 만지다, 잡다

6. Ich _____ jetzt nicht laufen. Mein Bein tut weh. (가능)

2 아래 문장의 빈칸에 알맞은 화법 조동사를 적어 문장을 완성하고, 말해 보세요.

| Dürfen oder können? |

7. In der Schule _____ ich nicht rauchen. (금지)

8. Ich _____ Fahrrad fahren. (가능)

9. Das Kind _____ am Abend nicht fernsehen. (금지)

10. Im Unterricht _____ wir nicht schlafen. (금지)

11. _____ du Auto fahren? (가능)

3 다음 주어진 문장을 독일어로 쓰고 큰 소리로 따라 말해 보세요.

12. 나는 기타를 연주할 수 있다. ★ e. Gitarre 기타

_____

13. 그녀는 요리를 잘할 수 있다. ★ kochen 요리하다

_____

14. 너희는 무엇을 연주할 수 있어? ★ spielen 연주하다

_____

15. 너희는 여기에 주차할 수 있다.
   _____

16. 너희는 여기에 주차하면 안 돼!
   _____

17. 제가 천천히 말해도 되나요?
   _____

18. 그는 독일어를 잘 말할 수 있다.
   _____

19. 그는 밥을 먹으면 안 된다.
   _____

20. 지금은 너무 늦었어, 그래서 우리는 그 버스를 탈 수가 없어.　　　★ zu 너무
   _____

21. 그는 거만하다, 그러나 나는 그것을 말할 수 없다.　　　★ arrogant 거만한
   _____

정답

1. darf 2. kann 3. kann 4. darf 5. darfst 6. kann 7. darf 8. kann 9. darf 10. dürfen 11. Kannst 12. Ich kann Gitarre spielen. 13. Sie kann gut kochen. 14. Was könnt ihr spielen? 15. Ihr könnt hier parken. 16. Ihr dürft hier nicht parken! 17. Darf ich langsam sprechen? 18. Er kann gut Deutsch sprechen. 19. Er darf nicht essen. 20. Es ist jetzt zu spät, deshalb können wir den Bus nicht nehmen. 21. Er ist arrogant, aber ich kann das nicht sagen.

Tag 42

Ich muss die Hausaufgaben machen.
나는 그 숙제들을 해야 한다.

4단계 | Datum: . .

 학습목표

오늘은 비슷한 의미를 지니고 있으나 뉘앙스에서 차이가 있는 화법 조동사 müssen, 그리고 sollen 동사에 대해 배워 보겠습니다. müssen과 sollen 동사를 우리말로 번역하면 똑같이 '~을(를) 해야 한다'이지만, 뉘앙스에 따라 사용을 달리하므로 차이를 기억해 주세요.

1. 화법 조동사 'müssen ~을(를) 해야 한다'

 **Notiz**
강의를 듣고 메모해 보세요.

müssen은 본인의 의지에 의해서 꼭 해야 하는, 또는 마땅히 해야만 한다는 의무를 나타냅니다. nicht 와 함께 쓰일 경우, '~할 필요 없다'의 의미가 된다는 점 주의하세요.

인칭 대명사(주어)	müssen
ich	muss
du	musst
er / sie / es	muss
wir	müssen
ihr	müsst
Sie / sie	müssen

2. müssen 동사 활용하기

1. ~해야(만) 한다. (의무 / 강한 의지)

예 **Musst** du jetzt **gehen**? 너 지금 **가야만 하니**?
Sie **muss** heute **arbeiten**. 그녀는 오늘 **일해야 한다**.
Ich **muss** die Hausaufgaben **machen**. 나는 그 숙제들을 **해야 한다**.

2. ~할 필요 없다. (nicht와 함께)

예 Du **musst** jetzt **nicht gehen**. 너 지금 **갈 필요 없어**.
Er **muss nicht schlafen**. 그는 **잘 필요가 없다**.
Sie **muss nicht arbeiten**. 그녀는 **일할 필요가 없다**.

3. 화법 조동사 sollen ~을(를) 해야 한다

sollen은 타인에 의해서 해야 하는, 또는 도덕적인 의무를 의미합니다. müssen은 하지 않으면 불이익이 있을 수 있는 의무를 의미한다면, sollen은 타인이 해 준 충고 및 권고 또는, 어겨도 불이익은 받지 않을 수 있으나 사회적으로 요구받는 도덕적 규범을 의미 하는 경우가 많습니다. nicht와 함께, '~하면 안 된다'라는 의미 그대로 쓰입니다.

인칭 대명사(주어)	sollen
ich	**soll**
du	**sollst**
er / sie / es	**soll**
wir	sollen
ihr	sollt
Sie / sie	sollen

Notiz
강의를 듣고 메모해 보세요.

4. sollen 동사 활용하기

예) Du **sollst** die Hausaufgaben **machen**. 너는 그 숙제들을 **해야만 한다**. (타인의 충고)

Er **soll** früh **aufstehen**. 그는 일찍 **일어나야 한다**.

Sie **sollen** nicht spät **kommen**. 그들은 늦게 **오면 안된다**.

5. müssen과 sollen 차이 구분

müssen	sollen
나의 의지	타인의 의지 / 충고
개인적 의무	도덕적 의무
강제성 있음	강제성 없음
+ nicht: ~할 필요 없다	+ nicht: ~해서는 안 된다

6. müssen과 sollen 동사 활용하기

예) Ich **muss** die Hausaufgaben **machen**. 나는 (무조건) 숙제를 **해야 한다**.

Ich **soll** die Hausaufgaben **machen**. 나는 숙제를 **해야 해**. (타인의 의지)

Ich **muss** jetzt nach Hause **gehen**. 나는 (무조건) 집에 **가야 해**.

Ich **soll** jetzt nach Hause **gehen**. 나 집에 **가야 한대**. (타인의 의지)

Der Mann **muss schlafen**. 저 남자는 **자야 해**. (명령)

Der Mann **soll schlafen**. 저 남자는 **자는 게 좋을 거야**. (조언)

Auf Deutsch bitte!

1 아래 주어진 예문과 같이 sollen 또는 müssen을 사용하여 독일어로 문장을 쓰세요.

> 나 이 책 무조건 사야만 해. ▶ 나 이 책 꼭 사야 해. (선생님이 그랬다)
> Ich muss das Buch kaufen. ▶ Ich soll das Buch kaufen.

1. 너는 지금 집에 와야만 해. (의무)   ▶ 너 지금 집에 와야 해. (엄마가 그랬다)
   _____   ▶ _____

2. 그 남자 선생님은 일을 해야 해. (의무)   ▶ 그 남자 선생님은 일을 해야 해. (충고)
   _____   ▶ _____

3. 나는 자야만 해. (나의 의지)   ▶ 나는 자야 해. (의사가 그랬다)
   _____   ▶ _____

2 다음 주어진 화법 조동사를 빈칸에 알맞게 채워 독일어 문장을 완성하고, 큰 소리로 읽어 보세요.

> müssen oder sollen?

4. Ich _____ nach Hause. Morgen habe ich eine Prüfung.
   나는 집에 가야만 한다. 나는 내일 시험이 있다.
   ★ e. Prüfung 시험

5. Meine Mutter sagt, ich _____ lernen.
   나의 어머니는 말했다, 내가 공부해야만 한다고.

6. Der Lehrer _____ arbeiten. Warum arbeitet er nicht?
   그 남자 선생님은 일해야 해. 왜 그는 일을 안 하니?

7. Ich _____ ins Krankenhaus gehen. Ich habe Kopfschmerzen.
   나는 병원에 가야만 한다. 나는 머리가 아프다.
   ★ s. Krankenhaus 종합병원 ★ s. Kopfschmerzen 두통

3 다음 주어진 문장을 독일어로 쓰고 따라 말해 보세요.

8. 너 지금 가야 되니?
   _____

9. 그는 가야 한다.
___

10. 그녀는 수영할 필요가 없다.
___

11. 너희는 공부할 필요가 없어.
___

12. 나는 (무조건) 나의 숙제를 해야 한다.
___

13. 나는 집에 있어야 해.
___

14. 엘리자베스는 집에 가는 것이 좋을 거야.
___

15. 저 선생님은 일해야 해.
___

16. 저 남자는 자는 게 좋을 거야.
___

정답

1. Du musst jetzt nach Hause kommen. Du sollst jetzt nach Hause kommen. 2. Der Lehrer muss arbeiten. Der Lehrer soll arbeiten. 3. Ich muss schlafen. Ich soll schlafen. 4. muss 5. soll 6. muss 7. muss 8. Musst du jetzt gehen? 9. Er muss gehen. 10. Sie muss nicht schwimmen. 11. Ihr müsst nicht lernen. 12. Ich muss meine Hausaufgaben machen. 13. Ich muss zu Hause bleiben / bin. 14. Elisabeth soll nach Hause gehen. 15. Der Lehrer muss arbeiten. 16. Der Mann soll schlafen.

Tag 40-42 Wiederholung 복습 1

4단계 Datum: . .

학습목표
Tag 40~42까지 배운 내용들을 잘 기억하고 있는지 실력을 점검해 보겠습니다. 다음 문제를 스스로 풀고, 정답을 확인해 보세요. 틀린 문제는 앞으로 돌아가 해당 내용을 찾아 보고, 다시 한 번 복습하세요.

 아래에 있는 화법조동사를 인칭 대명사에 맞게 변화시켜 표를 완성하세요.

	wollen	möchten	sollen
ich	will	6.	11.
du	1.	7.	12.
er / sie / es	2.	möchte	13.
wir	3.	8.	14.
ihr	4.	9.	15.
sie / Sie	5.	10.	sollen

	müssen	können	dürfen
ich	16.	21.	26.
du	17.	kannst	27.
er / sie / es	18.	22.	28.
wir	müssen	23.	29.
ihr	19.	24.	dürft
sie / Sie	20.	25.	30.

 다음 주어진 문장을 독일어로 쓰고 큰 소리로 따라 말해 보세요.

31. 나는 집에 무조건 가야 한다.

_____

32. 그 아이는 숙제를 무조건 해야 한다.

_____

33. 나는 이 빵을 먹어도 된다.

34. 그 여자는 집에 가고 싶다.

35. 우리는 여기서 잠을 잘 수 있다.

36. 너는 거기서 담배를 피우면 안된다. (불허) ★ da 거기, 그곳

37. 당신은 흡연하면 안돼요. (권유)

38. 너희는 거기에 주차할 수 있다. (허락)

39. 나는 오늘 숙제를 하고 싶지 않다. (강한 소망)

40. 그 소녀는 스파게티아이스크림을 먹고 싶어한다. ★ s. Spaghettieis 스파게티아이스크림

정답

1. willst 2. will 3. wollen 4. wollt 5. wollen 6. möchte 7. möchtest 8. möchten 9. möchtet 10. möchten 11. soll 12. sollst 13. soll 14. sollen 15. sollt 16. muss 17. musst 18. muss 19. müsst 20. müssen 21. kann 22. kann 23. können 24. könnt 25. können 26. darf 27. darfst 28. darf 29. dürfen 30. dürfen 31. Ich muss nach Hause gehen. 32. Das Kind muss die Hausaufgaben machen. 33. Ich darf das Brot essen. 34. Die Frau möchte (will) nach Hause gehen. 35. Wir können hier schlafen. 36. Du darfst da nicht rauchen. 37. Sie sollen nicht rauchen. 38. Ihr dürft da parken. 39. Ich will heute keine Hausaufgaben machen. 40. Das Mädchen möchte Spaghettieis essen.

Tag 40-42 Wiederholung 복습 2

4단계 Datum: . .

학습 목표: Tag 40~42까지 배운 내용들을 잘 기억하고 있는지 실력을 점검해 보겠습니다. 다음 문제를 스스로 풀고, 정답을 확인해 보세요. 틀린 문제는 앞으로 돌아가 해당 내용을 찾아보고, 다시 한 번 복습하세요.

1. 주어진 단어를 활용하여, 빈칸을 알맞게 채워 문장을 완성하고, 큰 소리로 따라 말해 보세요.

> dürfen / dürfen / müssen / können / nicht

41. Er _____ in dem Unterricht aufpassen.
    그는 수업에서(수업 시간에) 집중해야만 한다.
    ★ aufpassen 집중하다

42. Sie _____ viele Bücher in der Bibliothek lesen.
    그녀는 이 책을 저 도서관에서 읽을 수 있다.
    ★ e. Bibliothek 도서관

43. Wir _____ im Unterricht nicht spielen.
    우리는 수업에서(수업 시간에) 놀아서는 안 된다.

44. Man _____ _____ allein leben.
    사람들은 혼자서는 살 수 없다.
    ★ allein 혼자

45. Wir sind schon satt. Der Koch _____ _____ mehr kochen.
    우리는 이미 배가 부르다. 그 요리사는 요리를 할 필요 없다.
    ★ satt 배부른

2. 주어진 보기 중 문맥상 앞 문장 다음에 이어질 문장으로 올바른 것을 고르세요.

46. Ich habe Kopfschmerzen. _____

    (A) Darf ich früher nach Hause gehen?

    (B) Muss ich früher nach Hause gehen?

    (C) Muss ich nicht früher nach Hause gehen?

47. Die U-Bahn ist immer voll! _____

    (A) Ich will ein Auto kaufen.

    (B) Ich darf ein Auto kaufen.

    (C) Ich kann ein Auto kaufen.   ★ e. U-Bahn 지하철 ★ voll 꽉 찬

48. Jetzt habe ich viel Geld! _____

    (A) Ich muss am Montag das Auto kaufen.

    (B) Ich soll am Montag das Auto kaufen.

    (C) Ich will am Montag das Auto kaufen.

3 다음 대화 내용을 독일어로 말하고 써 보세요.

49. **A :** 너 배고파? 케이크 한 개 먹을래?   ★ r. Kuchen 케이크
    B : 아니, 나는 다이어트 해야 돼. (의사가 그랬다).   ★ eine Diät machen 다이어트하다
    C : 내가 그 케이크 먹을래!

    A : _____

    B : _____

    C : _____

정답

41. muss 42. kann 43. dürfen 44. kann nicht 45. muss nicht 46. (A) 47. (A) 48. (C) 49. A: Hast du Hunger? Möchtest/Willst du einen Kuchen essen? B: Nein, ich soll eine Diät machen. C: Ich will den Kuchen essen!

Tag 43

Ich danke dir.
나는 너에게 감사해.

5단계 | Datum: . .

학습목표
오늘 배울 3격 지배동사는 '항상 3격을 수반하는 동사'라는 개념입니다. 먼저 대표적인 3격 지배동사인 danken과 antworten 및 앞서 배웠던 다른 동사들까지 짚어 보겠습니다. 3격은 '~에게'라고 해석되지만, 한국어와 독일어의 구조 및 언어 습관 차이에 따라 다르게 번역될 수 있으므로, '행동을 받는 대상 또는 인물'이라고 정확하게 기억해 두세요.

1 jdm. danken ~에게 고마워하다

인칭 대명사(주어)	danken
ich	danke
du	dankst
er / sie / es	dankt
wir	danken
ihr	dankt
Sie / sie	danken

Notiz
강의를 듣고 메모해 보세요.

★ jdm.는 jemandem의 축약형으로 '누군가에게'를 뜻합니다. 사람 3격을 의미할 때 씁니다.

1 danken 동사 활용하기

예 Ich danke **dir**.	나는 **너에게** 고마워.
Wir danken **ihr**.	우리는 **그녀에게** 고마워.
Sie dankt **mir**.	그녀는 **나에게** 고마워한다.
Er dankt den **Kindern**.	그는 **그 아이들에게** 고마워한다.

2 jdm. antworten ~에게 답하다 / 대답하다

인칭 대명사(주어)	antworten
ich	antworte
du	antwortest
er / sie / es	antwortet
wir	antworten
ihr	antwortet
Sie / sie	antworten

1 antworten 동사 활용하기

예	
Wir antworten **ihr**.	우리는 **그녀에게** 대답한다.
Er antwortet **den Kindern**.	그는 **그 아이들에게** 대답한다.
Ihr antwortet **der Frau**.	너희는 **그 여자에게** 대답한다.
Wir antworten **den Leuten**.	우리는 **그 사람들에게** 대답한다.

3 jdm. helfen ~에게 도움을 주다 / jdm. gefallen ~에게 마음에 들다 / jdm. schmecken ~에게 맛이 나다

인칭 대명사(주어)	helfen	gefallen	schmecken
ich	helfe	gefalle	schmecke
du	hilfst	gefällst	schmeckst
er/sie/es	hilft	gefällt	schmeckt
wir	helfen	gefallen	schmecken
ihr	helft	gefallt	schmeckt
Sie/sie	helfen	gefallen	schmecken

1 helfen 동사 활용하기

예	
Ich helfe **dem Kind**.	나는 **그 아이에게** 도움을 준다.
Der Mann hilft **der Frau**.	그 남자는 **그 여자에게** 도움을 준다.
Wir helfen **dem Hund**.	우리는 **그 강아지에게** 도움을 준다.

2 gefallen 동사 활용하기

예	
Mir gefällt das Auto.	**나에게** 그 자동차가 마음에 든다.
Dem Mann gefällt die Frau.	**그 남자에게** 그 여자가 마음에 든다.
Dem Kind gefällt der Ball.	**그 아이에게** 그 공이 마음에 든다.

3 schmecken 동사 활용하기

예	
Meiner Mutter schmeckt das Essen.	**나의 엄마에게** 그 음식이 맛이 좋다.
Dir schmeckt das Essen nicht gut.	**너에게** 이 음식이 맛이 없다.
Uns schmeckt das sehr gut.	**우리에게** 이것은 아주 맛있다.

Notiz 강의를 듣고 메모해 보세요.

★ schmecken의 뜻은 '~에게 ~한 맛이 나다'라는 의미로, 사실 맛있으면 gut, 맛없으면 nicht gut, 단맛이면 süß 등 '~한'에 해당하는 형용사가 와야 합니다. 하지만 그냥 맛있다고 이야기할 때 'Das schmeckt mir (gut).'과 같이 gut이라는 형용사가 생략되는 경우가 많습니다. 마찬가지로 맛이 없다고 표현할 때도 'Das schmeckt mir nicht(gut).'라고 말할 수 있다는 점 함께 알아 두세요.

Auf Deutsch bitte!

1 다음 한국어 문장과 서로 같은 의미의 독일어 문장을 알맞게 연결해 보세요.

1. Mir gefällt das Haus. · · A) 그 아이가 여자에게 마음에 든다.

2. Er antwortet der Frau. · · B) 나에게 그 집이 마음에 든다.

3. Dein Auto gefällt dem Mann. · · C) 그 맥주가 나에게 맛있다.

4. Das Bier schmeckt mir. · · D) 너의 자동차가 그 남자에게 마음에 든다.

5. Das Kind gefällt der Frau. · · E) 그는 그 여자에게 답을 한다.

2 다음 주어진 단어를 활용하여 빈칸을 채워 독일어 대화문을 완성하고, 큰 소리로 말해 보세요.

| gefällt   gefällt   helfen   danke |

6. Das Haus _____ mir. Morgen ist der Umzug! ★ r. Umzug 이사

7. Wow, herzlichen Glückwunsch! Kann ich dir _____?

8. Ja, ich _____ dir! Das Haus _____ dir sicher auch! ★ sicher 확실한

★ herzlichen Glückwunsch 진심으로 축하하다 (herzlich 진심의, r. Glückwunsch 축하)

| schmeckt   schmeckt   danke   schmeckt |

9. Ich _____ dir. Das Essen _____ mir sehr gut!

10. Kein Problem. _____ dir die Suppe auch?

11. Ja, die Suppe _____ mir auch!

★ kein Problem 문제없다, 괜찮다 ★ e. Suppe 수프

3 다음 주어진 문장을 독일어로 쓰고 따라 말해 보세요.

12. 그가 당신에게 고마워해요.

_____

13. 너는 그 여자 선생님에게 고마워한다.

___

14. 이 자동차는 그들에게 마음에 든다.

___

15. 이 음식은 아이들에게 맛이 없다.

___

16. 그 아이는 한 소녀에게 고마워한다.

___

17. 그는 그에게 대답한다.

___

18. 너는 그 남자에게 대답한다.

___

19. 그들은 너의 부모님에게 대답한다.

___

20. 나는 너에게 감사한다, 왜냐하면 네가 나를 돕기 때문이다.

___

정답

1.-B 2.-E 3.-D 4.-C 5.-A 6. gefällt 7. helfen. 8. danke/ gefällt 9. danke/ schmeckt 10. Schmeckt 11. schmeckt 12. Er dankt Ihnen. 13. Du dankst der Lehrerin. 14. Das Auto gefällt ihnen. 15. Das Essen schmeckt den Kindern nicht. 16. Das Kind dankt einem Mädchen. 17. Er antwortet ihm. 18. Du antwortest dem Mann. 19. Sie antworten deinen Eltern. 20. Ich danke dir, denn du hilfst mir.

Tag 44

Er fragt eine Lehrerin.
그는 한 여자 선생님에게 물어본다.

5단계 | Datum: . .

학습목표
앞서 3격 지배 동사는 항상 3격을 수반한다고 배웠습니다. 마찬가지로 4격을 항상 수반하는 4격 지배 동사도 있습니다. 우선 대표적인 4격 지배 동사인 brauchen, fragen과 함께 다른 4격 지배 동사들을 순서대로 배워 보겠습니다. 그럼 오늘의 학습 내용을 살펴볼까요?

1. brauchen ~을(를) 필요로 하다 (필요하다)

필요로 하는 대상을 늘 4격으로 취하는 동사입니다. 대상은 사람, 사물 모두 가능합니다.

인칭대명사(주어)	brauchen
ich	brauche
du	brauchst
er / sie / es	braucht
wir	brauchen
ihr	braucht
Sie / sie	brauchen

Notiz
강의를 듣고 메모해 보세요.

2. brauchen 동사 활용하기

예)
- Ich **brauche dich**. — 나는 **너를 필요로 해**. (나는 네가 필요해.)
- Wir **brauchen sie**. — 우리는 **그녀가 필요해**.
- Sie **brauchen Ihren Pass**. — 당신은 **당신의 여권이 필요합니다**.

3. fragen (~을 / 를 붙잡고) 질문하다, 묻다

한국어로는 '~에게 물어보다 / 질문하다'로 생각되어 3격 지배 동사로 오해하기 쉽습니다. '~을(를) 붙잡고 물어보다'로 뜻을 이해하면 헷갈리지 않고 질문받는 대상을 4격으로 쓸 수 있으니 참고하세요.

인칭 대명사(주어)	fragen
ich	frage
du	fragst
er / sie / es	fragt
wir	fragen
ihr	fragt
Sie / sie	fragen

4. fragen 동사 활용하기

예	Ich **frage** dich.	나는 너를 붙잡고 질문한다.
Wir **fragen** ihn.	우리는 그에게 물어본다.
Ihr **fragt** die Frau.	너희는 그 여자에게 질문한다.

5. 자주 쓰이는 4격 지배 동사

인칭	lieben ~을(를) 사랑하다	essen ~을(를) 먹다	lesen ~을(를) 읽다	sehen ~을(를) 보다
ich	liebe	esse	lese	sehe
du	liebst	isst	liest	siehst
er / sie / es	liebt	isst	liest	sieht
wir	lieben	essen	lesen	sehen
ihr	liebt	esst	lest	seht
Sie / sie	lieben	essen	lesen	sehen

이외에도 'mögen 좋아하다', 'nehmen 고르다, 취하다', 'finden 찾다, ~(이)라고 생각하다' 등, 많은 4격 지배 동사들이 있습니다.

6. lieben 동사 활용하기

| 예 | Ich **liebe das Kind**. | 나는 그 아이를 사랑한다. |
| Mein Vater **liebt das Buch**. | 나의 아버지는 그 책을 사랑한다. |

7. essen 동사 활용하기

| 예 | Der Mann **isst einen Apfel**. | 그 남자는 하나의 사과를 먹는다. |
| Du **isst keine Banane**. | 너는 바나나를 먹지 않는다. |

8. lesen 동사 활용하기

| 예 | Der Vater **liest das Buch**. | 그 아빠는 그 책을 읽는다. |
| Ihr **lest die Zeitschrift**. | 너희는 그 잡지를 읽는다. |

9. sehen 동사 활용하기

| 예 | Du **siehst die Schuhe**. | 너는 그 신발들을 본다. |
| Wir **sehen den Bahnhof**. | 우리는 그 (기차)역을 본다. |

Notiz
강의를 듣고 메모해 보세요.

Auf Deutsch bitte!

1 다음 불규칙 동사의 변화형을 인칭에 맞게 채워서 표를 완성하세요.

인칭	sehen	lesen	finden
ich	1.	5.	finde
du	siehst	6.	9.
er / sie / es	2.	liest	10.
wir	3.	lesen	11.
ihr	4.	7.	12.
sie / Sie	sehen	8.	13.

2 다음 주어진 단어를 활용하여 빈칸을 채워 독일어 문장을 완성하고, 큰 소리로 말해 보세요.

> sehe   liebst   liebe   fragen   brauche   finden   sehen

14. Ich _____ meine Frau! Ich _____ sie gleich.

15. Ich möchte dich _____. _____ du deine Frau mehr oder _____ du dein Kind mehr?

16. Kannst du das Kind dort _____?

17. Nein, ich kann das Kind nicht _____. Ich _____ meine Brille!

18. Ich kann auch nicht so gut _____.

3 다음 주어진 문장을 독일어로 쓰고 큰 소리로 따라 말해 보세요.

19. 나는 그 여자를 사랑해.

    _____

20. 그 남자 선생님은 한 책을 읽는다.

    _____

21. 그 남자는 그 아이에게 묻는다.

    _____

22. 나의 엄마는 너의 가방이 필요하다.
   _____

23. 너는 그 판매원에게 질문한다.　　　　　　　　★ r. Verkäufer 판매원
   _____

24. 우리는 오늘 그 수프를 먹는다.　　　　　　　　★ e. Suppe 수프
   _____

25. 그 여자아이는 그 그림을 본다.　　　　　　　　★ s. Bild 그림
   _____

26. 우리의 엄마는 우리의 아빠를 사랑한다.
   _____

정답

1. sehe 2. sieht 3. sehen 4. seht 5. lese 6. liest 7. lest 8. lesen 9. findest 10. findet 11. finden 12. findet 13. finden 14. liebe, sehe 15. fragen, Liebst, liebst 16. sehen 17. sehen/finden, brauche 18. sehen 19. Ich liebe die Frau. 20. Der Lehrer liest ein Buch. 21. Der Mann fragt das Kind. 22. Meine Mutter braucht deine Tasche. 23. Du fragst den Verkäufer. 24. Wir essen heute die Suppe. 25. Das Mädchen sieht das Bild. 26. Unsere Mutter liebt unseren Vater.

Tag 45

Sie gibt ihm ein Handy.
그녀는 그에게 하나의 휴대폰을 준다.

5단계 Datum: . .

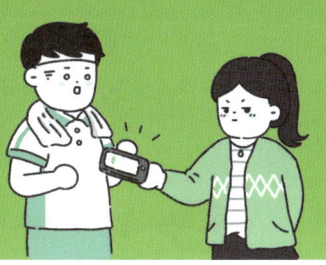

학습목표

이제 3·4격 지배 동사를 배워 볼 차례입니다. 3·4격 지배 동사는 말 그대로 3격과 4격 모두를 취하는 동사라고 할 수 있습니다. 대표적인 3·4격 지배 동사 geben, schreiben, schenken에 대해 학습하겠습니다.
그럼 오늘의 학습 내용을 살펴볼까요?

1 3·4격 지배 동사와 목적어 배열 규칙

3·4격 지배 동사는 3격 목적어와 4격 목적어, 즉 목적어를 2개 갖습니다. 이때, 아래와 같이 상황에 따라 목적어 배열 순서가 달라집니다. 헷갈리기 쉬운 부분이므로 규칙을 꼭 기억하세요!

① 일반명사만 있는 경우

3격 → 4격   예) Ich gebe dem Kind ein Buch.

② 대명사와 일반명사가 함께 있는 경우

대명사 → 일반명사   예) Er gibt mir die Tasche.
(대명사의 격과 관계없이 무조건 대명사 먼저 씀)

③ 대명사만 있는 경우

4격 → 3격   예) Sie gibt es ihm.

2 geben ~에게 ~을(를) 주다

인칭 대명사(주어)	geben
ich	gebe
du	gibst
er / sie / es	gibt
wir	geben
ihr	gebt
sie / Sie	geben

Notiz
강의를 듣고 메모해 보세요.

1. geben 동사 활용하기

예	
Ich gebe **dem Kind ein Buch**.	나는 그 아이에게 한 책을 준다.
Er gibt **mir die Tasche**.	그는 나에게 그 가방을 준다.
Sie gibt **es ihm**.	그녀는 그에게 그것을 준다.

3. schreiben ~에게 ~을(를) 쓰다

인칭 대명사(주어)	schreiben
ich	schreibe
du	schreibst
er / sie / es	schreibt
wir	schreiben
ihr	schreibt
sie / Sie	schreiben

1. schreiben 동사 활용하기

예	
Er schreibt **dem Lehrer einen Brief**.	그는 그 남자 선생님에게 한 편지를 쓴다.
Ich schreibe **ihm einen Brief**.	나는 그에게 한 편지를 쓴다.
Sie schreibt **ihn einem Lehrer**.	너희는 그를(편지를) 한 선생님에게 쓴다.
Ihr schreibt **ihn ihm**.	너희는 그를(편지를) 그에게 쓴다.

4. schenken ~에게 ~을(를) 선물해 주다

인칭 대명사(주어)	schenken
ich	schenke
du	schenkst
er / sie / es	schenkt
wir	schenken
ihr	schenkt
Sie / sie	schenken

1. schenken 동사 활용하기

예	
Er schenkt **ihr einen Kuli**.	그는 그녀에게 한 볼펜을 선물한다.
Wir schenken **den Kindern die CD**.	우리는 그 아이들에게 그 CD를 선물한다.

Notiz

강의를 듣고 메모해 보세요.

★ 일반명사는 대명사로 대체될 수 있습니다. 앞에서 언급된 대상이 동일하게 반복되거나, 화자가 따로 언급하지 않더라도 청자가 대상을 명확히 알고 있는 경우 일반 명사를 대명사로 표현할 수 있습니다. 이때 대명사는 일반 명사의 성과 수에 따라 남성 명사는 er로, 여성 명사는 sie, 중성 명사는 es 그리고 복수 명사는 복수 sie로 오게 됩니다. 또한, 격 변화 역시 있으므로 격에 맞게 변형되기도 하고, 인칭에 맞는 동사를 써야 한다는 점 반드시 기억하세요.

★ r. Kuli = r. Kugelschreiber

Auf Deutsch bitte!

1 다음 주어진 단어와 표현을 알맞게 배열해서 문장을 만들고 큰 소리로 말해 보세요.

1. schenkt   dem Professor   der Mann   ein Geschenk

▶ _____

2. dem Kind   die Mutter   einen Stuhl   gibt

▶ _____

3. die Frau   einen Brief   schreibt   ihrem Mann

▶ _____

4. das Kind   der Mutter   gibt   sein Buch

▶ _____

5. der Lehrerin   geben   wir   das Buch

▶ _____

6. der Mutter   der Vater   schreibt   einen Liebesbrief

▶ _____

★ s. Geschenk 선물   ★ r. Liebesbrief 연애 편지

2 다음 주어진 문장을 독일어로 쓰고 큰 소리로 따라 말해 보세요.

7. 그 남자는 한 여자에게 그의 공책을 준다.

_____

8. 그녀는 그 아이에게 한 휴대폰을 준다.

_____

9. 우리는 당신에게 그 연필을 준다.

_____

10. 너는 그녀에게 한 편지를 쓴다.

_____

11. 그 남교수님은 그 남학생에게 하나의 시를 써 준다.   ★ s. Gedicht 시

_____

12. 너는 그 여선생님에게 무엇을 선물하니?

_____

13. 그는 너희에게 하나의 의자를 선물한다.

_____

14. 우리는 그들에게 그 컴퓨터를 선물한다.   ★ r. Computer 컴퓨터

_____

15. 나는 나의 아이에게 그 생일 선물을 준다.   ★ s.Geburtstagsgeschenk 생일 선물

_____

정답

1. Der Mann schenkt dem Professor ein Geschenk. 2. Die Mutter gibt dem Kind einen Stuhl. 3. Die Frau schreibt ihrem Mann einen Brief. 4. Das Kind gibt der Mutter sein Buch. 5. Wir geben der Lehrerin das Buch. 6. Der Vater schreibt der Mutter einen Liebesbrief. 7. Der Mann gibt einer Frau sein Heft. 8. Sie gibt dem Kind ein Handy. 9. Wir geben Ihnen den Bleistift. 10. Du schreibst ihr einen Brief. 11. Der Professor schreibt dem Schüler ein Gedicht. 12. Was schenkst du der Lehrerin? 13. Er schenkt euch einen Stuhl. 14. Wir schenken ihnen den Computer. 15. Ich gebe meinem Kind das Geburtstagsgeschenk.

Tag 43-45 Wiederholung 복습 1

5단계 | Datum: . .

학습목표: Tag 43~45까지 배운 내용들을 잘 기억하고 있는지 실력을 점검해 보겠습니다. 다음 문제를 스스로 풀고, 정답을 확인해 보세요. 틀린 문제는 앞으로 돌아가 해당 내용을 찾아보고, 다시 한 번 복습하세요.

1

다음 문장들이 맞는지 틀린지 스스로 확인해 보고, 틀린 문장은 바르게 고쳐 써 보세요.

1. Die Mutter gibt es ihm.   O   X

_____

2. Mein Vater gibt das Buch ihm.   O   X

_____

3. Schreibst du das Gedicht dem Vater?   O   X

_____

4. Die Frau liebt ihren Mann.   O   X

_____

5. Die Mutter schreibt einen Brief ihrem Bruder.   O   X

_____

2

다음 주어진 단어와 표현을 배열해서 문장을 만들고 큰 소리로 말해 보세요.

6.   schenkt   dem Kind   Die Frau   ein Buch

▶ _____

7.   dem Kind   ein Gedicht   Der Professor   schreibt

▶ _____

8.   ihn   gibt   einem Kind   Ein Vater

▶ _____

9.   Ihnen   Sie   schenkt   einen Ring

▶ _____

★ r. Ring 반지

10.   Eine Studentin   den Lehrer   fragt   selten

▶ _____

3 다음 단어들을 나열된 순서대로 문법에 맞게 변형하여 문장을 완성해 보세요.

Ich / gefallen / das Handy / sehr. ▶ Mir gefällt das Handy sehr.

11. Ein Mann / schenken / ich / eine Tasche.
_____

12. Am Montag / brauchen / Sie / Ihren Pass.
_____

13. Ich / schmecken / das Bier / gut.
_____

14. Der Lehrer / sehen / ihr und ich.
_____

15. Können / du / die Katze / helfen / ?
_____

정답

1. O 2. X Mein Vater gibt ihm das Buch. 3. X Schreibst du dem Vater das Gedicht? 4. O 5. X Die Mutter schreibt ihrem Bruder einen Brief. 6. Die Frau schenkt dem Kind ein Buch. 7. Der Professor schreibt dem Kind ein Gedicht. 8. Ein Vater gibt ihn einem Kind. 9. Sie schenkt Ihnen einen Ring. 10. Eine Studentin fragt selten den Lehrer. 11. Ein Mann schenkt mir eine Tasche. 12. Am Montag brauchen Sie Ihren Pass. 13. Mir schmeckt das Bier gut. 14. Der Lehrer sieht euch und mich. 15. Kannst du der Katze helfen?

Tag 43-45

Wiederholung
복습 2

5단계   Datum: . .

학습목표

Tag 43~45까지 배운 내용들을 잘 기억하고 있는지 실력을 점검해 보겠습니다. 다음 문제를 스스로 풀고, 정답을 확인해 보세요. 틀린 문제는 앞으로 돌아가 해당 내용을 찾아보고, 다시 한 번 복습하세요.

1. 다음 주어진 단어들을 순서에 맞게 배열하여 완전한 문장을 만들어 보세요.
(단, 주어를 문장 맨 처음에 쓰세요.)

> sehr / gefällt / Dem Hund / die Katze.
> ▶ Dem Hund gefällt die Katze sehr.

16. antwortet / dem Mann / sehr nett / eine Frau / .

_____

17. einem Mädchen / schreibt / die Frau / den Brief / ?

_____

18. die Studenten / wollen / helfen / einem Professor / ?

_____

19. die CD / geben / den Kindern / Wir / .

_____

20. meine Mutter/ einen Rock / ihr / schenkt / .

_____

2. 다음 주어진 문장을 독일어로 쓰고 큰 소리로 따라 말해 보세요.

21. 나는 너의 연필이 필요하다.

_____

22. 너는 그 아이에게 도움을 주니?

___

23. 이 음식은 나에게 마음에 든다.

___

24. 그 여자는 시를 읽는다.

___

25. 나는 나의 남자 형제를 사랑한다.

___

26. 그는 너의 도움이 필요해.

★ e. Hilfe 도움

___

27. 그 남자는 그녀에게 한 송이 꽃을 선물한다.

___

28. 너는 그 남자에게 그 차를 선물한다.

___

29. 우리는 그들에게 하나의 편지를 쓴다.

___

30. 그 (남자) 대학생은 그것들을 그에게 선물한다.

___

정답

16. Eine Frau antwortet dem Mann sehr nett. 17. Schreibt die Frau einem Mädchen den Brief? 18. Wollen die Studenten einem Professor helfen? 19. Wir geben den Kindern die CD. 20. Meine Mutter schenkt ihr einen Rock. 21. Ich brauche deinen Bleistift. 22. Hilfst du dem Kind? 23. Das Essen gefällt mir. 24. Die Frau liest das Gedicht. 25. Ich liebe meinen Bruder. 26. Er braucht deine Hilfe. 27. Der Mann schenkt ihr eine Blume. 28. Du schenkst dem Mann das Auto. 29. Wir schreiben ihnen einen Brief. 30. Der Student schenkt sie ihm.

Tag 46

Kommst du auch mit?
너도 같이 올래?

5단계 Datum: .   .

학습목표
독일어 동에는 분리동사와 비분리동사 구분이 존재합니다. 분리동사와 비분리동사는 문법적으로 차이가 있으며 뜻도 달라집니다. 오늘 배울 분리동사는 분리전철과 동사가 서로 분리되는 동사입니다. 독일어에는 어떤 분리동사 및 분리전철이 있는지, 문법 규칙은 어떤지 알아보겠습니다.
그럼 오늘의 학습 내용을 살펴볼까요?

1. 분리동사란?

분리동사는 동사의 한 종류로 '분리전철+동사' 형태입니다. 분리전철에는 an, aus, auf, mit, vor, zu, ein, um, zurück 등이 있으며, 분리동사를 쓸 때 이러한 전철이 분리되어 동사원형은 원래의 두 번째 자리에, 분리전철은 문장 맨 끝으로 후치됩니다.

2. mitkommen 함께 오다, 따라가다

인칭 대명사(주어)	mitkommen
ich	komme mit
du	kommst mit
er / sie / es	kommt mit
wir	kommen mit
ihr	kommt mit
Sie / sie	kommen mit

3. mitkommen 동사 활용하기

예) **Kommst** du auch **mit**? 너도 **함께 올래**?
　　Ja, ich **komme** auch **mit**! 응, 나도 **같이 갈래**!

4. anrufen ~누구에게 전화하다 (4격 지배 동사)

인칭 대명사(주어)	anrufen
ich	rufe an
du	rufst an
er / sie / es	ruft an
wir	rufen an
ihr	ruft an
Sie / sie	rufen an

Notiz
강의를 듣고 메모해 보세요.

★ 분리전철이 분리된 후 남은 동사는 원래의 자리인 문장의 두 번째에 위치하며, 이때 동사 변형은 원형의 변형과 동일하게 적용됩니다.

5. anrufen 동사 활용하기

> **예** Ich **rufe** dich später **an**! — 내가 나중에 너에게 **전화할게**!
> Er **ruft** meine Eltern **an**. — 그는 내 부모님께 **전화한다**.
> Am Abend **kannst** du mich **anrufen**. — 너는 저녁에 내게 **전화할 수 있다**.

6. aufstehen (자리에서) 일어나다 / 기상하다

인칭 대명사(주어)	aufstehen
ich	stehe auf
du	stehst auf
er/sie/es	steht auf
wir	stehen auf
ihr	steht auf
Sie/sie	stehen auf

7. aufstehen 동사 활용하기

> **예** Du **stehst** früh **auf**. — 너는 일찍 **일어난다**.
> Sie **stehen** um 8 Uhr **auf**. — 그들은 8시에 **일어난다**.

8. zuhören ~에게 귀 기울이다 (3격 지배 동사)

인칭대명사(주어)	zuhören
ich	höre zu
du	hörst zu
er / sie / es	hört zu
wir	hören zu
ihr	hört zu
Sie / sie	hören zu

9. zuhören 동사 활용하기

> **예** Er **hört** dem Mann nicht **zu**. — 그는 그 남자에게 **귀 기울이지** 않는다.
> Wir **hören** der Lehrerin **zu**. — 우리는 그 여선생님에게 **귀 기울인다**.

Notiz
강의를 듣고 메모해 보세요.

★ 화법 조동사편에서 화법 조동사가 나올 경우 본동사는 동사 원형의 형태로 문장 끝에 위치함을 배웠습니다. 분리동사의 경우에도 화법 조동사가 원래 동사의 자리인 문장의 두 번째에 위치하며, 분리동사는 분리전철이 분리되지 않은 원형의 상태로 문장의 맨 끝에 위치하게 됩니다.

Auf Deutsch bitte!

1 다음 주어진 단어와 표현을 알맞게 배열해서 문장을 만들고 큰 소리로 말해 보세요.

1. immer   zuhören   der Frau   der Mann

▶ _____

2. morgens   ich   um 8 Uhr   aufstehen

▶ _____

3. heute   anrufen   mein Kind   dich

▶ _____

2 다음 문장을 분리전철에 주의하여 올바르게 고치세요.

4. Ich abfahre morgen müssen.   ★ abfahren 출발하다

_____

5. Der Mann ankommt gleich.   ★ ankommen 도착하다

_____

6. Morgen anfängt der Unterricht.   ★ anfangen 시작하다

_____

3 다음 문장을 분리전철에 주의하여 올바르게 고치세요.

7. 너도 오늘 함께 올래?

_____

8. 그들은 함께 오지 않을 거야.

_____

9. 그 남자 교수님은 너에게 지금 전화한다.
_____

10. 너는 항상 늦게 일어난다.
_____

11. 우리는 매일 8시에 일어난다.
_____

12. 너 나 (내 말) 귀기울여 듣고 있어?
_____

13. 내일 리사가 안드레스에게 전화할 거야.
_____

14. 내일 나는 일찍 일어난다.
_____

15. 우리 부모님은 같이 오지 않는다.
_____

정답

1. Der Mann hört der Frau immer zu. 2. Ich stehe morgens um 8 Uhr auf. 3. Mein Kind ruft dich heute an. 4. Ich muss morgen abfahren. 5. Der Mann kommt gleich an. 6. Morgen fängt der Unterricht an. 7. Kommst du heute auch mit? 8. Sie kommen nicht mit. 9. Der Professor ruft dich jetzt an. 10. Du stehst immer spät auf. 11. Wir stehen jeden Tag um 8 Uhr auf. 12. Hörst du mir zu? 13. Morgen ruft Lisa Andres an. 14. Ich stehe morgen früh auf. 15. Unsere Eltern kommen nicht mit.

Tag 47

Der Mann vermisst die Frau.
그 남자는 그 여자를 그리워한다.

5단계 | Datum: . .

학습목표: 분리동사에 이어서 비분리동사를 배워 보겠습니다. 비분리동사란 분리동사와 달리 전철이 분리되어 문장 맨 뒤로 후치되지 않고 그대로 사용됩니다. 비분리전철로는 be, ge, emp, ent, er, ver, zer, miss가 있습니다.

1. vermissen ~을(를) 그리워하다 (4격 지배)

인칭 대명사(주어)	vermissen
ich	vermisse
du	vermisst
er / sie / es	vermisst
wir	vermissen
ihr	vermisst
sie / Sie	vermissen

1) vermissen 동사 활용하기

예) Du **vermisst ihn** nicht. 너는 그를 그리워하지 않는다.
Sie **vermisst ihre Heimat**. 그녀는 그녀의 고향을 그리워한다.

★ e. Heimat 고향

2. gehören ~에게 속하다 (3격 지배)

인칭 대명사(주어)	gehören
ich	gehöre
du	gehörst
er / sie / es	gehört
wir	gehören
ihr	gehört
Sie / sie	gehören

1) gehören 동사 활용하기

예) Das Buch **gehört dem Lehrer**. 그 책은 그 남자 선생님에게 속해 있다.
Die Schuhe **gehören einer Schülerin**. 그 신발은 한 여학생의 것이다.

Notiz 강의를 듣고 메모해 보세요.

3. beginnen 시작하다

인칭 대명사(주어)	beginnen
ich	beginne
du	beginnst
er / sie / es	beginnt
wir	beginnen
ihr	beginnt
Sie / sie	beginnen

1) beginnen 동사 활용하기

> 예) Ich **beginne** zuerst. — 내가 가장 먼저 **시작한다**.
> Der Unterricht **beginnt** um 8 Uhr. — 수업은 8시에 **시작한다**.

4. 그 외 비분리동사

인칭	zerstören 파괴하다	bekommen 받다	erziehen 교육하다
ich	zerstöre	bekomme	erziehe
du	zerstörst	bekommst	erziehst
er / sie / es	zerstört	bekommt	erzieht
wir	zerstören	bekommen	erziehen
ihr	zerstört	bekommt	erzieht
sie / Sie	zerstören	bekommen	erziehen

1) zerstören 동사 활용하기

> 예) Sie **zerstören** das Haus. — 그들은 그 집을 파괴한다.
> Er **zerstört** seinen Stuhl. — 그는 그의 의자를 파괴한다. (부순다)

2) bekommen 동사 활용하기

> 예) Ich **bekomme** ein Geschenk. — 나는 선물 하나를 받는다.
> Das Kind **bekommt** ein Spielzeug. — 그 아이는 장난감 하나를 받는다.

3) erziehen 동사 활용하기

> 예) Die Mutter **erzieht** ihr Kind. — 그 엄마는 그녀의 아이를 교육한다.
> Du darfst **mein Kind erziehen**. — 너는 내 아이를 교육해도 된다.

Notiz
강의를 듣고 메모해 보세요.

★ zerstören은 완전히 부숴 없앤다는 의미입니다.

★ s. Spielzeug 장난감

Auf Deutsch bitte!

1 다음 문장들이 맞는지 틀린지 스스로 확인해 보고, 틀린 문장은 바르게 고쳐서 적어 보세요.

1. Die Mutter zerstört das Buch.　　　　　　　　O　X

　　_____

2. Der Film ginnt bald be.　　　　　　　　　　　O　X

　　_____

3. Die Frau misst den Mann nicht ver.　　　　　　O　X

　　_____

2 다음 주어진 단어와 표현을 알맞게 배열해서 문장을 만들고 큰 소리로 말해 보세요.

4.　　gehört　　der Bleistift　　meinem Freund

▶ _____

5.　　der Student　　eine Note　　bekommt　　heute

▶ _____

6.　　ihren Freund　　sie　　vermisst

▶ _____

3 다음 주어진 문장을 독일어로 쓰고 큰 소리로 따라 말해 보세요.

7. 그 여자는 그 남자를 그리워하지 않는다.

　　_____

8. 우리는 그 집을 파괴한다.

　　_____

9. 그녀는 그 가방을 받는다.

　　_____

10. 내 엄마는 그 아이를 교육한다.
   _____

11. 그 신발은 그 아이에게 속해 있다.
   _____

12. 영화가 곧 시작한다.
   _____

13. 수업은 9시에 시작한다.
   _____

14. 나는 한국이 그립다.
   _____

15. 너는 그 컴퓨터를 파괴한다.
   _____

정답

1. O 2. X Der Film beginnt bald. 3. X Die Frau vermisst den Mann nicht. 4. Der Bleistift gehört meinem Freund. 5. Der Student bekommt heute eine Note. 6. Sie vermisst ihren Freund. 7. Die Frau vermisst den Mann nicht. 8. Wir zerstören das Haus. 9. Sie bekommt die Tasche. 10. Meine Mutter erzieht das Kind. 11. Der Schuh gehört dem Kind. / Die Schuhe gehören dem Kind. 12. Der Film beginnt bald. 13. Die Unterricht beginnt um 9 Uhr. 14. Ich vermisse Korea. 15. Du zerstörst den Computer.

Tag 48

Sei ruhig!
조용히 해!

5단계 Datum: .   .

학습목표 오늘은 명령문에 대해 배워 볼 차례입니다. 명령문을 만들 때, 명령받는 대상이 누군지에 따라 형태가 3가지로 나뉩니다. 대상이 'du 너', 'ihr 너희들', 'Sie 당신'일 경우 각각 명령문의 동사 형태가 어떻게 변하는지에 주목해서 배워 봅시다.

1 명령문 만들기 - 기본형

동사가 항상 두 번째에 위치해야 한다는 규칙을 깨고, 명령문에서는 동사가 맨 앞으로 나오게 됩니다. 이때 명령문만의 규칙이 발생합니다. 명령문의 규칙은 다음 표와 같습니다.

인칭	일반	명령문	특징
du	Du schreibst.	~~Du~~ schreib~~st~~!	주어+어미 생략
ihr	Ihr schreibt.	~~Ihr~~ schreibt!	주어만 생략
Sie	Sie schreiben.	Schreiben Sie!	동사 뒤에 주어 위치

2 명령문 활용하기

1 나에게 곧 (답장) 써 줘! / 써 주세요!

예	du	Schreib mir bald!
	ihr	Schreibt mir bald!
	Sie	Schreiben Sie mir bald!

2 교수님에게 물어 봐! / 물어 보세요!

예	du	Frag den Professor!
	ihr	Fragt den Professor!
	Sie	Fragen Sie den Professor!

Notiz

강의를 듣고 메모해 보세요.

★ 독일어에서 명령문은 주로 느낌표로 끝납니다.

★ 명령문에 bitte를 넣어 주면 좀 더 공손하거나 부드러운 어조가 됩니다.

z. B)
Schreiben Sie!
쓰세요!

Schreiben Sie, bitte!
써 주시기 바랍니다!
(작성 부탁드립니다!)

3 명령문 만들기 - 불규칙 동사

불규칙 동사는 동사 원형에서 어미를 생략하지 않고 인칭에 맞게 변화시킨 이후 어미를 생략해야 합니다.

그녀에게 그 책을 줘!	조금만 먹어!
~~Du~~ gib**st** ihr das Buch.	~~Du~~ iss**t** ein bisschen.
Gib ihr das Buch!	Iss ein bisschen!

4 명령문 만들기 - 예외 ①

du에 대한 명령문에서 동사의 어간이 -t, -d, -m, -n 으로 끝나면, 동사의 끝에 -e 를 붙이는 경우가 많습니다.

기다려!	일해!	독일어 더 공부해!
warten	arbeiten	~~Du~~ lern**st** mehr Deutsch!
du wart**est**	du arbeit**est**	Lerne mehr Deutsch!
Warte!	Arbeite!	

5 명령문 만들기 - 예외 ②

du에 대한 명령문에서 동사 원형에 움라우트가 없을 시 명령문에서도 없어야 합니다. 위의 규칙과 헷갈릴 수 있으므로 구분하여 숙지하세요.

달려!	기차 타고 가!
laufen	~~Du~~ fähr**st** mit dem Zug.
du läuf**st**	Fahr mit dem Zug!
Lauf!	

6 명령문 만들기 - sein 동사

sein 동사는 예외적으로, 불규칙 동사의 명령문 규칙을 따르지 않습니다. sein 동사만의 규칙이 있으니 아래의 표를 꼭 기억하세요.

	sein	명령문
du	bist	Sei!
ihr	seid	Seid!
Sie	sind	Seien Sie!

Notiz

강의를 듣고 메모해 보세요.

★ 평서문을 명령문으로 바꿀 때, 동사의 위치를 제외한 나머지 문장 성분들은 평서문과 동일하게 배열합니다.

Auf Deutsch bitte!

1 다음 주어진 평서문 문장들을 명령문으로 바꿔 쓰고, 큰 소리로 말해 보세요.

1. Sie laufen. _____

2. Ihr geht nach Hause. _____

3. Du bist nicht faul. _____

4. Ihr kauft das Brot. _____

5. Sie lesen eine Zeitung. _____

6. Du sprichst laut. _____

7. Du läufst schnell. _____

8. Ihr arbeitet langsam. _____

9. Sie warten hier. _____

10. Du schreibst mir einen Brief. _____

2 다음 평서문 문장과 명령문 문장을 서로 알맞게 연결해 보세요.

11. Du läufst. ·　　　　· A) Kauft ein Auto!

12. Ihr kauft ein Auto. ·　　　　· B) Gehen Sie!

13. Sie gehen. ·　　　　· C) Gib mir das Buch!

14. Ihr seid leise. ·　　　　· D) Lauf!

15. Du fährst nach Hause. ·　　　　· E) Seid leise!

16. Du gibst mir das Buch. ·　　　　· F) Fahr nach Hause!

3 괄호 안의 인칭에 맞도록 다음 문장을 독일어로 말하고 써 보세요.

17. 나에게 곧 (답장) 써줘! (du)

_____

18. 아빠에게 물어봐! (ihr)

_____

19. 그녀에게 전화해요! (Sie)

___

20. 천천히 달려! (du)

___

21. 먼저 시작해! (du)

___

22. 우리에게 그 책을 줘! (ihr)

___

23. 일어나세요! (Sie)

___

24. 더 조용히 말해! (du)

___

25. 많이 먹지 마! (du)

___

26. 그거 읽어봐! (ihr)

___

27. 그들에게 도움을 줘! (du)

___

28. 기다려! (ihr)

___

29. 너무 많이 일하지 마! (du)

___

30. 문 열어! (du)

___

정답

1. Laufen Sie! 2. Geht nach Hause! 3. Sei nicht faul! 4. Kauft das Brot! 5. Lesen Sie eine Zeitung! 6. Sprich laut! 7. Lauf schnell! 8. Arbeitet langsam! 9. Warten Sie hier! 10. Schreib mir einen Brief! 11. D 12. A 13. B 14. E 15. F 16. C 17. Schreib mir bald! 18. Fragt den Vater! 19. Rufen Sie sie an! 20. Lauf langsam! 21. Fang zuerst an! 22. Gebt uns das Buch! 23. Stehen Sie auf! 24. Sprich leiser! 25. Iss nicht viel! 26. Lest das! 27. Hilf ihnen! 28. Wartet! 29. Arbeite nicht so viel! 30. Öffne die Tür!

Tag 46-48 Wiederholung
복습 1

5단계 Datum: .   .

학습목표 Tag 46~48까지 배운 내용들을 잘 기억하고 있는지 실력을 점검해 보겠습니다. 다음 문제를 스스로 풀고, 정답을 확인해 보세요. 틀린 문제는 앞으로 돌아가 해당 내용을 찾아 보고, 다시 한 번 복습하세요.

 다음 주어진 문장을 독일어로 쓰고 따라 말해 보세요.

1. 우리도 같이 올래!

2. 나는 내 남자친구에게 전화를 한다.

3. 너는 내일 언제 일어나?

4. 그 아이는 그 엄마를 그리워하지 않는다.

5. 그 남자는 그 의자를 파괴한다.

6. 그 여자는 하나의 휴대폰을 받는다.

7. 빨리 와! (du)

8. 천천히 달려! (du)

9. 나에게 그 책을 줘! (ihr)

_____

10. 조용히 하십시오!

_____

2 다음 문장들이 맞는지 틀린지 스스로 확인해 보고, 틀린 문장은 바르게 고쳐 써 보세요.

11. Der Lehrer zerstört den Bleistift.　　　　　O　　X

_____

12. Das Kind kommt ein Geschenk be.　　　　O　　X

_____

13. Die Mutter zuhört dem Kind.　　　　　　 O　　X

_____

14. Die Lehrerin anruft den Vater.　　　　　　O　　X

_____

15. Ich abfahre übermorgen müssen.　　　　O　　X

_____

정답

1. Wir kommen auch mit! 2. Ich rufe meinen Freund an. 3. Wann stehst du morgen auf? 4. Das Kind vermisst die Mutter nicht. 5. Der Mann zerstört den Stuhl. 6. Die Frau bekommt ein Handy. 7. Komm schnell! 8. Lauf langsam! 9. Gebt mir das Buch! 10. Seien Sie ruhig! 11. O 12. X Das Kind bekommt ein Geschenk. 13. X Die Mutter hört dem Kind zu. 14. X Die Lehrerin ruft den Vater an. 15. X Ich muss übermorgen abfahren.

Tag 46-48 Wiederholung 복습 2

5단계   Datum: . .

Tag 46~48까지 배운 내용들을 잘 기억하고 있는지 실력을 점검해 보겠습니다. 다음 문제를 스스로 풀고, 정답을 확인해 보세요. 틀린 문제는 앞으로 돌아가 해당 내용을 찾아 보고, 다시 한 번 복습하세요.

1 다음 주어진 동사들을 분리동사와 비분리동사로 구분하여 표에 적으세요.

> **bestellen** 주문하다 | **mitbringen** 가지고 가다 | **erfahren** 경험하다 | **verstehen** 이해하다 |
> **nachdenken** 숙고하다 | **beginnen** 시작하다 | **einkaufen** 장 보다 | **anfangen** 시작하다 | **entdecken** 발견하다 |
> **einsteigen** 승차하다 | **aufmachen** 열다

16.

분리동사	비분리동사

2 다음 주어진 분리 / 비분리 전철들을 빈칸에 알맞게 넣어 문장을 완성해 보세요.

> zer   ver   mit   auf   an   zu   er   be   ge

17. _____ Stehen Sie heute früh _____?
    당신은 오늘 일찍 일어납니까?

18. Der Mann _____ misst seine Kinder nicht _____.
    그 남자는 그의 아이들을 그리워하지 않는다.

19. Die Henne _____ stört die Eier _____.
    그 암탉은 그 알들을 파괴한다.   ★ e. Henne 암탉   ★ s. Ei 달걀

20. Es ist zu warm. Ich _____ mache die Tür _____.
이곳은 너무 따뜻하다. 나는 문을 연다.
★ zu 너무

21. _____ kommst du auch ein Geschenk _____?
너도 선물을 받니?

22. Die Tante _____ zieht ihre Kinder _____.
그 이모는 그녀의 아이들을 교육한다.

23. _____ hört dir das Handy _____?
그 휴대폰이 너에게 속해 있니? (=네 것이니?)

24. Die Schüler _____ müssen dir _____ hören _____.
그 학생들은 너에게 귀를 기울여야 한다.

3. 평서문을 명령문으로 바꾸고, 해석해보세요.

> Ihr seid ruhig.
> ▶ Seid ruhig!
> ▶ 너희들 조용히 해!

25. Du rufst mich an.
_____
_____

26. Du isst den Kuchen nicht.
_____
_____

정답
16. 분리동사: mitbringen /nachdenken /einkaufen /anfangen /einsteigen /aufmachen, 비분리동사: bestellen /erfahren / verstehen /beginnen /entdecken 17. - / auf 18. ver / - 19. zer / - 20. - / auf 21. Be / - 22. er / - 23. Ge / - 24. - / zu / - 25. Ruf mich an! / 나에게 전화해! 26. Iss den Kuchen nicht! / 그 케이크를 먹지 마!

Tag 49

Sie kommt aus dem Büro.
그녀는 사무실에서 온다.

5단계 Datum: .   .

학습목표 전치사는 문장 내에서 (대)명사를 수식하며 장소, 시간, 방향, 소유, 방법, 원인 등 다양한 의미를 부여하는 기능을 합니다. 전치사 또한 동사와 같이 특정한 격을 수반합니다. 먼저 3격 지배 전치사에 대해 배워 보겠습니다.
그럼 오늘의 학습 내용을 살펴볼까요?

1 3격 지배 전치사

아래의 전치사 뒤에는 항상 명사/대명사의 3격형이 위치해야 합니다. 전치사는 다양한 쓰임새로 자주 쓰이므로 해당 전치사가 3격을 지배한다는 점과 해당 쓰임을 꼭 기억하세요.

ab	~부터 / 이래로 (시점, 출발점)	zu	~으로 / 에게 (일반 장소, 사람)
seit	~(으)로부터 / ~에서 (지금까지도)	aus	~(으)로부터 / ~에서
von	~의 / ~(으)로부터 (시간, 장소)	nach	~(으)로 / ~후에
gegenüber	~건너편에	mit	~와(과) 함께
bei	~(근처)에 / ~할 때	außer	~을(를) 제외하고

2 3격 지배 전치사 활용하기

1 ab ~부터 / ~이래로

예 **Ab heute** mache ich Diät.   **오늘부터** 다이어트할 거야.

Ab 18 Jahren kannst du Alkohol trinken.
너는 **18살부터** 술을 마실 수 있다.

2 von ~의 / ~(으)로부터

예 **Von der Schule** geht er zu Fuß.   그는 **학교로부터** 걸어간다.

Das ist ein Buch **von meinem Vater**.   이것은 **내 아버지의** 책이다.

Notiz
강의를 듣고 메모해 보세요.

★ ab과 von의 해석상 차이는 없습니다. ab은 주로 시간, von은 주로 장소와 함께 쓰이며, seit는 ab / von과 달리 과거의 시점부터 현재까지 이어지는 상태일 때만 사용됩니다.

★ zu Fuß gehen 걸어가다

3. seit ~(으)로부터 / ~에서

예 Seit gestern bin ich in Berlin.
어제부터 나는 베를린에 머무르고 있다.

Sie lernt seit einem Jahr Deutsch. 그녀는 1년 전부터 독일어를 배운다.

4. gegenüber ~건너편에

예 Gegenüber dem Fluss ist ein Haus. 강 건너편에 한 집이 있어요.

5. bei ~(근처)에 / ~할 때

예 Er wohnt bei seinem Onkel. 그는 그의 삼촌 댁에 산다.
Sie sprechen nicht bei dem Essen. 그들은 식사할 때 말하지 않는다.

6. zu ~(으)로 / ~에게

예 Sie gehen zu der Schule. 그들은 학교로 간다.
Komm zu uns! 우리에게 와!

7. aus ~(으)로부터 / ~에서

예 Wir kommen aus der Schweiz. 우리는 스위스에서 왔다.
Er kommt aus dem Büro. 그는 사무실로부터 (나)온다.

8. nach ~(으)로 / ~후에

예 Ich fahre nach Deutschland. 나는 독일로 (타고) 간다.
Ich gehe nach der Schule tanzen. 나는 방과 후에 춤추러 간다.

9. mit ~와(과) 함께

예 Ich esse mit meinem Kind eine Suppe.
나는 내 아이와 함께 수프를 먹는다

10. außer ~을(를) 제외하고

예 Außer dir habe ich keine Freunde.
나는 너를 제외하고 친구들이 없다.

Notiz

강의를 듣고 메모해 보세요.

★ 전치사+정관사 3격의 축약형

von dem → vom
bei dem → beim
zu dem → zum
zu der → zur

★ aus는 안쪽에서 밖으로 나가는, 장소적인 의미로 자주 사용됩니다.

★ 우리는 이미 대부분의 국가명이 중성이고 국적을 밝힐 경우 aus 뒤에 국가명이 관사 없이 나온다고 배웠습니다. 그러나 몇 가지 예외가 존재합니다. 남 / 여 / 복수성을 갖는 특정 국가들은 aus 뒤에 정관사와 함께 나와야 합니다.

z. B)
남성 - Iran이란 / Irak이라크 / Sudan 수단 등
Ich komme aus dem Iran.

여성 - Schweiz 스위스 / Türkei터키 / Ukraine 우크라이나 등
Ich komme aus der Türkei.

복수 - Niederlande 네덜란드 (=s. Holland) / USA 미국 (=s. Amerika) / Philippinen 필리핀 등
Ich komme aus den USA.

Auf Deutsch bitte!

1 다음 주어진 단어와 표현을 알맞게 배열해서 문장을 만들고 큰 소리로 말해 보세요.

1. mit dem Verkäufer   sprechen   wir   jetzt

  ▶ _____

2. kein Gemüse   seit einem Monat   esse   ich

  ▶ _____

3. aus der Schule   kommt   das Kind

  ▶ _____

2 다음 문장에서 전치사와 정관사를 축약형으로 사용할 수 있는 경우를 찾아, 축약형으로 바꿔 써 보세요.

4. Ich spreche nicht **bei dem** Essen.

  _____

5. Die Familie geht zusammen **zu der** Kirche.

  _____

★ e. Kirche 교회

3 다음 괄호 속 전치사 중 알맞은 것을 골라 빈칸에 채워 문장을 완성하세요.

6. Ich gehe _____ dem Haus. (aus / mit)

7. Ich fahre _____ dem Bus nach Hause. (zu / mit)

8. _____ 3 Jahren lerne ich Deutsch. (von / seit)

9. Das ist ein Geschenk _____ mir. (von / aus)

10. Meine Mutter fliegt morgen _____ Korea. (zu / nach)

★ fliegen 날아가다 (비행기를 타고 가다)

4 다음 주어진 문장을 독일어로 쓰고 따라 말해보세요.

11. 내일부터 우리는 성인이 된다. ★ pl. Erwachsene 성인

12. 우리는 기차역으로부터 항상 걸어간다.

13. 그는 한 회사에서 일한다. ★ e. Firma 회사

14. 우리는 식사할 때 말하지 않는다.

15. 그들은 터키에서 왔다.

16. 나는 너와 춤추고 싶어.

17. 그는 버스를 타고 간다.

18. 우리는 한 달 전부터 독일어를 배우고 있다.

19. 너는 언제 학교에 가니?

20. 너희들을 제외하고 모든 학생들은 집에서 밥을 먹는다.

정답

1. Wir sprechen jetzt mit dem Verkäufer. 2. Ich esse seit einem Monat kein Gemüse. 3. Das Kind kommt aus der Schule. 4. beim 5. zur 6. aus 7. mit 8. Seit 9. von 10. nach 11. Ab morgen werden wir Erwachsene. 12. Von dem (Vom) Bahnhof gehen wir immer zu Fuß. 13. Er arbeitet bei einer Firma. 14. Bei dem Essen sprechen wir nicht. 15. Sie kommen aus der Türkei. 16. Ich möchte mit dir tanzen. 17. Er fährt mit dem Bus. 18. Wir lernen seit einem Monat Deutsch. 19. Wann gehst du zur Schule? 20. Außer euch essen alle Schüler zu Hause.

Tag 50

Sie sitzen um den Tisch.
그들은 테이블에 앉는다.

5단계 | Datum: . .

학습목표
3격에 이어 이제 4격 지배 전치사에 대해 배워 볼 차례입니다. 3격과 마찬가지로, 전치사 다음에 놓인 명사나 대명사는 항상 4격의 형태를 취해야 합니다.
그럼 오늘의 학습 내용을 살펴볼까요?

1 4격 지배 전치사

bis	~까지 (시간, 공간)	für	~을(를) 위해, ~에 찬성하는
entlang	~을(를) 따라서	um	~(정각)시에, ~을(를) 둘러싸고
gegen	대략, ~에 반대하여		
ohne	~없이, ~을(를) 제외하고	durch	~을(를) 통(과)하여

Notiz
강의를 듣고 메모해 보세요.

2 4격 지배 전치사 활용하기

1 bis (시간, 공간) ~까지

4격 지배 전치사이나, 전치사 뒤에 명사가 관사 없이 나오는 경우가 대부분입니다.

> 예 **Bis morgen**! **내일까지** (잘 있어)! = 내일 봐!
> Wir müssen **bis Hamburg** fahren. 우리는 **함부르크까지** 가야만 해.

2 entlang ~을(를) 따라서

entlang은 다른 전치사와는 달리, 보통 명사 뒤에 위치합니다. (격 지배는 동일)

> 예 Gehen Sie **den Fluss entlang**! 이 **강을 따라** 가세요!
> Komm zu mir **die Straße entlang**! 이 **길을 따라** 나에게 와!

3 gegen 대략, 반대하여

예 Er kommt **gegen 12 Uhr**. 그는 **약 12시**에 온다.
Ich bin **gegen die Hausaufgabe**. 나는 **그 숙제에 반대**해.

4 ohne ~없이, 제외하고

예 Ich kann **ohne dich** nicht leben. 나는 **너 없이** 살 수 없어.
Er geht ohne **seine Tasche** einkaufen. 그는 **그의 가방 없이** 쇼핑 간다.

5 für ~을(를) 위한, 찬성하는

예 Das ist ein Geschenk **für meine Kinder**.
이것은 **내 아이들을 위한** 선물이야.

Er ist **für die Hausaufgabe**.
그는 **그 숙제에 찬성**해.

6 um ~(정각)시에, ~을(를) 둘러싸고

예 Der Zug fährt **um ein Uhr** ab. 그 기차는 **1시 정각**에 출발한다.
Sie sitzen **um den Tisch**. 그들이 **책상을 둘러싸고** 앉아있다.

7 durch ~을(를) 통(과)하여

예 Wir fahren von Deutschland **durch Frankreich** nach England.
우리는 독일로부터 **프랑스를 통과해** 영국으로 간다.
Ich gehe jetzt **durch den Park** spazieren.
나는 지금 저 **공원을 통하여** 산책 갈 거야.(할 거야)

3 **4격 전치사와 정관사 축약형**

für + das	fürs
um + das	ums
durch + das	durchs

 **Notiz**

강의를 듣고 메모해 보세요.

★ 대표적인 2격 지배 전치사도 참고로 알아 두세요.

• wegen ~때문에

Ich gehe zum Arzt wegen des Kopfschmerzens.
나는 두통 때문에 의사에게 간다.

wegen은 2격 지배 전치사이나, 구어체에서는 3격으로 많이 쓰이기도 합니다.

• trotz ~에도 불구하고

Trotz des Regens gehe ich zu dir.
비에도(비가 옴에도) 불구하고 나는 너에게 간다.

• während ~동안에

Sprich nicht während des Essens!
밥 먹는 동안에 말하지 마!

Auf Deutsch bitte!

1 다음 문장들 전치사와 정관사를 축약형으로 사용할 수 있는 경우를 찾아 축약형으로 써 보세요.

1. Ich kaufe **für das** Kind ein Geschenk. _____

2. Die Frau liest **für den** Mann ein Buch. _____

3. Die Kinder sitzen **um den** Tisch. _____

4. Ich sehe das Meer **durch das** Fenster. _____

5. Wir gehen **durch den** Park zum Supermarkt. _____

2 다음 괄호 속 전치사 중 알맞은 것을 골라 빈칸에 채워 문장을 완성하세요.

6. Mein Vater kommt _____ 8 Uhr. (gegen / ohne)

7. Der Hund geht den Park _____. (entlang / durch)

8. Ich habe _____ 15 Uhr Zeit. (für / bis)

9. _____ dich kann ich nicht leben. (um / ohne)

10. Ich bin _____ die Hausaufgabe. (gegen / um)

11. Das ist ein Geschenk _____ meine Frau. (für / gegen)

12. Wir kommen morgen _____ 12 Uhr. (entlang / um)

3 다음 주어진 문장을 독일어로 쓰고 큰 소리로 따라 말해 보세요.

13. 금요일까지 잘 있어! (금요일에 봐!)

_____

14. 이 길을 따라 가세요!

_____

15. 우리는 내일 정각 12시에 온다.

_____

16. 그 남자는 그 여자 없이 살 수 없다.

_____

17. 이것은 내 딸을 위한 선물이야.
　　_____

18. 그 여자 선생님은 그 숙제에 반대한다.
　　_____

19. 나는 17시까지 시간이 있다.
　　_____

20. 그 삼촌은 대략 8시쯤 도착한다.
　　_____

21. 우리는 책상을 둘러싸고 앉아 있다.
　　_____

22. 나의 부모님은 그 숙제에 찬성한다.
　　_____

23. 그들은 그 버터 없이 빵을 먹지 않는다.　　★ e. Butter 버터
　　_____

24. 그 아이들은 숲을 통해 달린다.　　★ r. Wald 숲
　　_____

25. 그 열차는 그 길을 따라서 달린다.　　★ e. Straße 길, 도로
　　_____

정답

1. fürs 2. / 3. / 4. durchs 5. / 6. gegen 7. entlang 8. bis 9. Ohne 10. gegen 11. für 12. um 13. Bis Freitag! 14. Gehen Sie die Straße entlang! 15. Wir kommen morgen um 12 Uhr. 16. Der Mann kann ohne die Frau nicht leben. 17. Das ist ein Geschenk für meine Tochter. 18. Die Lehrerin ist gegen die Hausaufgabe. 19. Ich habe bis 17 Uhr Zeit. 20. Der Onkel kommt gegen 8 Uhr an. 21. Wir sitzen um den Tisch. 22. Meine Eltern sind für die Hausaufgabe. 23. Sie essen ohne die Butter kein Brot. 24. Die Kinder rennen durch den Wald. 25. Der Zug fährt die Straße entlang.

Tag 51

Der Koffer steht neben dem Bett.
그 캐리어는 침대 옆에 서 있다.

5단계 Datum: .   .

학습목표
오늘은 3격과 4격을 동시에 취할 수 있는 독일어 전치사에 대해 배워 볼 차례입니다. 3·4격 지배 전치사는 격에 따라 의미가 달라지므로 쓰임에 주의하여야 합니다. 빈번히 쓰이는 만큼 헷갈리지 않도록 꼼꼼히 익혀 두세요.
그럼 오늘의 학습 내용을 살펴볼까요?

1 3·4격 지배 전치사

이동성에 따라 전치사 뒤에 3격 또는 4격의 쓰임이 결정됩니다. 장소에 '정지해' 있는 경우 → 3격, 장소로 '이동하는' 경우 → 4격입니다.

전치사	3격	4격	전치사	3격	4격
hinter	~뒤에	~뒤로	vor	~앞에	~앞으로
zwischen	~사이에	~사이로	auf	~위에	~위로
an	~가에	~가로	über	~위에	~위로
unter	~아래에	~아래로	in	~안에	~안으로
neben	~옆에	~옆으로			

2 3·4격 지배 전치사 활용하기

1) hinter ~뒤에(정지 3격) ~뒤로(이동 4격)

- **3격** Der Baum ist **hinter dem** Haus. 그 나무는 저 집 뒤에 있다.
- **4격** Der Mann geht **hinter das** Haus. 그 남자는 그 집 뒤로 간다.

2) an ~가에(정지 3격), ~가로(이동 4격)

- **3격** Das Bild hängt **an der** Wand. 그 그림은 벽에 걸려 있다.
- **4격** Er hängt das Bild **an die** Wand. 그는 그 그림을 벽에(으로) 건다.

3) neben ~옆에(정지 3격), ~옆으로(이동 4격)

- **3격** Das Kind steht **neben dem** Hund. 그 아이는 그 강아지 옆에 서 있다.
- **4격** Das Kind stellt den Stuhl **neben den Hund**. 그 아이는 그 의자를 저 강아지 옆으로 (세워) 둔다.

Notiz
강의를 듣고 메모해 보세요.

- 3·4격 지배 전치사와 함께 자주 쓰이는 동사
  - liegen 놓여 있다
  - legen ~을(를) (~(으)로) 놓다/두다
  - stehen 서 있다
  - stellen ~을(를) (~(으)로) 세워 두다
  - sitzen ~에 앉다 / 앉아 있다
  - setzen ~을(를) ~에 앉히다

4 auf ~ 위에(정지 3격), ~위로(이동 4격)

3격 Das Heft liegt **auf dem** Tisch. 그 공책이 책상 위에 놓여 있다.
4격 Die Frau legt das Heft **auf den** Tisch.
그 여자가 그 공책을 책상 위로 둔다.

5 über ~위에(정지 3격) ~위로(이동 4격)

3격 Die Lampe steht **über dem** Tisch. 그 스탠드(전등)는 책상 위에 서 있다.
4격 Der Vater hängt die Lampe **über den** Tisch.
아빠가 그 스탠드를 책상 위로 건다.

6 in ~안에(3), ~안으로(4)

3격 Ich bin **in dem** Haus.   나는 집에 있다.
4격 Ich gehe **in das** Haus.   나는 집(안)으로 간다.

7 zwischen ~사이에(3) ~사이로(4)

3격 Das Buch ist **zwischen dem** Bleistift und **der** Lampe.
이 책은 연필과 전등 사이에 있다.
4격 Lisa legt das Buch **zwischen den** Bleistift und **die** Lampe.
리사는 그 책을 연필과 전등 사이로 놓는다.

8 unter ~아래에(3) ~아래로(4)

3격 Das Kind ist **unter dem** Bett. 그 아이는 침대 밑에 있다.
4격 Das Kind geht **unter das** Bett. 그 아이는 침대 밑으로 간다.

9 vor~앞에(3) ~앞으로(4)

3격 Die Banane ist **vor dem** Stuhl. 그 바나나는 의자 앞에 있다.
4격 Das Mädchen geht **vor den** Stuhl. 그 소녀는 의자 앞으로 간다.

3 3·4격 지배 전치사와 정관사 축약형

an + dem	am	in + dem	im
an + das	ans	in + das	ins
auf + das	aufs		

Notiz
강의를 듣고 메모해 보세요.

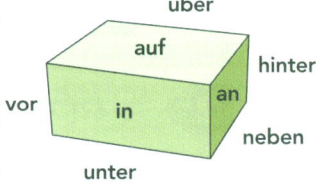

★ 전치사 auf와 über의 차이
- auf: 물체 표면 위에 닿아 있는 상태
- über: 물체 표면에 닿지 않은 공중의 상태

★ 전치사 an과 neben의 차이
- an: 물체 표면에 닿아 있는 상태
- neben: 물체 표면에 닿지 않고 옆에 있는 상태

Auf Deutsch bitte!

1 다음 보기와 같이 괄호에 주어진 단어를 사용하여 정지에서 이동으로 문장을 바꿔 보세요.

> Das Buch liegt auf dem Bett. 그 책은 침대 위에 놓여 있다.
> (er / legen / das Buch) ▶ Er legt das Buch auf das Bett. 그가 그 책을 침대 위로 놓는다.

1. Das Kind liegt neben dem Hund.

   (legen / die Tasche) ▶ _____

2. Das Buch liegt zwischen dem Bleistift und der Tasche.

   (Die Mutter (1격) / legen) ▶ _____

3. Ich bin im Haus.

   (gehen) ▶ _____

4. Das Kind ist vor dem Hund.

   (legen / der Ball) ▶ _____

2 다음 문장들을 sein 동사를 활용하여 이동에서 정지의 의미로 바꿔 보세요.

5. Ich gehe in die Schule.

   ▶ _____

6. Das Kind geht unter den Tisch.

   ▶ _____

7. Die Katze springt auf den Stuhl.   ＊ springen 뛰어오르다

   ▶ _____

3 다음 주어진 문장을 독일어로 쓰고 큰 소리로 따라 말해 보세요.

8. 그 아빠는 그 가방을 문 뒤로 세워 둔다.

   _____

9. 그 그림은 벽에 걸려 있다.

   _____

10. 그녀는 그녀의 가방을 문 옆으로 세운다.
_____

11. 그 책이 의자 위에 놓여 있다.
_____

12. 그 아이들은 학교 안으로 뛰어간다.
_____

13. 그 전등은 책상과 의자 사이에 놓여 있다.
_____

14. 그 강아지는 의자 아래로 간다.
_____

15. 그 여자아이는 침대 앞에 앉아 있다. ★ sitzen 앉아 있다
_____

16. 나는 내 아이를 의자 위에 앉힌다.
_____

17. 저 고양이들은 하나의 문 앞에 앉아 있다.
_____

18. 너희는 그 선물을 침대 밑에 놓는다.
_____

정답

1. Das Kind legt die Tasche neben den Hund. 2. Die Mutter legt das Buch zwischen den Bleistift und die Tasche. 3. Ich gehe in das(ins) Haus. 4. Das Kind legt den Ball vor den Hund. 5. Ich bin in der Schule. 6. Das Kind ist unter dem Tisch. 7. Die Katze ist auf dem Stuhl. 8. Der Vater stellt die Tasche hinter die Tür. 9. Das Bild hängt an der Wand. 10. Sie stellt ihre Tasche neben die Tür. 11. Das Buch liegt auf dem Stuhl. 12. Die Kinder rennen in die Schule. 13. Die Lampe liegt zwischen dem Tisch und dem Stuhl. 14. Der Hund geht unter den Stuhl. 15. Das Mädchen sitzt vor dem Bett. 16. Ich setze mein Kind auf den Stuhl. 17. Die Katzen sitzen vor einer Tür. 18. Ihr legt das Geschenk unter das Bett.

Tag 49-51 Wiederholung
복습 1

학습목표 Tag 49~51까지 배운 내용들을 잘 기억하고 있는지 실력을 점검해 보겠습니다. 다음 문제를 스스로 풀고, 정답을 확인해 보세요. 틀린 문제는 앞으로 돌아가 해당 내용을 찾아 보고, 다시 한 번 복습하세요.

1 다음 주어진 단어와 표현을 배열해서 문장을 만들고 큰 소리로 말해 보세요.

1. reisen   Korea   nach   die Eltern

▶ _____

2. kauft   die Frau   eine Blume   für   der Mann

▶ _____

3. der Tasche   und   zwischen   dem Buch   ist   das Geschenk

▶ _____

2 다음 괄호 속 전치사 중 알맞은 것을 골라 빈칸에 채워 문장을 완성하세요.

4. Der Hund ist _____ der Tasche und dem Buch. (zwischen / für)

5. Meine Mutter kommt _____ 8 Uhr. (gegen / mit)

6. Das Kind geht die Straße _____. (entlang / durch)

7. Ich habe _____ 15 Uhr Zeit. (um / zu)

8. _____ meine Tasche kann ich nicht leben. (für / ohne)

9. Die Katze springt _____ den Tisch. (auf / ohne)

아래의 전치사들 중 하나를 골라 제시된 문장의 뜻이 상반되도록 문장을 만드세요.

ohne   auf   hinter   bis   ohne   für

Rapunzel liest von Vormittag die Bücher.
▶ Rapunzel liest bis nachts die Bücher.

10. Cinderella läuft mit ihrem Schuh.

11. Tiana geht mit dem Frosch. ★ r. Frosch 개구리

12. Elsa ist gegen ihre Schwester.

13. Aurora schläft seit 1970.

14. Belle legt die Rose unter den Tisch.

15. Die Frau liegt vor den sieben Kindern.

정답
1. Die Eltern reisen nach Korea. 2. Der Mann kauft eine Blume für die Frau. 3. Das Geschenk ist zwischen der Tasche und dem Buch. 4. zwischen 5. gegen 6. entlang 7. um 8. Ohne 9. auf 10. Cinderella läuft ohne ihren Schuh. 11. Tiana geht ohne den Frosch. 12. Elsa ist für ihre Schwester. 13. Aurora schläft bis 1970. 14. Belle legt die Rose auf den Tisch. 15. Die Frau liegt hinter den sieben Kindern.

Tag 49-51 Wiederholung 복습 2

5단계 Datum: . .

학습목표: Tag 49~51까지 배운 내용들을 잘 기억하고 있는지 실력을 점검해 보겠습니다. 다음 문제를 스스로 풀고, 정답을 확인해 보세요. 틀린 문제는 앞으로 돌아가 해당 내용을 찾아 보고, 다시 한 번 복습하세요.

1. 해석을 참고하여 빈칸을 채우고, 동작과 상태의 관점에서 동사의 뜻과 이용에 유의하며 큰 소리로 말해 보세요.

> Meine Eltern hängen die Uhr **an die Wand.** 나의 부모님은 그 시계를 벽에 걸고 있습니다. (동작)
> ▶ Jetzt hängt die Uhr **an der Wand.** 이제 그 시계는 벽에 걸려 있습니다. (상태)

16. Til stellt die Kinder hinter ihn.   Til는 아이들을 그의 뒤에 세웁니다. (동작)

    ▶Jetzt stehen die Kinder _____ _____.

    이제 아이들은 그의 뒤에 서 있습니다. (상태)

17. Pierre hängt das Bild an die Wand.   Pierre는 그림을 벽에 걸고 있습니다. (동작)

    ▶Jetzt hängt das Bild _____ _____ _____.

    이제 그림은 벽에 걸려 있습니다.(상태)

18. Laura steckt den Ball in die Tasche.   Laura는 그 공을 가방에 넣습니다. (동작)

    ▶Jetzt ist der Ball _____ _____ _____.

    이제 그 공은 가방에 있습니다.(상태)

    ✽ stecken ~에 꽂다, 끼워 넣다

19. Peter legt das Buch auf den Tisch.   Peter는 책을 책상 위에 놓습니다. (동작)

    ▶Jetzt liegt das Buch _____ _____ _____.

    이제 책은 책상위에 놓여 있습니다. (상태)

20. Er setzt die Katze zwischen zwei Mädchen.   그는 고양이를 두 소녀 사이에 앉힙니다. (동작)

    ▶Jetzt sitzt sie _____ _____.

    이제 그녀(고양이)는 그들 사이에 앉아 있습니다. (상태)

2 이전 문제를 참고하여 이번에는 문장을 만들어 보세요.

21. Meine Mutter _____ (동작)
    나의 엄마는 그 고양이를 바닥 위에 앉힙니다.
    ▶ Jetzt _____ (상태)
    이제 그 고양이는 바닥 위에 앉아 있습니다.   ★ r. Boden 바닥

22. Er legt _____ (동작)
    그는 그 개를 책상 아래에 눕힙니다.
    ▶ Jetzt _____ (상태)
    이제 그 개는 책상 아래에 누워 있습니다.

23. Die Lehrerin _____ (동작)
    그 여자 선생님은 책들을 책장에 세워 놓습니다.
    ▶ Jetzt _____ (상태)
    이제 그 책들은 책장에 세워져 있습니다.   ★ s. Regal 책장, 선반

3 다음 문장을 독일어로 말하고 써 보세요.

24. 토요일부터 우리는 다이어트할 거야.
    _____

25. 우리는 기차역으로부터 항상 걸어간다.   ★ r. Bahnhof 기차역
    _____

26. 그 남자와 그 여자는 은행에서 일한다.   ★ e. Bank 은행
    _____

27. 그 고양이는 책상과 의자 사이에 서 있다.
    _____

정답

16. hinter ihm 17. an der Wand 18. in der Tasche 19. auf dem Tisch 20. zwischen ihnen 21. setzt die Katze auf den Boden. / sitzt die Katze (sie) auf dem Boden. 22. den Hund unter den Tisch. / liegt der Hund unter dem Tisch. 23. stellt die Bücher ins Regal. / stehen die Bücher im Regal. 24. Ab Samstag werden wir Diät machen. 25. Vom Bahnhof gehen wir immer zu Fuß. 26. Der Mann und die Frau arbeiten in der Bank. 27. Die Katze steht zwischen dem Tisch und dem Stuhl.

Tag 43-51 Wiederholung 복습

Tag 43~51까지 배운 내용들을 활용해서 Dialog를 만들어 보겠습니다. 스스로 독일어 대화를 구성해 보고, 정답을 확인해 보세요. 잘 떠오르지 않는 문장은 앞으로 돌아가 해당 내용을 찾아보고, 다시 한 번 복습하세요.

 다음 주어진 단어를 활용하여 빈칸을 채워 독일어 대화문을 완성하고, 큰 소리로 말해 보세요.

1.

beginnen / anfangen / mitkommen / beginnen

A: Der Film _____ gleich _____.

B: _____ du _____?

A: Wann _____ der Film?

B: Der Film _____ um 20 Uhr!

2.

anrufen / vermissen / geben / anrufen

A: Ich _____ sie.

B: _____ sie _____!

A: _____ mir das Handy. Ich _____ sie _____.

3.

gehören / geben / gehören / fragen / geben

A: _____ ihm das Buch!

B: Warum? Ich _____ ihm das Buch nicht!

A: Das Buch _____ dem Schüler.

B: Nein, _____ den Lehrer! Das Buch _____ mir!

4.

> danken / sprechen / helfen / geben / brauchen

A: Alex, bitte _____ mir!

B: Wie bitte? _____ lauter!

A: _____ mir bitte das Buch!

B: Du _____ das Buch? Ach so, okay.

A: Ich _____ dir für deine Hilfe.

5.

> anrufen / brauchen / geben / brauchen

A: Ich _____ dich.

B: Warum _____ du mich?

A: _____ du mir das Handy?

B: _____ du die Lehrerin _____?

2. 다음 문장을 독일어로 말하고 써 보며, 대화문을 만들어 보세요.

6. A : 우리는 밥 먹으러 간다. 같이 갈래?
   B : (너에게) 고마워. 하지만 나는 오늘부터 다이어트할 거야. 나는 같이 안 가.

A : _____

B : _____

7. **A :** 안녕 레오, 나에게로 와!
   B : 왜?
   A : 나는 너와 얘기하고 싶어.

   A : _____

   B : _____

   A : _____

8. **A :** 페터, 나를 도와줘! 이 책을 라우라에게 줘! 라우라는 그 책을 찾고 있어.   suchen 찾다
   B : 그래. 그런데 나는 저 의자랑 내 신발들이 필요해. 나에게 그들을(그것들/의자와 신발들) 먼저 줘!

   A : _____
   _____

   B : _____
   _____

9. **A :** 나 여기서 흡연해도 돼?
   B : 아니! 너는 여기서 흡연해서는 안 돼.
   A : 난 어디서 흡연할 수 있어?
   B : 건물 뒤로 가! 넌 거기서 흡연할 수 있어.

   A : _____

   B : _____

   A : _____

   B : _____

다음 주어진 단어를 활용하여 빈칸을 채워 독일어 대화문을 완성하고, 큰 소리로 말해 보세요.

10.

> in die / seit einem / aus den / in den / am / in die / aus

A: Guten Tag. Mein Name ist Julia. Ich bin Amerikanerin.

B: Kommen Sie _____ USA?

A: Nein, ich komme _____ Mexiko. Ich bin hier _____ Jahr. Mein Mann wohnt _____ USA.

B: Wann fahren Sie wieder _____ USA?

A: Ich werde _____ Freitag _____ USA fahren.

11.

> um / vor / gegen / nach

A: Wann fährt der Zug ab?

B: Der Zug fährt _____ zwölf Uhr ab.

A: Wann genau?

★ genau 정확하게

B: Warte... Er fährt _____ elf Uhr achtundfünfzig ab.

A: Okay, gehen wir los!

★ losgehen 출발하다

정답

1. A: fängt, an B: Kommst, mit A: beginnt B: beginnt 2. A: vermisse, B: Ruf, an A: Gib, rufe, an 3. A: Gib B: gebe A: gehört B: frag, gehört 4. A: Hilf B: Sprich A: Gib B: brauchst A: danke 5. A: brauche B: brauchst A: Gibst B: Rufst, an 6. A: Wir gehen essen. Kommst du mit? B: Ich danke dir. Aber ab heute will ich Diät machen. Ich komme nicht mit. 7. A: Hallo Leo, komm zu mir! B: Warum? A: Ich möchte mit dir reden(sprechen). 8. Peter, hilf mir! Gib Laura das Buch! Laura sucht das Buch. B: Ok. Aber ich brauche den Stuhl und meine Schuhe. Gib sie mir zuerst! 9. A: Kann ich hier rauchen? / B: Nein! Du darfst hier nicht rauchen. / A: Wo kann ich rauchen? / B: Geh hinter das Gebäude! Du kannst dort rauchen. 10. aus den / aus, seit einem, in den / in die / am, in die 11. gegen / um

Tag 52

Ich esse jeden Tag leckeres Essen.
나는 매일 맛있는 음식을 먹는다.

6단계 Datum: . .

학습목표
형용사는 술어적인 역할을 할 뿐만 아니라 명사를 수식하는 역할도 합니다. 독일어에서는 형용사가 수식하고자 하는 명사의 성과 수, 격에 맞게 어미 변화를 하게 됩니다. 독일어 문법에서 굉장히 중요한 부분이므로 특히 집중해서 학습해야 할 필요가 있습니다.
그럼 오늘의 학습 내용을 살펴볼까요?

1 형용사 어미 변화 - 강변화

형용사가 관사 없는 명사를 수식할 때 변하는 어미 변화를 우리는 강변화라고 합니다. 다음은 형용사의 강변화 어미를 나타낸 표입니다. 반드시 암기해 두세요.

격	m. 남성	f. 여성	n. 중성	pl. 복수
1	-er	-e	-es	-e
2	-en	-er	-en	-er
3	-em	-er	-em	-en
4	-en	-e	-es	-e

Notiz
강의를 듣고 메모해 보세요.

★ 강변화 어미가 정관사와 상당히 흡사하다는 점 눈치 채셨나요? d만 빼면 정관사와 비슷하죠. 관사가 있어야 할 자리에 관사 대신에 형용사가 오고, 그 형용사 어미가 정관사와 흡사한 형태로 변화한다는 점을 기억하신다면 암기하기가 훨씬 수월할 거예요. 다만, 남성과 중성 2격의 어미만 예외적으로 -en으로 끝난다는 점은 반드시 따로 기억해 두세요.

2 형용사 어미 변화 활용하기 ①

격	r. Wein	e. Uhr	s. Essen	pl. Blumen
1	guter Wein	schöne Uhr	leckeres Essen	rote Blumen
2	guten Weins	schöner Uhr	leckeren Essens	roter Blumen
3	gutem Wein	schöner Uhr	leckerem Essen	roten Blumen
4	guten Wein	schöne Uhr	leckeres Essen	rote Blumen

3 형용사 어미 변화 활용하기 ②

숫자, 'viel 많은', 'einig 몇몇의', 'wenig 적은', 'mehrer 몇몇의' 등은 관사 없이 자주 쓰이는 수량 형용사들로, 강변화와 동일한 형용사 어미 변화를 하게 됩니다.

1 숫자

예 Ich habe **drei** schwarze Hosen. 나는 검정색 바지 세 벌을 갖고 있다.

2 viel

예 **Viele** deutsche Leute haben eine Katze.
많은 독일 사람들은 고양이 한 마리를 갖고 있다.

3 einig

예 Sie kauft **einige** schöne Möbel auf dem Flohmarkt.
그녀는 예쁜 가구 몇 개를 벼룩시장에서 산다.

4 wenig

예 Nur **wenige** Studenten haben viel Geld.
오직 적은 학생들만 많은 돈을 갖고 있다.

5 mehrer

예 Wir spielen mit **mehreren** Freunden. 우리는 몇몇의 친구들과 함께 논다.

4 형용사 어미 변화 활용하기 ③

Gut**er** Wein ist teuer.	좋은 와인은 비싸다. (남성 1격 / -er)
Die Farbe gut**en** Weins ist sehr rot.	좋은 와인의 색깔은 아주 빨갛다. (남성 2격 / -en)
Ich bin jetzt mit klein**en** Kindern im Haus.	나는 지금 어린아이들과 집에 있다. (복수 3격 / -en)
Ich esse jeden Tag lecker**es** Essen.	나는 매일 맛있는 음식을 먹는다. (중성 4격 / -es)
Der Preis lecker**er** Marmelade ist hoch.	맛있는 잼의 가격은 높다.(비싸다) (여성 2격 / -er)
Sie geben ihm rot**e** Blumen.	그들은 빨간색 꽃들을 그에게 준다. (복수 4격 / -e)
Klein**e** Kinder sind süß.	어린아이들은 귀엽다. (복수 1격 / -e)
Der Geruch lecker**en** Essens ist immer gut.	맛있는 음식의 냄새는 항상 좋다. (중성 2격 / -en)
Sie trinkt jede Nacht warm**e** Milch.	그녀는 매일 밤 따뜻한 우유를 마신다. (여성 4격 / -e)

Notiz
강의를 듣고 메모해 보세요.

★ 복수 3격은 단어의 끝에도 (e)n이 붙는다는 점, 꼭 기억하세요! (단, 복수형이 -n 또는 -s로 끝날 때는 제외)

Auf Deutsch bitte!

1 형용사의 강변화 어미를 알맞게 작성하여 다음 표를 완성하세요.

격	m. 남성	f. 여성	n. 중성	pl. 복수
1	1.	e	2.	3.
2	4.	5.	6.	er
3	em	7.	8.	9.
4	10.	11.	12.	13.

2 빈칸에 알맞은 형용사 어미를 채워 문장을 완성하고 큰 소리로 말해 보세요.

14. Hier sind warm _____ Milch und kühl _____ Saft.
    여기 따뜻한 우유와 시원한 주스가 있다.

15. Ich trinke kalt _____ Wasser gern.
    나는 차가운 물을 즐겨 마신다.

16. Er isst gerne frisch _____ Brot mit süß _____ Marmelade.
    그는 달콤한 잼과 함께 신선한 빵을 즐겨 먹는다.

17. Sie tragen rot _____ Röcke lieber als schwarz _____ Röcke.
    그들은 검정 치마보다 빨간 치마를 더 즐겨 입는다.

18. Viel _____ deutsch _____ Leute mögen koreanisch _____ Lieder.
    많은 독일인들은 한국 노래를 좋아한다.

19. Nächst _____ Woche ist es sehr warm.
    다음 주는 매우 덥다.

20. Alt _____ Freunde sind immer wertvoll.
    오래된 친구들은 항상 가치가 높다.

21. Einige jung _____ Leute sind sehr reich.
    몇몇 젊은 사람들은 매우 부유하다.

22. Ich mag heiß _____ Kaffee und warm _____ Tee.
    나는 뜨거운 커피와 따뜻한 차를 좋아한다.

23. Wir kaufen gelb _____ Bananen, rot _____ Äpfel und groß _____ Kartoffeln.
우리는 노란색 바나나들과 빨간색 사과들 그리고 큰 감자들을 산다.

3 다음 주어진 문장을 독일어로 쓰고 따라 말해 보세요.

24. 나는 오래된 가구를 사랑한다. ★ pl. Möbel 가구(들)

_____

25. 그들은 젊은 남자들이다.

_____

26. 우리는 항상 가난한 사람들을 돕는다.

_____

27. 독일 영화들은 나에게 아주 마음에 든다. ★ pl. Filme 영화들

_____

28. 독일 사람들은 한국 음식을 즐겨 먹는다.

_____

29. 나의 저녁 식사는 차가운 빵과 따뜻한 감자다.

_____

30. 너의 생일을 진심으로 축하해!

_____

31. 많은 사람들이 여름에 차가운 맥주를 마신다. ★ r. Sommer 여름

_____

32. 나는 신선한 복숭아들을 좋아한다. ★ r. Pfirsich 복숭아 (pl. Pfirsiche)

_____

정답

1.~13. 본문 참고 14. e, er 15. es 16. es, er 17. e, e 18. e, e, e 19. e 20. e 21. e 22. en, en 23. e, e, e 24. Ich liebe alte Möbel. 25. Sie sind junge Männer. 26. Wir helfen immer armen Leuten. 27. Deutsche Filme gefallen mir sehr. 28. Deutsche Leute essen gern(e) koreanisches Essen. 29. Mein Abendessen ist kaltes Brot und warme Kartoffel. 30. Herzlichen Glückwunsch zum Geburtstag! 31. Viele Leute trinken im Sommer kaltes Bier. 32. Ich mag frische Pfirsiche.

Tag 53

Sie hat die blaue Hose.
그녀는 그 파란색 바지를 갖고 있다.

6단계 Datum: .   .

학습목표
명사에 정관사 der, die, das, die(pl.)가 붙을 때, 형용사 어미 변화 역시 달라집니다. 오늘은 정관사와 명사 사이에 형용사가 위치하는 경우 형용사 어미가 어떻게 변하는지 배우겠습니다.
그럼 오늘의 학습 내용을 살펴볼까요?

1 형용사 어미 변화 - 약변화

형용사가 정관사가 붙은 명사를 수식할 때 변하는 어미 변화를 약변화라고 합니다. 다음 형용사의 약변화 어미를 나타낸 표를 반드시 꼼꼼히 암기해 주세요.

격	m. 남성	f. 여성	n. 중성	pl. 복수
1	-e	-e	-e	-en
2	-en	-en	-en	-en
3	-en	-en	-en	-en
4	-en	-e	-e	-en

 **Notiz**
강의를 듣고 메모해 보세요.

★ 형용사의 약변화 어미는 크게 -e와 -en으로 구분됩니다. 복수는 격에 관계없이 무조건 -en이 붙으며, 복수를 제외한 나머지 성이 1격일 때는 무조건 -e가 붙습니다. 여성 4격에 -e가 붙는 것은 정관사의 형태와 비슷하여 기억하기 쉽지만, 중성 4격 역시 -e가 붙는 것은 예외적인 사항이므로 주의하세요. -en이 차지하는 영역이 마치 침대 모양과 비슷하니 연상해서 기억하면 좋습니다.

2 형용사 어미 변화 활용하기

격	r. Wein	e. Uhr	s. Essen	pl. Blumen
1	der gute Wein	die schöne Uhr	das leckere Essen	die roten Blumen
2	des guten Weins	der schönen Uhr	des leckeren Essens	der roten Blumen
3	dem guten Wein	der schönen Uhr	dem leckeren Essen	den roten Blumen
4	den guten Wein	die schöne Uhr	das leckere Essen	die roten Blumen

3. 형용사 어미 변화 - 약변화하는 정관사류

정관사 외에도 정관사류로 불리는 dies-, jed-, all- 관사들이 형용사 어미 변화 약변화를 합니다.

1 dies- 이 / 저 / 그 (정관사와 비교하여 가리키는 대상이 조금 더 가시적이고 명확함)

격	m. 남성	f. 여성	n. 중성	pl. 복수
1	dieser	diese	dieses	diese
2	dieses	dieser	dieses	dieser
3	diesem	dieser	diesem	diesen
4	diesen	diese	dieses	diese

2 jed- 각각의 (단수만 수식 가능)

격	m. 남성	f. 여성	n. 중성	pl. 복수
1	jeder	jede	jedes	x
2	jedes	jeder	jedes	x
3	jedem	jeder	jedem	x
4	jeden	jede	jedes	x

3 all- 모든

격	m. 남성	f. 여성	n. 중성	pl. 복수
1	aller	alle	alles	alle
2	alles	aller	alles	aller
3	allem	aller	allem	allen
4	allen	alle	alles	alle

Notiz

강의를 듣고 메모해 보세요.

Auf Deutsch bitte!

1 형용사의 약변화 어미를 알맞게 작성하여 다음 표를 완성하세요.

격	m. 남성	f. 여성	n. 중성	pl. 복수
1	1.	2.	e	3.
2	4.	en	5.	6.
3	7.	8.	9.	en
4	en	10.	11.	12.

2 빈칸에 알맞은 형용사 어미를 채워 문장을 완성하고 큰 소리로 말해 보세요.

13. Dies _____ alt _____ Schrank gefällt mir sehr.
    이 오래된 장롱은 내 마음에 든다.
    ★ r. schrank 장롱

14. Die neu _____ Uhr ist kaputt. 그 새 시계는 고장 났다.
    ★ kaputt 고장 난

15. Ich mag all _____ klein _____ Kinder.
    나는 모든 어린아이들을 좋아한다.

16. Sie hilft dem traurig _____ Mann.
    그녀는 그 슬퍼하는 남자를 돕는다.

17. Wir schützen jed _____ Kind in der Schule.
    우리는 학교 안에 있는 각각의 아이를 보호한다.
    ★ schützen 보호하다

18. Sie kaufen dies _____ dick _____ Mantel für den Winter.
    당신은 겨울을 위해 이 두꺼운 코트를 산다.
    ★ r. Winter 겨울

19. Sie hat die blau _____ Hose.
    그녀는 그 파란색 바지를 갖고 있다.

20. _____ schön _____ Blumen gebt ihr uns.
    너희는 이 예쁜 꽃들을 우리에게 준다.

21. An dies _____ Wochenende spielt er mit seinem Freund.
    이번 주말에 그는 그의 친구와 논다.

22. Ich kaufe die rot _____ Äpfel, die groß _____ Orange und das frisch _____ Fleisch.
    나는 그 빨간 사과들, 그 큰 오렌지 그리고 그 신선한 고기를 산다.

3 다음 주어진 문장을 독일어로 쓰고 따라서 말해 보세요.

23. 나는 그 새 자동차를 산다.

24. 우리는 이 독일어 사전과 함께 공부한다. ★ s. Wörterbuch 사전

25. 그는 그녀에게 저 빨간색 우산을 선물한다. ★ r. Regenschirm 우산

26. 그 한국 영화는 내 마음에 든다.

27. 그들은 그 예쁜 정원 안에 있다. ★ r. Garten 정원

28. 저 작은 아이가 나에게 공 하나를 가지고 온다.

29. 그 빠른 기차로 나는 베를린에 간다.

30. 저 젊은 사람들은 독일에 있는 한 도시에서 왔다. ★ e. Stadt 도시

31. 나는 이 낡은 블라우스를 팔고 너는 저 새 탁자를 산다.

정답

1.~12. 본문 참고 13. er, e 14. e 15. e, en 16. en 17. es 18. en, en 19. e 20. Die/Diese, en 21. em 22. en, e, e 23. Ich kaufe das neue Auto. 24. Wir lernen mit diesem(dem) deutschen Wörterbuch. 25. Er schenkt ihr den(diesen) roten Regenschirm. 26. Der koreanische Film gefällt mir. 27. Sie sind in dem(diesem) schönen Garten. 28. Das kleine Kind bringt mir einen Ball. 29. Mit dem(diesem) schnellen Zug fahre ich nach Berlin. 30. Diese(Die) jungen Leute kommen aus einer Stadt in Deutschland. 31. Ich verkaufe diese(die) alte Bluse und du kaufst den(diesen) neuen Tisch.

Tag 54

Ich habe eine ältere Schwester.
나는 언니 한 명이 있다.

6단계 Datum:　　.　　.

학습목표: 불특정한 하나의 것을 가리키는 부정 관사 ein과 명사 사이에 형용사가 올 경우, 앞서 배운 약변화, 강변화와 다른 방식의 형용사 어미 변화를 합니다. 오늘은 부정 관사 뒤에 형용사가 올 경우 형용사의 어미가 어떻게 변하는지 알아봅시다.

1 형용사 어미 변화 - 혼합 변화

형용사가 부정 관사가 붙은 명사를 수식할 때 변하는 어미 변화를 혼합 변화라고 합니다. 다음은 형용사의 혼합 변화 어미를 나타낸 표입니다. 반드시 정확하게 암기해 주세요.

격	m. 남성	f. 여성	n. 중성
1	-er	-e	-es
2	-en	-en	-en
3	-en	-en	-en
4	-en	-e	-es

2 형용사 어미 변화 활용하기 ①

격	r. Mantel	e. Hose	s. Auto
1	ein dick**er** Mantel	eine blau**e** Hose	ein alt**es** Auto
2	eines dick**en** Mantel**s**	einer blau**en** Hose	eines alt**en** Auto**s**
3	einem dick**en** Mantel	einer blau**en** Hose	einem alt**en** Auto
4	einen dick**en** Mantel	eine blau**e** Hose	ein alt**es** Auto

📝 Notiz
강의를 듣고 메모해 보세요.

★ 약변화와 강변화 어미가 혼합되어 있는 형태로, 약변화의 침대 모양은 그대로 가져가되 남성 1격과 중성 1, 4격은 약변화 어미를 따릅니다.

★ 부정 관사도 정관사와 마찬가지로 관사와 명사 사이에 형용사가 나오더라도, 남성과 중성 2격에서 단어의 맨 끝에 -s가 붙는다는 점 꼭 기억하세요.

3. 형용사 어미 변화 - 혼합 변화하는 부정 관사류

부정 관사 ein 외에도 부정 관사류로 칭해지는 kein과 mein(소유 관사)이 나올 때 혼합 변화 합니다. 부정 관사와는 달리, 부정 관사류는 복수 명사를 취할 수 있다는 점을 꼭 유의하세요. (혼합 변화에서 복수는 모두 약변화 어미 -en을 따름.)

1 kein- 의 형태 (~이(가) 아닌 / 명사를 부정할 때 쓰임)

격	m. 남성	f. 여성	n. 중성	pl. 복수
1	kein dicker Mantel	keine blaue Hose	kein altes Auto	keine roten Blumen
2	keines dicken Mantels	keiner blauen Hose	keines alten Autos	keiner roten Blumen
3	keinem dicken Mantel	keiner blauen Hose	keinem alten Auto	keinen roten Blumen
4	keinen dicken Mantel	keine blaue Hose	kein altes Auto	keine roten Blumen

2 mein- 소유 관사의 형태 (~의 / 인칭에 따라 형태 달라짐 dein, sein, ...)

격	m. 남성	f. 여성	n. 중성	pl. 복수
1	mein dicker Mantel	meine blaue Hose	mein altes Auto	meine roten Blumen
2	meines dicken Mantels	meiner blauen Hose	meines alten Autos	meiner roten Blumen
3	meinem dicken Mantel	meiner blauen Hose	meinem alten Auto	meinen roten Blumen
4	meinen dicken Mantel	meine blaue Hose	mein altes Auto	meine roten Blumen

4. 형용사 어미 변화 활용하기 ②

형용사와 단어가 합쳐져 하나의 표현으로 굳어진 경우도 있습니다.

Guten Morgen / Tag / Abend!	(남성 4격 / -en) 안녕하세요! (아침 / 점심 / 저녁 인사말)
Schönes Wochenende!	(중성 4격 / -es) 좋은 주말 보내세요! (인사말)
Frohes neues Jahr!	(중성 4격 / -es) 행복한 새해를 기원합니다! (의역: 새해 복 많이 받으세요!)
Herzlichen Glückwunsch zum Geburtstag!	(남성 4격 / -en) 진심으로 생일을 축합니다!
Frohe Weihnacht!	(여성 4격 / -e) 메리 크리스마스!

Notiz 강의를 듣고 메모해 보세요.

★ 'Ich wünsche Ihnen einen guten Tag/Abend(...등) ! 나는 당신에게 좋은 하루를 기원한다.'라는 의미의 문장에서 (Ich wünsche Ihnen einen)이 사라지고 남은 단어들이 하나의 표현으로 굳어졌습니다.

Auf Deutsch bitte!

1 형용사의 혼합 변화 어미를 알맞게 작성하여 다음 표를 완성하세요.

격	m. 남성	f. 여성	n. 중성	pl. 복수 (부정관사류일 때)
1	1.	e	2.	en
2	3.	4.	5.	6.
3	en	7.	en	8.
4	9.	10.	11.	12.

2 빈칸에 알맞은 형용사 어미를 채워 문장을 완성하고 큰 소리로 말해 보세요.

13. Ich habe einen jünger _____ Bruder.
    나는 남동생 한 명이 있다.

14. Sie liest sein _____ neu _____ Buch.
    그녀는 그의 새 책을 읽는다.

15. Er hat kein _____ schwarz _____ Hose.
    그는 검은색 바지가 없다.

16. Ein klein _____ Mädchen hilft einer alt _____ Frau.
    한 작은 소녀가 한 나이 든 여자를 돕는다.

17. Wir machen einen klein _____ schön _____ Garten für unser süß _____ Kind.
    우리는 작고 예쁜 정원 하나를 우리의 귀여운 아이를 위해 만든다.
    ★ r. Garten 정원

18. Sie verkauft ihr _____ groß _____ Bluse.
    그녀는 그녀의 큰 블라우스를 판다.

19. Ich esse ein Stück ein _____ lecker _____ Kuchens.
    나는 한 맛있는 케이크의 한 조각을 먹는다.
    ★ r. Stück 조각

20. Das ist ein _____ gut _____ Idee!
    그것은 좋은 생각이다!
    ★ e. Idee 아이디어, 생각

21. Ihr gebt ein _____ süß _____ Kind den Ball.
    너희는 그 공을 한 귀여운 아이에게 준다.

22. Ich kaufe ein _____ groß _____ Kartoffel und ein _____ frisch _____ Pfirsich.
    나는 큰 감자 하나 그리고 신선한 복숭아 하나를 산다.

3 다음 주어진 문장을 독일어로 쓰고 큰 소리로 따라 말해 보세요.

23. 나는 언니 한 명이 있다.
    _____

24. 한 젊은 남자가 나에게 편지 하나를 준다. ★ r. Brief 편지
    _____

25. 너는 예쁜 꽃 한 송이를 너의 엄마에게 선물한다.
    _____

26. 그들은 두꺼운 책 한 권과 함께(으로) 독일어를 공부한다.
    _____

27. 우리는 새 자동차 한 대를 산다.
    _____

28. 그들은 하나의 큰 박물관(안)으로 간다. ★ s. Museum 박물관
    _____

29. 너희는 낡은 옷이 없다. ★ e. Kleidung 옷
    _____

30. 한 나이 든 여성이 그녀의 노란색 가방을 찾는다.
    _____

31. 나는 그 시장에서 낡은 탁자 하나를 산다. ★ r. Markt 시장
    _____

정답

1.~12. 본문 참고 13. en 14. 없음, es 15. e, e 16. es, en 17. en, en, es 18. e, e 19. es, en 20. e, e 21. em, en 22. e, e, en, en 23. Ich habe eine ältere Schwester. 24. Ein junger Mann gibt mir einen Brief. 25. Du schenkst deiner Mutter eine schöne Blume. 26. Sie lernen Deutsch mit einem dicken Buch. 27. Wir kaufen ein neues Auto. 28. Sie gehen in ein großes Museum. 29. Ihr habt keine alte Kleidung. 30. Eine alte Frau sucht ihre gelbe Tasche. 31. Ich kaufe einen alten Tisch auf dem Markt.

Tag 52-54 Wiederholung 복습 1

 Tag 52~54까지 배운 내용들을 잘 기억하고 있는지 실력을 점검해 보겠습니다. 다음 문제를 스스로 풀고, 정답을 확인해 보세요. 틀린 문제는 앞으로 돌아가 해당 내용을 찾아보고, 다시 한 번 복습하세요.

1 형용사의 약변화 어미를 알맞게 작성하여 다음 표를 채워 주세요.

격	m. 남성	f. 여성	n. 중성	pl. 복수
1	1.	2.	3.	4.
2	en	en	en	en
3	5.	6.	7.	8.
4	9.	10.	11.	12.

13. 어떤 경우에 형용사의 어미가 약변화할까요? (관사 등)

2 형용사의 강변화 어미를 알맞게 작성하여 다음 표를 채워 주세요.

격	m. 남성	f. 여성	n. 중성	pl. 복수
1	14.	15.	16.	17.
2	18.	19.	20.	21.
3	em	er	em	en
4	22.	23.	24.	25.

26. 어떤 경우에 형용사의 어미가 강변화할까요? (관사 등)

3 형용사의 혼합 변화 어미를 알맞게 작성하여 다음 표를 채워 주세요.

격	m. 남성	f. 여성	n. 중성	pl. 복수 (부정관사류일 때)
1	27.	28.	29.	30.
2	31.	32.	33.	34.
3	en	en	en	en
4	35.	36.	37.	38.

39. 어떤 경우에 형용사의 어미가 혼합 변화할까요? (관사 등)

_____

4 빈칸에 알맞은 형용사 어미를 채워 문장을 완성하고 큰 소리로 말해 보세요.

40. Ich studiere an ein _____ deutsch _____ Universität.
    나는 한 독일 대학에서 공부한다.

41. Er trinkt gern heiß _____ grün _____ Tee.
    그는 뜨거운 녹차(초록색 차)를 즐겨 마신다.

42. Viele jung _____ Leute essen jeden Tag frisch _____ Brot.
    많은 젊은 사람들은 매일 신선한 빵을 먹는다.

43. Wir lernen Koreanisch mit dem groß _____ dick _____ Wörterbuch.
    우리는 한국어를 그 크고 두꺼운 사전과 함께 배운다.

44. Sie helfen mehrer _____ arm _____ Kindern.
    그들은 몇몇의 가난한 아이들을 돕는다.

45. An dem nächst _____ Wochenende fahre ich nach Deutschland.
    다음 주에 나는 독일로 간다.

정답

1.~12. Tag53 참고 13. 정관사가 있는 경우, 정관사류(dies, jed, all)가 있는 경우 14.~25. Tag52 참고 26. 명사에 관사가 없는 경우, 관사 없는 명사를 숫자, viele, einige, wenige, mehrere 가 수식하는 경우 27~38. Tag54 참고 39. 부정관사가 있는 경우, 부정관사류(kein, mein/소유관사)가 있는 경우 40. er, en 41. en, en 42. e, es 43. en, en 44. en, en 45. en

Tag 52-54 Wiederholung 복습 2

6단계 Datum: . .

학습목표: Tag 52~54까지 배운 내용들을 잘 기억하고 있는지 실력을 점검해 보겠습니다. 다음 문제를 스스로 풀고, 정답을 확인해 보세요. 틀린 문제는 앞으로 돌아가 해당 내용을 찾아보고, 다시 한 번 복습하세요.

1. 빈칸에 알맞은 형용사 어미를 채워 문장을 완성하고 큰 소리로 말해 보세요.

46. Sie verkauft mir einen rot _____ Rock und ich kaufe diesen rot _____ Rock für meine klein _____ Tochter.
    그녀는 나에게 빨간 치마 하나를 팔고 나는 이 빨간 치마를 내 작은 딸을 위해 산다.

47. Meine Brüder spielen nicht gern mit den ander _____ Kindern.
    내 남동생들은 다른 아이들과 즐겨 놀지 않는다.

48. Ich trinke nicht gern schwarz _____ Kaffee. Mir schmeckt heiß _____ Milch.
    나는 블랙커피를 즐겨 마시지 않아. 뜨거운 우유가 나에게 좋아.   ★ schwarz 검정색의, 까만 ★ heiß 뜨거운

49. Wie findest du die neu _____ Freundin unseres Onkels?
    너 우리 삼촌의 새 여자 친구를 어떻게 생각해?

50. Mit seinen süß _____ Kindern gehen wir in unser _____ klein _____ Hause.
    우리는 그의 귀여운 아이들과 함께 우리의 작은 집으로 간다.

2. 다음 문장의 형용사의 어미 변화가 맞으면 O 틀리면 X를 고르고, 틀렸을 경우 올바르게 고쳐 완전한 문장으로 만들어 보세요.

51. Wie findest du den neuen Deutschlehrer?   O   X
    너 그 새로운 남자 독일어 선생님 어떻게 생각하니?

    _____

52. Ich mag den neuem Deutschlehrer nicht.   O   X
    Ich finde, die hübscher Mathematiklehrerin ist besser.
    나는 그 새로운 남자 독일어 선생님은 싫어.
    내 생각엔, 그 예쁜 여자 수학 선생님이 더 좋은 것 같아.

    _____

53. Für die ersten Besucher vorbereiten wir ein Geschenk!   O   X
    그 첫번째 방문객을 위해 한 선물을 준비했습니다!

54. Der Geruch leckeres Brotes ist immer gut.   O   X
    맛있는 빵의 냄새는 항상 좋다.

55. Sie liebt ihre drei schwarze Katzen.   O   X
    그녀는 그녀의 세 마리의 검은 고양이들을 사랑한다.

56. Mit einigen klugen Schülern geht die Lehrerin ins Kino.   O   X
    몇몇의 똑똑한 학생들과 그 여자 선생님은 영화관으로 간다.

57. Alle verheiratete Angestellten können in Urlaub gehen.   O   X
    모든 기혼의 회사원들은 휴가를 갈 수 있다.

58. Alle blonde Studentinnen und ein große Student sind hier.   O   X
    모든 금발의 여학생들과 한 키 큰 남학생이 여기에 있다.

59. Das größte Brot mit blauen Käse ist mein Mittagessen.   O   X
    블루 치즈가 들어 있는 그 가장 큰 빵이 내 점심밥이다.

60. Jeder alten Lehrer braucht einen schwarzen   O   X
    Kuli und zwei gelben Heften.
    각각의 나이든 남자 선생님은 검은 펜 한 자루와 두 권의 노란 공책들이 필요하다.

정답

46. en, en, e 47. en 48. en, e 49. e 50. en, 없음, es 51. O 52. X, Ich mag den neuen Deutschlehrer nicht. Ich finde, die hübsche Mathematiklehrerin ist besser. 53. X, Für den ersten Besucher bereiten wir ein Geschenk vor! 54. X, Der Geruch leckeres Brotes ist immer gut. 55. X, Sie liebt ihre drei schwarzen Katzen. 56. O 57. X, Alle verheirateten Angestellten können in Urlaub gehen. 58. X, Alle blonden Studentinnen und ein großer Student sind hier. 59. X, Das größte Brot mit blauem Käse ist mein Mittagessen. 60. X, Jeder alte Lehrer braucht einen schwarzen Kuli und zwei gelbe Hefte.

Tag 55

Er hat mir gesagt.
그는 나에게 말했다.

6단계 | Datum: . .

학습목표 지금까지 우리는 현재 일어나는 일들에 대해서 독일어로 말해 보았습니다. 이제부터는 과거에 일어난 일도 말할 수 있도록, 동사의 과거 분사(p.p)에 대해서 배워 봅시다. 그럼 오늘의 학습 내용을 살펴볼까요?

1. 규칙적인 동사의 과거 분사

> **ge + 동사의 어간 + t**

동사의 과거 분사형은 위의 규칙으로 만들어집니다. 자주 쓰이는 동사의 과거 분사형은 아래와 같습니다.

동사 원형	과거 분사형	동사 원형	과거 분사형
machen 만들다	ge macht	spielen 놀다	ge spielt
fragen 질문하다	ge fragt	kaufen 사다	ge kauft
sagen 말하다	ge sagt	arbeiten 일하다	ge arbeitet
suchen 찾다	ge sucht	warten 기다리다	ge wartet
lernen 배우다	ge lernt	hören 듣다	ge hört

2. (준)규칙적인 동사의 과거 분사

동사의 과거 분사형 끝이 t로 끝나지만 어간 앞에는 ge가 붙지 않는 동사들이 준규칙 과거 분사형에 속합니다. 준규칙 과거 분사형을 갖는 동사들은 아래와 같습니다.

동사 원형	과거 분사형	동사 원형	과거 분사형
studieren 전공하다	studiert	erzählen 이야기하다	erzählt
fotografieren 사진 찍다	fotografiert	besuchen 방문하다	besucht
telefonieren 통화하다	telefoniert	verkaufen 팔다	verkauft
reservieren 예약하다	reserviert	gehören ~에 속하다	gehört

Notiz
강의를 듣고 메모해 보세요.

★ 분리동사가 규칙 변화할 경우, 분리 전철이 과거 분사형 앞에 붙습니다.
z. B)
- einkaufen(현재)
  → eingekauft(과거 분사)
- anmachen(현재)
  → angemacht(과거 분사)

★ 비분리 전철이 붙는 동사는 t로 끝나는 경우가 많으며, 비분리 전철과 어간 사이에 ge가 절대 붙지 않습니다. -ieren 으로 끝나는 동사는 준규칙적인 동사에 해당하는 경우가 많습니다.

3. 현재 완료 문장 만들어 보기(규칙적 과거 분사)

> 주어(인칭 대명사) + haben + 나머지 문장 성분 + 규칙적인 동사의 과거 분사형(p.p)

현재 완료 문장은 본동사 자리에 haben이 오며, 문장의 맨 끝에 본동사의 과거 분사형이 위치합니다.

현재 시제	현재 완료 시제
Ich spiele mit meinem Freund. 나는 내 친구와 논다.	Ich habe mit meinem Freund gespielt. 나는 내 친구와 놀았다.
Du machst deine Hausaufgaben. 너는 너의 숙제를 한다.	Du hast deine Hausaufgaben gemacht. 너는 너의 숙제를 했다.
Er sagt mir. 그는 나에게 말한다.	Er hat mir gesagt. 그는 나에게 말했다.
Sie kauft eine Hose. 그녀는 바지 한 개를 산다.	Sie hat eine Hose gekauft. 그녀는 바지 한 개를 샀다.
Wir warten auf dich. 우리는 너를 기다린다.	Wir haben auf dich gewartet. 우리는 너를 기다렸다.
Ihr fragt den Lehrer. 너희는 그 선생님에게 묻는다.	Ihr habt den Lehrer gefragt. 너희는 그 선생님에게 물어봤다.
Sie lernen Mathematik. 그들은 수학을 공부한다.	Sie haben Mathematik gelernt. 그들은 수학을 공부했다.
Sie arbeiten fleißig. 당신(들)은 열심히 일한다.	Sie haben fleißig gearbeitet. 당신(들)은 열심히 일했다.

★ auf jdn. warten은 '~을(를) 기다리다'라는 의미로 전치사 auf 뒤에 기다리는 대상이 4격으로 와야 합니다.

4. 현재 완료 문장 만들어 보기(준규칙적 과거 분사)

Ich habe Deutsch studiert.	나는 독일어를 전공했다.
Du hast deine Kinder fotografiert.	너는 너의 아이들을 사진 찍었다.
Er hat mit seiner Freundin telefoniert.	그는 그의 여자 친구와 통화했다.
Sie hat ein Zimmer reserviert.	그녀는 방 하나를 예약했다.
Wir haben ihm unsere Erfahrung erzählt.	우리는 그에게 우리의 경험을 말했다.
Ihr habt mich besucht.	너희는 나를 방문했다.
Sie haben ihr Auto verkauft.	그들은 그들의 자동차를 팔았다.

Notiz
강의를 듣고 메모해 보세요.

Auf Deutsch bitte!

1 동사의 과거 분사형을 알맞게 작성하여 다음의 표를 완성하세요.

동사 원형	과거 분사형(p.p)
suchen	1.
besuchen	besucht
hören	2.
erzählen	3.
arbeiten	4.
verkaufen	5.
kaufen	gekauft
studieren	6.

2 빈칸에 알맞은 단어를 채워 문장을 완성하고 큰 소리로 말해 보세요.

7. _____ du ihn _____?   너는 그를 방문했니?

8. Sie _____ mir _____.   그들은 나에게 말했다.

9. _____ ihr uns _____?   너희들 우리 사진 찍었니?

10. Sie hat _____ _____.   그녀는 기계 공학을 전공했다.

3 다음 주어진 단어를 활용하여 현재 완료 시제 문장을 완성하고 큰 소리로 말해 보세요.

lernen   reservieren   hören

11. _____ er Koreanisch _____?

12. Wir _____ drei Zimmer _____.

13. Sie _____ das Lied _____.

다음 주어진 문장을 독일어로 쓰고 큰 소리로 따라 말해 보세요.

r. Mantel 코트 | r. Weg 길 | e. Kleidung 옷 | r. Onkel 삼촌 | e. Socke 양말 | e. Chemie 화학 | s. Lied 노래

14. 나는 코트 한 벌을 샀다.

15. 우리는 화학을 전공했다.

16. 한 여자가 그에게 물었다.

17. 그들은 그들의 양말들을 찾았다.

18. 너희는 그 노래를 듣지 못했다.

19. 당신은 낡은 옷을 팔았습니다.

20. 너는 그 여학생을 기다렸다.

21. 나는 나의 삼촌을 방문했다.

정답

1.-6. 본문 참고 7. Hast, besucht 8. haben, gesagt 9. Habt, fotografiert 10. Maschinenbau, studiert 11. Hat, gelernt 12. haben, reserviert 13. haben, gehört 14. Ich habe einen Mantel gekauft. 15. Wir haben Chemie studiert. 16. Eine Frau hat ihn gefragt. 17. Sie haben ihre Socken gesucht. 18. Ihr habt das Lied nicht gehört. 19. Sie haben alte Kleidung verkauft. 20. Du hast auf die Schülerin gewartet. 21. Ich habe meinen Onkel besucht.

Tag 56

Ich habe einen Bus genommen.
나는 버스를 탔다.

6단계 Datum: .   .

학습 목표
규칙과 준규칙 과거 분사형들을 앞서 배웠으니 이제 불규칙 과거 분사형에 대해 배워 보겠습니다. 불규칙 과거분사형들은 규칙을 따르지 않고 그 형태도 매우 다양해서 실수하기 쉬우므로, 꼼꼼한 암기가 필수입니다.

1. 불규칙적인 동사의 과거 분사 ①

불규칙한 동사의 과거 분사형은 대체로 아래의 형태를 띄고 있습니다.

ge + 동사의 원형

동사 원형	과거 분사형	동사 원형	과거 분사형
kommen 오다	gekommen	bekommen 받다	bekommen
schlafen 자다	geschlafen	sehen 보다	gesehen
lesen 읽다	gelesen	laufen 뛰다	gelaufen
geben 주다	gegeben	wachsen 자라다	gewachsen

2. 불규칙적인 동사의 과거 분사 ②

동사의 앞에 ge가 붙는 것은 위와 동일하지만, **동사 어간에 변화가 있는** 과거 분사형을 갖는 동사들도 있습니다. 특별히 암기가 필요한 동사들이므로 주의 깊게 살펴보세요.

동사 원형	과거 분사형	동사 원형	과거 분사형
schreiben 쓰다	geschrieben	treffen 만나다	getroffen
singen 노래하다	gesungen	sprechen 이야기하다	gesprochen
trinken 마시다	getrunken	helfen 돕다	geholfen
finden 찾다	gefunden	schließen 닫다	geschlossen
lügen 거짓말하다	gelogen	schwimmen 수영하다	geschwommen

 **Notiz**
강의를 듣고 메모해 보세요.

★ bekommen: be는 비분리전철로, 과거 분사형이 원형과 동일한 형태를 갖습니다.

★ 동사들이 ei → ie / e → o / i → u / ie → o 로 변하면서 마치 나름대로의 규칙을 가진 것처럼 보이지만, 위의 경우가 자주 있을 뿐 정해진 규칙은 전혀 아니라는 점에 유의하세요.

3 불규칙적인 동사의 과거 분사 ③

아래의 동사들은 **과거분사의 형태가 원형과 완전히 달라지는** 자주 쓰이는 동사들입니다.

동사 원형	과거 분사형	동사 원형	과거 분사형
nehmen 취하다	genommen	gehen 가다	gegangen
ziehen 끌다, 당기다	gezogen	stehen 서 있다	gestanden
umziehen 이사하다	umgezogen	verstehen 이해하다	verstanden
essen 먹다	gegessen	wissen 알다	gewusst
bringen 가져오다	gebracht	denken 생각하다	gedacht

📝 Notiz
강의를 듣고 메모해 보세요.

4 현재 완료 문장 만들어 보기 ①

Ich **habe** gestern sehr gut **geschlafen**.	나는 어제 아주 잘 **잤다**.
Du **hast** den Krimi **gelesen**.	너는 그 추리 소설을 **읽었다**.
Er **hat** uns eine schwere Aufgabe **gegeben**.	그는 우리에게 어려운 과제 하나를 **주었다**.
Sie **hat** einen Brief für ihre Eltern **geschrieben**.	그녀는 그녀의 부모를 위해 편지 한 장을 **썼다**.
Wir **haben** am letzten Wochenende viel Bier **getrunken**.	우리는 지난 주말에 맥주를 많이 **마셨다**.
Ihr **habt** sie in der Schule **getroffen**.	너희는 그녀를 학교에서 **만났다**.
Sie **haben** die große Tür **geschlossen**.	그들은 저 큰 문을 **닫았다**.

★ r. Krimi 추리 소설

5 현재완료 문장 만들어 보기 ②

Habe ich über die Nachricht **gesprochen**?	내가 그 소식에 대해서 **이야기했니**?
Hast du den Bus zum Bahnhof **genommen**?	너는 역으로 가는 버스를 **탔니**?
Hat er uns mehrmals **angelogen**?	그가 우리에게 여러 번 **거짓말했니**?
Hat sie der alten Frau **geholfen**?	그녀는 저 나이든 여성을 **도와주었니**?
Habt ihr am letzten Wochenende Schnitzel **gegessen**?	너희는 지난 주말에 슈니첼을 **먹었니**?
Haben Sie das richtig **verstanden**?	당신은 옳게(제대로) **이해했나요**?

★ jdn. anlügen ~에게 거짓말하다

★ s. Schnitzel 슈니첼
(독일어권 나라에서 즐겨 먹는, 돈가스와 비슷한 음식)

Auf Deutsch bitte!

1 동사의 과거 분사형을 알맞게 작성하여 다음의 표를 완성하세요.

동사 원형	과거 분사형	동사 원형	과거 분사형
schlafen	geschlafen	singen	1.
lesen	2.	trinken	3.
geben	4.	finden	5.
fahren	6.	lügen	7.
sehen	8.	treffen	9.
laufen	10.	sprechen	11.
wachsen	12.	helfen	13.
schreiben	geschrieben	schließen	14.
schwimmen	15.	essen	16.
nehmen	17.	bringen	18.
ziehen	19.	verstehen	verstanden
denken	20.	wissen	21.

2 빈칸에 알맞은 단어를 채워 문장을 완성하고 큰 소리로 말해 보세요.

22. Er _____ sie auf der Party _____.   그는 그녀를 파티에서 만났다.

23. Sie _____ mir einen Brief _____.   당신은 나에게 편지 하나를 주었다.

24. _____ ihr viel Wein _____?   너희들 와인 많이 마셨니?

25. Wir _____ die Nachricht nicht _____.   우리는 그 소식을 이해 못 했다.

3 다음 주어진 문장을 독일어로 쓰고 따라 말해 보세요.

26. 일요일에 나는 오래 잤다.

   _____

27. 너희들 그 기차를 탔니?

   _____

28. 그는 그의 여자 친구와 함께 불쌍한 아이들을 도왔다.

29. 당신은 어제 그 신문을 읽었습니까?　　　　　　　　　　　★ e. Zeitung 신문

30. 그녀는 여러 번 거짓말을 했다.

31. 우리는 우리의 부모님을 위해 이 편지를 썼다.

32. 나는 이 빨간색 가방을 나의 할머니로부터 받았다.　　　★ e. Großmutter / Oma 할머니

33. 너는 그 영화 이미 보았니?

34. 한 젊은 남자가 너의 빵을 먹고 그 주스를 마셨다.　　　★ r. Saft 주스

35. 그들은 맥주를 가져오지 않았다.

정답

1.~21. 본문 참고 22. hat, getroffen 23. haben, gegeben 24. Habt, getrunken 25. haben, verstanden 26. Am Sonntag habe ich lange geschlafen. 27. Habt ihr den Zug genommen? 28. Er hat mit seiner Freundin armen Kindern geholfen. 29. Haben Sie gestern die Zeitung gelesen? 30. Sie hat mehrmals gelogen. 31. Wir haben diesen Brief für unsere Eltern geschrieben. 32. Ich habe die rote Tasche von meiner Oma(Großmutter) bekommen. 33. Hast du den Film schon gesehen? 34. Ein junger Mann hat dein Brot gegessen und den Saft getrunken. 35. Sie haben kein Bier (mit)gebracht.

Tag 57

Er ist durch Europa gereist.
그는 유럽을 여행했어.

6단계 Datum: . .

학습목표 지금까지 우리는 현재완료를 표현하고자 할 때 haben 동사와 동사의 과거분사형을 활용했습니다. 그런데 몇몇 상황에서는 haben이 아닌 sein 동사와 과거분사가 결합되기도 합니다. 오늘은 그러한 경우에 독일어로 유창하게 말할 수 있도록 배워 보겠습니다.

1. 현재 완료에서 sein 동사가 쓰이는 경우 ①

주어가 직접 움직이거나 장소 간의 이동을 하는 경우에는 sein 동사와 과거분사를 결합합니다.

동사 원형	과거 분사형	동사 원형	과거 분사형
gehen 가다	ge**gangen**	fliegen 날아가다	ge**flogen**
fahren 가다	ge**fahren**	reisen 여행하다	ge**reist**
(an)kommen (도착하다)	(an)ge**kommen**	laufen 뛰다	ge**laufen**
einsteigen (올라)타다, 승차하다	ein**ge**stie**gen**	aussteigen 내리다, 하차하다	aus**ge**stie**gen**

2. 현재 완료에서 sein 동사가 쓰이는 경우 ②

주어의 상태가 변할 때도 역시 sein 동사와 과거분사를 결합합니다.

동사 원형	과거 분사형	동사 원형	과거 분사형
einschlafen 잠이 들다	ein**ge**schlafen	sterben 죽다	ge**storben**
aufwachsen 자라다, 성장하다	auf**ge**wachsen	aufstehen 일어나다, 기상하다	auf**ge**standen

3. 현재 완료에서 sein 동사가 쓰이는 경우 ③

다음 3가지 동사는 sein 동사와 결합하는 예외적인 경우입니다.

동사 원형	과거 분사형	예시
sein	ge**wesen**	Ich **bin** im letzten Jahr in Deutschland **gewesen**. 나는 작년에 독일에서 있었다.
werden ~되다	ge**worden**	Du **bist** gestern Vater **geworden**. 너는 어제 아빠가 되었다.
bleiben 머무르다	ge**blieben**	Sie **sind** in ihrer Heimat **geblieben**. 그들은 그들의 고향에 머물렀다.

Notiz
강의를 듣고 메모해 보세요.

★ 과거의 시점을 표현할 때, 4격으로도 자주 말합니다.

예) 작년에   letztes Jahr
　지난 달에   letzten Monat
　지난 주말에   letztes Wochenende
　지난 주에   letzte Woche
　지난 금요일에   letzten Freitag

4 sein 동사와 결합하는 과거 분사 활용하기 ①

Ich **bin** nach Hause **gegangen**.	나는 집으로 **갔다**.
Du **bist** in die Schule **gegangen**.	너는 학교로 **갔다**.
Er **ist** mit seiner Familie nach Deutschland **gefahren**.	그는 그의 가족과 독일로 **갔다**.
Sie **ist** mit ihren Freundinnen nach Berlin **gefahren**.	그녀는 그녀의 여자 친구들과 베를린으로 **갔다**.
Wir **sind** mit einer Katze **gekommen**.	우리는 고양이 한 마리와 **왔다**.
Ihr **seid** nach Nordeuropa **geflogen**.	너희는 북유럽으로 **날아갔다**.
Sie **sind** im Urlaub durch Korea **gereist**.	그들은 휴가 때 한국을 **여행했다**.
Sie **sind** bis hier **gelaufen**.	당신(들)은 여기까지 **뛰어왔다**.

5 sein 동사와 결합하는 과거분사 활용하기 ②

Ich **bin** sehr schnell **eingeschlafen**.	나는 매우 빨리 **잠들었다**.
Du **bist** in einem kleinen Dorf **aufgewachsen**.	너는 한 작은 시골에서 **자랐다**.
Er(Sie) **ist** zu spät **aufgestanden**.	그(그녀)는 너무 늦게 **일어났다**.
Wir **sind** in den ICE nach Frankfurt **eingestiegen**.	우리는 프랑크푸르트행 ICE 안으로 **승차했다**.
Ihr **seid** in Bonn **ausgestiegen**.	너희는 본에서 **하차했다**.
Sie **sind** wegen des Unfalls plötzlich **gestorben**.	그들은 사고 때문에 갑자기 **죽었다**.
Sie **sind** sehr früh **aufgestanden**.	당신(들)은 매우 일찍 **일어났습니다**.

6 sein 동사와 결합하는 과거분사 활용하기 ③

Ich **bin** in meinem Zimmer **gewesen**.	나는 내 방에 **있었다**.
Du **bist** Ärztin **geworden**.	너는 의사가 **되었다**.
Sie(Er) **ist** bei der Tante **geblieben**.	그녀(그)는 이모 곁에 **머물렀다**.
Wir **sind** in der letzten Woche in Mainz **gewesen**.	우리는 지난주에 마인츠에 **있었다**.
Ihr **seid** gestern Schüler **geworden**.	너희는 어제 학생들이 **되었다**.
Sie **sind** zu Hause **geblieben**.	그들은 집에 **머물렀다**.
Sie **sind** mein Kunde **gewesen**.	당신은 나의 고객**이었다**.

★ r. Kunde 고객

Notiz
강의를 듣고 메모해 보세요.

Auf Deutsch bitte!

1 동사의 과거 분사형과 뜻을 알맞게 작성하여 다음의 표를 완성하세요.

동사 원형	과거 분사형(p.p)	뜻
gehen	1.	
fahren	gefahren	가다
ankommen	2.	
fliegen	3.	
reisen	gereist	여행하다
einschlafen	4.	
aufwachsen	5.	
aufstehen	6.	
sterben	7.	
einsteigen	8.	
aussteigen	10.	

2 빈칸에 알맞은 단어를 채워 문장을 완성하고 큰 소리로 말해 보세요.

11. Wo _____ du letztes Jahr _____?
    너는 작년에 어디에 있었니?

12. Ich _____ gestern sehr früh _____.
    나는 어제 매우 일찍 일어났다.

13. Ihr _____ am Hauptbahnhof _____.
    너희들은 중앙역에 도착했다. ★ r. Hauptbahnhof 중앙역

14. Er _____ _____ des Krebs _____.
    그는 암 때문에 죽었다. ★ r. Krebs 암

15. _____ Sie nach Deutschland _____?
    당신은 독일로 (비행기로) 가셨습니까?

3 다음 주어진 단어를 활용하여 독일어로 문장을 써 보세요.

> abfahren 출발하다 (p.p: abgefahren) | fallen 떨어지다 (p.p: gefallen) | passieren (어떤 일이) 일어나다 (p.p: passiert) | aufwachen (잠에서) 깨다 (p.p: aufgewacht) | rennen 뛰다, 달리다 (p.p: gerannt)

16. 그 아기는 이미 (잠에서) 깼다.
    _____

17. 그 공책은 탁자 위에 있었다.
    _____

18. 그 볼펜이 탁자로부터 떨어졌다.
    _____

19. 그녀가 제일 빨리 달렸다.
    _____

20. 그 기차는 이미 출발했다.
    _____

21. 그 사고는 지난 주말에 일어났다.
    _____

22. 너희는 (키가) 크게 되었다.
    _____

23. 우리는 다시 학교로 갔다.
    _____

정답

1.~10. 본문 참고 11. bist, gewesen 12. bin, aufgestanden 13. seid, angekommen 14. ist, wegen, gestorben 15. Sind geflogen 16. Das Baby ist schon aufgewacht. 17. Das Heft ist auf dem Tisch gewesen. 18. Der Kugelschreiber / Kuli ist von dem Tisch gefallen. 19. Sie ist am schnellsten gerannt. 20. Der Zug ist schon abgefahren. 21. Der Unfall ist am letzten Wochenende / letztes Wochenende passiert. 22. Ihr seid groß geworden. 23. Wir sind wieder in die Schule gegangen.

Tag 55-57 Wiederholung 복습 1

6단계 Datum: . .

학습목표 Tag 55~57까지 배운 내용들을 잘 기억하고 있는지 실력을 점검해 보겠습니다. 다음 문제를 스스로 풀고, 정답을 확인해 보세요. 틀린 문제는 앞으로 돌아가 해당 내용을 찾아보고, 다시 한 번 복습하세요.

1 다음 과거 분사 중 형태가 <u>잘못된</u> 하나를 고르세요.

1. a. gewesen   b. gekommt   c. gefahren
2. a. gewerden   b. gestorben   c. gegeben
3. a. reserviert   b. eingestiegen   c. gestudiert
4. a. geflogen   b. aufstand   c. verkauft
5. a. aufgewachen   b. eingekauft   c. gesucht
6. a. gehört   b. gespielen   c. gefragt
7. a. gesingt   b. gelogen   c. geschrieben
8. a. gefunden   b. geblieben   c. geschwimmen
9. a. gegessen   b. verstanden   c. gewisst
10. a. gebracht   b. gewachsen   c. gewarten

2 다음 주어진 단어들을 빈칸에 알맞게 채워 문장을 완성하고 큰 소리로 말해 보세요.

> gefallen geschlafen getroffen getrunken gefahren umgezogen gedacht gestanden

11. Sie ist mit dem Taxi zum Bahnhof _____.

12. Habt ihr gut _____?

13. Wir sind letztes Wochenende nach Hamburg _____.

14. Der Bleistift ist von deinem Tisch _____.

15. Ich habe deinen Orangensaft und Apfelsaft _____.

3 다음 현재 시제의 문장을 과거 시제로 바꾸어 보세요.

16. Ich wohne in Nordkorea.   나는 북한에 살고 있습니다.

_____

17. Ihr seid ein tolles Paar!   너희는 한 멋진 커플이야!   ★ s. Paar 커플

_____

18. Ziehen sie um?   그들은 이사합니까?

_____

19. Wann schläft er heute ein?   그는 오늘 몇 시에 잠에 드니?

_____

20. Isst du etwas?   너 무엇 좀 먹니?

_____

21. Wann stirbt er?   언제 그가 죽나요?

_____

22. Mein Mann schwimmt sehr gut.   내 남편은 수영을 아주 잘합니다.

_____

23. Lara und Mina machen eine Prüfung.   라라와 미나는 시험을 본다.

_____

24. Die Lehrerin bezahlt mit Kreditkarte.   그 여자 선생님은 신용 카드로 결제를 합니다.

_____

정답

1. b 2. a 3. c 4. b 5. a 6. b 7. a 8. c 9. c 10. c 11. gefahren 12. geschlafen 13. umgezogen 14. gefallen 15. getrunken 16. Ich habe in Nordkorea gewohnt. 17. Ihr seid ein tolles Paar gewesen! 18. Sind sie umgezogen? 19. Wann ist er heute eingeschlafen? 20. Hast du etwas gegessen? 21. Wann ist er gestorben? 22. Mein Mann ist sehr gut geschwommen. 23. Lara und Mina haben eine Prüfung gemacht. 24. Die Lehrerin hat mit Kreditkarte bezahlt.

Tag 55-57 Wiederholung
복습 2

 6단계 Datum: . .

 Tag 55~57까지 배운 내용들을 잘 기억하고 있는지 실력을 점검해 보겠습니다. 다음 문제를 스스로 풀고, 정답을 확인해 보세요. 틀린 문제는 앞으로 돌아가 해당 내용을 찾아보고, 다시 한 번 복습하세요.

1 다음 대화 내용을 독일어로 쓰고 따라 말해보세요.

26. **A :** 너 그 노래 들었니?
    B : 응, 나는 그 노래 들었어. 그리고 나는 그 노래를 불렀어.

    A : _____
    B : _____

27. **A :** 무슨 일이 일어났니?
    B : 자동차 사고가 일어났어.   ★ r. Autounfall 자동차 사고
    C : 그 사고 때문에 한 남자가 죽었어.

    A : _____
    B : _____
    C : _____

28. **A :** 당신들은 시장에서 쇼핑을 하셨습니까?   ★ auf dem Markt 시장에서
    B : 네, 저는 새 셔츠 하나를 샀어요.
    C : 아니요, 저는 제 오래된 의자를 팔았어요.

    A : _____
    B : _____
    C : _____

29. **A :** 너의 남자 친구는 독일에 살고 있니?
    B : 아니, 그는 독일에서 자랐지만, 몇 년 전에 헝가리로 이사했어.
    C : 나는 그를 한 번 본 적 있어.   ★ einmal 한 번

A : _____

B : _____

C : _____

30. **A :** 너희 어디에 있었어?
    B : 우리는 카페에 있었어. 나는 케이크를 먹었고 내 남자 친구는 커피를 마셨어. 너는?
    C : 나는 집에 있었어.

A : _____

B : _____

C : _____

정답

26. A: Hast du das Lied gehört? B: Ja, ich habe das Lied gehört. Und ich habe das Lied gesungen. 27. A: Was ist passiert? B: Ein Autounfall ist passiert. C: Ein Mann ist wegen des (Auto)Unfalls gestorben. 28. Haben Sie auf dem Markt eingekauft? B: Ja, ich habe ein neues Hemd gekauft. C: Nein, ich habe meinen alten Stuhl verkauft. 29. A: Lebt/Ist dein Freund in Deutschland? B: Nein, er ist in Deutschland aufgewachsen, aber er ist vor einigen Jahren nach Ungarn umgezogen. C: Ich habe ihn einmal gesehen. 30. A: Wo seid ihr gewesen? B: Wir sind im Café gewesen. Ich habe einen Kuchen gegessen und mein Freund hat einen Kaffee getrunken. Und du? A: Ich bin zu Hause gewesen.

Tag 58

Wir gehen zum Arzt, wenn wir krank sind.
우리는 아프면 의사에게 간다.

6단계 Datum: . .

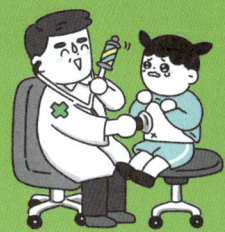

학습목표
'~한다면', '~에도 불구하고', '~하는 동안에'와 같은 의미 전개는 우리에게 아주 익숙합니다. 바로 이런 표현들을 독일어로는 어떻게 말하는지 배워 보겠습니다.
그럼 오늘의 학습 내용을 살펴볼까요?

1. 종속 접속사란?

종속 접속사는 다른 접속사들과 마찬가지로 두 문장을 서로 잇는 역할을 합니다. 다만, 종속이라는 단어의 의미처럼, 종속 접속사가 쓰인 문장이 다른 문장에 속하는 형태가 됩니다. 따라서 종속 접속사가 이끄는 문장을 종속절, 다른 문장은 주절이라고 하며, 주절 없이 종속절만 쓰일 수는 없습니다.

2. 대표적인 종속 접속사 4가지

> wenn ~ 한다면
> obwohl ~(함)에도 불구하고
> weil (왜냐하면) ~때문이다
> während ~하는 동안에, ~하면서

3. 종속 접속사 규칙

독일어 문법에서 종속 접속사가 이끄는 문장은 항상 동사가 문장의 맨 마지막에 위치합니다. 기본적으로 독일어 문장에서 동사는 늘 두번째 자리에 위치하는데 반해, 종속절에서는 항상 동사가 맨 끝에 쓰여야 하므로, 유의해서 기억해야 합니다.

예) Ich lerne Deutsch, weil ich Deutschland und deutsches Essen mag.
나는 독일어를 공부한다, 왜냐하면 나는 독일과 독일 음식을 좋아하기 때문이다.

위의 문장에서 Ich lerne Deutsch 가 주절, weil ich Deutschland und deutsches Essen mag 가 종속절입니다. 종속절에서 동사인 mag가 문장의 끝에 위치함을 잘 보아 두세요.

예) Ich bin müde gewesen, weil ich viel gearbeitet habe.
나는 일을 많이 했기 때문에 피곤했다.

종속절의 시제가 현재 완료거나 화법 조동사가 쓰였을 때도 마찬가지로 2번째 자리에 위치한 동사, 즉 화법 조동사 또는 haben / sein 동사가 종속절의 맨 끝에 위치합니다.

Notiz
강의를 듣고 메모해 보세요.

4 종속 접속사 활용하기

Notiz
강의를 듣고 메모해 보세요.

주절	종속절	해석
Ich gehe zu dir, 나는 너에게 간다,	**wenn** ich Zeit **habe**. 내가 시간이 **있다면**.	내가 시간이 있다면 너에게 간다.
	obwohl ich keine Zeit **habe**. 내가 시간이 **없음에도 불구하고**.	내가 시간이 없음에도 불구하고 너에게 간다.
	weil ich genug Zeit **habe**. 내가 충분한 시간이 **있기 때문이다**.	내가 충분한 시간이 있기 때문에 너에게 간다.
	während ich ein Lied **höre**. 내가 노래를 듣는 동안에.	나는 노래를 들으면서 너에게 간다. (=나는 너에게 가면서 노래를 듣는다.)

주절	종속절	해석
Mein Vater kocht, 나의 아버지는 요리를 한다,	**wenn** ich hungrig **bin**. 내가 배고프**다면**.	나의 아버지는 내가 배고프면 요리를 한다.
	obwohl ich keinen Hunger **habe**. 내가 배고프지 **않음에도 불구하고**.	나의 아버지는 내가 배고프지 않음에도 불구하고 요리를 한다.
	weil er hungrig **ist**. 그가 배고프기 **때문이다**.	나의 아버지는 (그가) 배가 고파서 요리를 한다.
	während er fernsieht. 그가 TV를 **보는 동안에**.	나의 아버지는 (그가) TV를 보는 동안에 요리를 한다. (= 나의 아버지는 TV를 보면 서 요리를 한다.)

★ 주절의 위치와 종속절의 위치는 서로 뒤바뀌어도 괜찮습니다.
주절, 종속절. = 종속절, 주절.
이때, 주절에서는 주어가 아닌 동사가 먼저 나와야 합니다.

z.B)
Wenn wir krank sind,
gehen wir zum Arzt.

주절	종속절	해석
Wir gehen zum Arzt, 우리는 의사에게 간다	**wenn** wir krank **sind**. 우리가 아프다면.	우리는 아프면 의사에게 간다.
	obwohl wir gesund **sind**. 우리가 건강함에도 **불구하고**.	우리가 건강함에도 불구하고 의사에게 간다.
	weil wir krank **sind**. 우리가 아프기 **때문이다**.	우리가 아프기 때문에 의사에게 간다.
	während der Arzt **arbeitet**. 그 의사가 일하는 동안에.	그 의사가 일하는 동안에 우리는 의사에게 간다.

Auf Deutsch bitte!

1 빈칸에 알맞은 종속 접속사를 채워서, 독일어로 문장을 완성하고 큰 소리로 말해 보세요.

1. Wir können nicht schlafen, _____ wir müde sind.
   우리는 피곤함에도 불구하고 잘 수 없다.

2. Ich komme nicht, _____ es heute viel regnet.
   오늘 비가 많이 온다면 나는 가지(오지) 않는다.

3. Die Leute gehen zu Fuß, _____ sie den Bus verpasst haben.   ★ verpassen 놓치다
   이 사람들은 저 버스를 놓쳤기 때문에 걸어서 간다.

4. Der Mann hört immer Musik, _____ er zur Arbeit geht.
   그 남자는 일하러 가는 동안에(출근하면서) 항상 음악을 듣는다

2 아래 주어진 단어들을 활용하여 문장의 빈칸을 채워, 독일어 문장을 완성하세요.

| treffen   Zeit   abfahren   schlafen   wenn   obwohl   anrufen   während   weil   an |

5. Wir _____ ihn _____ dem Bahnhof, _____ er _____ hat.

6. Er _____ dich _____, _____ der Zug _____.

7. Er _____ im Bett, _____ sie lernt.

8. Wir gehen zu dir, _____ es heute regnet.

3 다음 주어진 문장을 독일어로 쓰고 따라 말해 보세요.

9. 우리는 너희를 만나기 때문에 기쁘다.

   _____

10. 그의 자동차가 고장 났기 때문에 그는 버스를 타고 (버스로) 간다.

    _____

11. 너는 두통이 있음에도 불구하고 의사에게 가지 않는다. ★ pl. Kopfschmerzen 두통

12. 내 이웃이 시끄럽기 때문에 나는 잠들지 않는다. ★ r. Nachbar 이웃

13. 나는 책을 읽으면서 노래를 듣는다.

14. 그는 울면서 너에게 전화한다. ★ weinen 울다

15. 나는 시간이 있다면 친구들과 축구를 한다.

16. 그들은 배가 고픔에도 불구하고 먹지 않는다.

17. 눈이 많이 오기 때문에 나는 학교에 가지 않는다. ★ schneien 눈 오다

18. 나는 너의 소식을 들어서 행복하다. ★ e. Nachricht 소식

정답

1. obwohl 2. wenn 3. weil 4. während 5. treffen, an, wenn, Zeit 6. ruft, an, wenn, abfährt. 7. schläft, während 8. obwohl 9. Wir sind froh, weil wir euch treffen. 10. Er fährt mit dem Bus, weil sein Auto kaputt ist. 11. Du gehst nicht zum Arzt, obwohl du Kopfschmerzen hast. 12. Ich schlafe nicht ein, weil mein Nachbar laut ist. 13. Ich höre Musik, während ich (ein Buch) lese. 14. Er ruft dich an, während er weint. 15. Ich spiele Fußball mit meinen Freunden, wenn ich Zeit habe. 16. Sie essen nicht, obwohl sie Hunger haben/ hungrig sind. 17. Ich gehe nicht zur Schule, weil es viel schneit. 18. Ich bin glücklich, weil ich die Nachricht von dir gehört habe.

Tag 59

Ich weiß nicht, woher du kommst.
나는 네가 어디로부터 왔는지 모른다.

6단계　Datum:　　．　．

학습목표
Tag 58에서 배운 종속 접속사 외에도, 우리는 의문사를 종속 접속사로 대신해 말할 수 있습니다. 의문문을 종속 접속사로 활용하여 두 문장을 이어 하나의 문장으로 만들어 보는 연습을 해 보겠습니다.
그럼 오늘의 학습 내용을 살펴볼까요?

1. 종속 접속사의 역할을 하는 의문사

평서문과 의문문, 두 문장을 한 문장으로 잇게 되면 자연스럽게 의문문에서의 의문사가 종속 접속사 역할을 하게 됩니다. 의문사가 종속 접속사 역할을 하게 되면서 의문문은 자연스럽게 종속절이 되며, 종속절의 규칙을 따르게 됩니다. 종속절의 규칙은 모두 알고 계시죠? **종속절에서 동사는 반드시 문장의 맨 마지막에 와야 한다는 점**, 꼭 기억하세요.

2. 의문사를 종속 접속사로 활용하기

의문사를 종속 접속사로 활용하여, 평서문과 의문문, 두 문장을 한 문장으로 이어서 말하기 연습을 해 봅시다.

1) was (무엇)

> **Satz 1** Ich weiß nicht. 나는 모른다.
> **Satz 2** Was ist das? 그것은 무엇입니까?

Ich weiß nicht. + Was ist das? = Ich weiß nicht, **was** das **ist**.
나는 그것이 **무엇인지** 모른다.

2) wo (어디에)

> **Satz 1** Ich weiß nicht. 나는 모른다.
> **Satz 2** Wo ist die Bank? 그 은행은 어디에 있습니까?

Ich weiß nicht.+Wo ist die Bank? = Ich weiß nicht, **wo** die Bank **ist**.
나는 그 은행이 **어디에 있는지** 모른다.

Notiz
강의를 듣고 메모해 보세요.

3 woher (어디로부터)

Satz 1 Ich weiß nicht. 나는 모른다.
Satz 2 Woher kommst du? 너는 어디로부터 왔니?

Ich weiß nicht. + Woher kommst du? = Ich weiß nicht, **woher** du **kommst**.
나는 너가 **어디로부터 왔는지** 모른다.

4 wohin (어디로)

Satz 1 Ich weiß nicht. 나는 모른다.
Satz 2 Wohin geht er? 그는 어디로 갑니까?

Ich weiß nicht. + Wohin geht er? = Ich weiß nicht, **wohin** er **geht**.
나는 그가 **어디로 가는지** 모른다.

5 wer (누구)

Satz 1 Ich weiß nicht. 나는 모른다.
Satz 2 Wer ist die Frau? 그 여자는 누구입니까?

Ich weiß nicht. + Wer ist die Frau? = Ich weiß nicht, **wer** die Frau **ist**.
나는 그 여자가 **누구인지** 모른다.

6 warum (왜)

Satz 1 Ich weiß nicht. 나는 모른다.
Satz 2 Warum seid ihr zu spät gekommen? 너희는 왜 늦게 왔니?

Ich weiß nicht. + Warum seid ihr spät? = **warum** ihr zu spät **gekommen seid**.
나는 너희가 **왜 늦게 왔는지** 모른다.

7 wie (어떻게)

Satz 1 Ich weiß nicht. 나는 모른다.
Satz 2 Wie lernst du Deutsch? 너는 독일어를 어떻게 공부하니?

Ich weiß nicht. + Wie lernst du Deutsch? = Ich weiß nicht, **wie** du Deutsch **lernst**.
나는 너가 독일어를 **어떻게 공부하는지** 모른다.

Notiz
강의를 듣고 메모해 보세요.

Auf Deutsch bitte!

1 빈칸에 알맞은 종속 접속사를 채워 문장을 완성하고 큰 소리로 말해 보세요.

1. Ich möchte wissen, _____ das ist.
   나는 이것이 무엇인지 알고 싶다.

2. Sie weiß nicht, _____ du denkst.
   그녀는 너가 어떻게 생각하는지 모른다.

3. Er weiß, _____ wir nicht zur Schule gehen.
   그는 우리가 왜 학교에 가지 않는지 안다.

4. Ich kann dir sagen, _____ ich gehe.
   나는 내가 어디로 가는지 너에게 말할 수 있다.

5. Weißt du, _____ die Bank ist?
   이 은행이 어디에 있는지 너는 아니?

6. Sagen Sie mir bitte, _____ Sie kommen.
   당신이 어디로부터 왔는지 저에게 말씀해 주세요.

7. Wir wissen, _____ laut ist.
   우리는 누가 시끄러운지 안다.

2 다음 주어진 두 문장을 한 문장으로 연결하여 쓰고, 큰 소리로 말해 보세요.

8. Kannst du mir sagen? / Woher kommst du?

   _____

9. Ich weiß nicht. / Wie heißt er?

   _____

10. Ich möchte wissen. / Was machst du?

    _____

11. Sie wissen nicht. / Wohin gehen sie?

    _____

12. Der Mann weiß nicht. / Warum ist sein Kind krank?

3 다음 주어진 문장을 독일어로 쓰고 따라 말해 보세요.

13. 나는 네가 왜 늦게 오는지 알고 싶다.

14. 그가 무엇을 갖고 있는지 나는 안다.

15. 당신이 독일어를 어떻게 공부하는지 저에게 말해 주실 수 있나요?

16. 그 아이는 천사들이 어디로부터 왔는지 알고 싶다. ★ r. Engel 천사

17. 우리는 너희가 왜 슬픈지 모른다.

18. 그녀는 당신이 누구인지 안다.

19. 우리가 어디로 가는 건지 나에게 말해.

정답

1. was 2. wie 3. warum 4. wohin 5. wo 6. woher 7. wer 8. Kannst du mir sagen, woher du kommst? 9. Ich weiß nicht, wie er heißt. 10. Ich möchte wissen, was du machst. 11. Sie wissen nicht, wohin sie gehen. 12. Der Mann weiß nicht, warum sein Kind krank ist. 13. Ich möchte wissen, warum du zu spät kommst. 14. Ich weiß, was er hat. 15. Können Sie mir sagen, wie Sie Deutsch lernen? 16. Das Kind möchte wissen, woher Engel kommen. 17. Wir wissen nicht, warum ihr traurig seid. 18. Sie weiß, wer Sie sind. 19. Sag mir, wohin wir gehen.

Tag 60

Ich weiß, dass du mich liebst.
나는 네가 나를 사랑한다는 것을 안다.

학습목표
앞서 배운 종속 접속사 외에 또 다른 종속 접속사로는 무엇이 있을까요? 독일어에서 굉장히 자주 쓰이는 종속접속사인 dass와, 더불어 ob에 대해서도 공부해 봅시다. 그럼 오늘의 학습 내용을 살펴볼까요?

📝 Notiz
강의를 듣고 메모해 보세요.

1 종속 접속사 dass

서로 다른 두 문장을 이을 때 가장 많이 쓰이는 종속 접속사인 dass는, 뒤에 나오는 문장(종속절) 전체를 **주절에서 목적어로 삼거나** 또는 **주절에서 주어의 역할을 대신**하기도 합니다. 따라서 보통 dass가 이끄는 절을 '~(하는) 것'으로 해석합니다. **dass가 쓰인 종속절에서도 역시 동사는 반드시 문장의 맨 끝에 와야 한다는 점!** 잊지 마세요.

2 종속 접속사 dass 활용하기

주절(주어+동사+…), 종속절(dass 주어+…+동사).

1 dass절이 주절의 주어가 되는 경우

- **Satz 1** Es ist klar. 그것은 분명하다.
- **Satz 2** Du liebst mich. 너는 나를 사랑한다.
- **Satz 1+2** Es ist klar, dass du mich liebst.
  네가 나를 사랑한다는 것은 분명하다.

2 dass절이 주절의 목적어가 되는 경우

- **Satz 1** Ich weiß. 나는 알고 있다.
- **Satz 2** Du liebst mich. 너는 나를 사랑한다.
- **Satz 1+2** Ich weiß, dass du mich liebst.
  나는 네가 나를 사랑한다는 것을 알고 있다.

3 dass절을 주어로 활용하기

주절 Es ist nicht gut. 그것은 좋지 않다.

1. Du schläfst lange. 너는 오래 잔다.
   = Es ist nicht gut, **dass** du lange **schläfst**. 네가 오래 **자는 것은** 좋지 않다.

2. Kinder lernen in der Nacht. 아이들은 밤에 공부한다.
   = Es ist nicht gut, **dass** Kinder in der Nacht **lernen**. 아이들이 밤에 **공부하는 것은** 좋지 않다.

4 dass절을 목적어로 활용하기

주절 Ich weiß. 나는 알고 있다.

1. Ihr esst viel in der Nacht. 너희는 밤에 많이 먹는다.
   = Ich weiß, **dass** ihr viel in der Nacht **esst**. 나는 너희가 밤에 많이 **먹는 걸** 알고 있다.

2. Sie arbeiten nicht fleißig.
   = Ich weiß, **dass** Sie nicht fleißig **arbeiten**. 나는 당신이 열심히 **일하지** 않는 **것을** 알고 있다.

5 종속 접속사 ob

종속 접속사 ob은 ob이 이끄는 종속절에 '~인지(아닌지)'라는 의미를 더해 줍니다. 의미상 하나의 의문문이 될 수 있지요. 상황에 따라 oder nicht를 종속절 문장 끝에 추가하여 '~아닌지'라고 의미를 확실하게 더해 주기도 합니다. dass와 다르게 종속절에 의미를 부여하는 접속사이므로, ob이 가지는 의미에 맞게 써야 한다는 점 주의하세요. **동사는 항상 종속절의 맨 끝에!** 잊지 마세요.

6 종속 접속사 ob 활용하기

주절(주어+동사+…) , 종속절(ob 주어+…..+동사).

주절 Ich weiß nicht. 나는 모른다.

1. Sie kommt heute zu mir. 그녀는 오늘 나에게 온다.
   = Ich weiß nicht, **ob** sie heute zu mir **kommt**. 나는 그녀가 오늘 나에게 **오는지(아닌지)** 모른다.

2. Der Zug fährt nach Paris. 그 기차는 파리로 간다.
   = Ich weiß nicht, **ob** der Zug nach Paris **fährt**. 나는 그 기차가 파리로 **가는지(아닌지)** 모른다.

Notiz
강의를 듣고 메모해 보세요.

Auf Deutsch bitte!

1 빈칸에 알맞은 종속 접속사를 채워 문장을 완성하고 큰 소리로 말해 보세요.

1. Ich möchte wissen, _____ das Obst lecker ist.
   나는 이 과일이 맛있는지 알고 싶다.

2. Sie weiß nicht, _____ du Deutsch studierst.
   그녀는 너가 독일어를 전공하는 것을 모른다.

3. Er weiß, _____ dein Mantel teuer ist.
   그는 너의 코트가 비싸다는 것을 안다.

4. Ich kann dir nicht sagen, _____ ich gehe.
   나는 내가 갈지(안 갈지) 너에게 말할 수 없다.

5. Weißt du, _____ der Bus nach Göttingen fährt?
   이 버스가 괴팅겐으로 가는지 너는 아니?

2 다음 주어진 두 문장을 종속 접속사 **dass** 또는 **ob**를 사용하여 한 문장으로 연결하여 쓰고, 큰 소리로 말해 보세요.

6. Kannst du mir sagen? / Du gehst morgen einkaufen.
   _____

7. Ich weiß. / Sie lernen Deutsch in Korea. (당신)
   _____

8. Wir möchten wissen. / Sie besuchen uns heute. (그들)
   _____

9. Sie wissen nicht. / Das Buch ist sehr interessant.
   _____

10. Der Mann weiß nicht. / Die Frau ist traurig.
    _____

3 다음 주어진 문장을 독일어로 쓰고 따라 말해 보세요.

11. 나는 네가 늦게 오는지 아닌지 알고 싶다.
    _____

12. 그 버스가 베를린으로 가는지는 분명하지 않다. ★ unklar 불분명한
    _____

13. 네가 한국어를 전공한다는 것은 확실하다. ★ sicher 확실한
    _____

14. 그녀가 이번 주말에 그를 방문할지 우리는 모른다.
    _____

15. 그들은 그들이 여기에 주차해도 되는지 아닌지 모른다.
    _____

16. 나는 그녀가 돈을 많이 가지고 있다는 것을 안다. ★ s. Geld 돈
    _____

17. 당신은 우리가 내일 그녀를 만나는지 모른다.
    _____

18. 너의 부모님이 너를 사랑한다는 것은 확실하다.
    _____

19. 그 아이가 어제 아팠다는 것은 분명하다.
    _____

정답

1. ob 2. dass 3. dass 4. ob 5. ob 6. Kannst du mir sagen, ob du morgen einkaufen gehst? 7. Ich weiß, dass Sie Deutsch in Korea lernen. 8. Wir möchten wissen, ob sie uns heute besuchen. 9. Sie wissen nicht, dass das Buch sehr interessant ist. 10. Der Mann weiß nicht, ob / dass die Frau traurig ist (oder nicht). 11. Ich möchte wissen, ob du zu spät kommst (oder nicht). 12. Es ist unklar, ob der Bus nach Berlin fährt. 13. Es ist sicher, dass du Koreanisch studierst. 14. Wir wissen nicht, ob sie ihn dieses Wochenende besucht. 15. Sie wissen nicht, ob sie hier parken dürfen (oder nicht). 16. Ich weiß, dass sie viel Geld hat. 17. Sie wissen nicht, ob wir sie morgen treffen. 18. Es ist sicher, dass deine Eltern dich lieben. 19. Es ist klar, dass das Kind gestern krank gewesen ist.

Tag 58-60 Wiederholung 복습 1

학습목표: Tag 58~60까지 배운 내용들을 잘 기억하고 있는지 실력을 점검해 보겠습니다. 다음 문제를 스스로 풀고, 정답을 확인해 보세요. 틀린 문제는 앞으로 돌아가 해당 내용을 찾아 보고, 다시 한 번 복습하세요.

1. 독일어 문장의 뜻에 맞는 한국어 문장을 찾아 괄호 안에 쓰세요.

1. Kannst du mir sagen, wer er ist? (　　)

2. Ich weiß nicht, warum sie mich angelogen hat. (　　)

3. Meine Kinder gehen zur Schule, obwohl sie krank sind. (　　)

4. Wir gehen einkaufen, weil wir kein Essen haben. (　　)

5. Mein Bruder hört Musik, während er zur Uni geht. (　　)

6. Er weiß noch nicht, wo er sie trifft. (　　)

7. Sie möchte wissen, ob er sie liebt oder nicht. (　　)

　　a. 그가 누군지 나에게 말해 줄 수 있니?
　　b. 나의 아이들은 아픔에도 불구하고 학교에 간다.
　　c. 우리는 음식이 없어서 장 보러 간다.
　　d. 그녀는 그가 그녀를 사랑하는지 아닌지 알고 싶다.
　　e. 내 남자 형제는 대학교에 가는 동안에 음악을 듣는다.
　　f. 나는 왜 그녀가 나에게 거짓말을 했는지 모른다.
　　g. 그는 어디서 그가 그녀를 만나는지 여전히 모른다.

2. 다음 주어진 한국어 뜻과 알맞은 접속사를 골라, 독일어 문장을 완성시켜 보세요.

8. Ich höre ein Lied, (was / während / weil) ich zur Schule gehe.
　　나는 학교에 가는 동안에 한 음악을 듣는다.

9. Sie ist ins Büro gegangen, (weil / obwohl / wenn) sie krank gewesen ist.
　　그녀는 아팠음에도 불구하고 사무실로 갔다.

10. Seo kann nicht anrufen, (wenn / obwohl / **weil**) sein Handy kaputt ist.
    세오의 핸드폰이 고장났기 때문에, 전화를 하지 못한다.

11. Sie liebt den Schauspieler, (während / wie / **weil**) er sehr hübsch ist.
    그녀는 그 배우가 아주 잘생겼기 때문에 좋아한다.

12. Ich möchte wissen, (ob / **wer** / wann) am Abend zur Bank geht.
    나는 누가 저녁에 그 은행에 가는지 알고 싶다.

13. (Wann / **Wenn** / Während) ich Zeit habe, werde ich dich besuchen.
    내가 시간이 있으면, 너를 방문하겠다.

14. Die Mutter hat gekocht, (woher / **während** / wohin) ihr Sohn geschrieben hat.
    그녀의 아들이 글을 쓰는 동안에, 그 엄마는 요리를 했다.

15. Es ist klar, (ob / **dass** / obwohl) alle Schüler sehr klug sind.
    모든 학생들이 아주 똑똑하다는 것은 분명하다.

16. (**Obwohl** / Wenn / Wie) er gerne Sport treibt, ist er immer krank.   ★ Sport treiben 운동하다
    그는 운동을 즐겨 함에도 불구하고, 항상 아프다.

17. (**Woher** / Wohin / Wo) sie kommt, weiß ich schon.
    나는 그녀가 어디서 왔는지 이미 알고 있다.

18. (Dass / Ob / **Wenn**) du kein Geld hast, kann ich es dir leihen.   ★ leihen (돈을) 빌려주다
    네가 돈이 없다면, 내가 너에게 돈을 빌려줄 수 있다.

19. Ich weiß nicht, (dass / **ob** / weil) die Bank jetzt geschlossen hat.
    그 은행이 지금 문을 닫았는지 아닌지 나는 모른다.

20. Die Lehrerin möchte wissen, (**warum** / wie / wenn) er so spät kommt.
    그 여자 선생님은 그가 왜 그렇게 늦게 왔는지 알고 싶다.

정답

1. a 2. f 3. b 4. c 5. e 6. g 7. d 8. während 9. obwohl 10. weil 11. weil 12. wer 13. Wenn 14. während 15. dass 16. Obwohl 17. Woher 18. Wenn 19. ob 20. warum

Tag 58-60 Wiederholung 복습 2

 6단계 Datum: . .

학습목표 Tag 58~60까지 배운 내용들을 잘 기억하고 있는지 실력을 점검해 보겠습니다. 다음 문제를 스스로 풀고, 정답을 확인해 보세요. 틀린 문제는 앞으로 돌아가 해당 내용을 찾아 보고, 다시 한 번 복습하세요.

1 주어진 종속 접속사 중 하나를 선택하여, 두 문장을 한 문장으로 문맥에 맞도록 연결해서 써 보세요.

weil   wenn   dass   während   ob   obwohl

21. Es ist klar. / Wir fahren heute nach Deutschland.
_____

22. Gehen Sie zum Arzt. / Sie haben Kopfschmerzen.
_____

23. Er weiß nicht. / Sie geht mit ihm schwimmen.
_____

24. Sie können nicht so gut Deutsch sprechen. / Sie wohnen in Berlin.
_____

25. Ich bin heute zu Hause. / Heute ist Samstag.
_____

26. Sie hört laute Musik. / Sie frühstückt.   ★ frühstücken 아침 식사하다
_____

2 다음 주어진 문장을 독일어로 쓰고 따라 말해 보세요.

27. 그가 매일 맥주를 많이 마시는 것은 좋지 않다.
_____

28. 나는 내일 시험이 하나 있기 때문에, 오늘 공부를 열심히 해야 한다.   ★ e. Prüfung 시험

29. 너희가 시간이 있다면 나는 너희랑 영화관에 가고 싶다.   ★ s. Kino 영화관

30. 내 다리가 아프면, 항상 비가 온다.   ★ r. Bein 다리 (脚)

31. 그 교수는 나의 이름이 무엇인지 매일 묻는다.   ★ r. Name 이름

32. 너희가 어떻게 그것을 풀 수 있는지, 내게 설명해야만 한다.   ★ lösen 풀다   ★ erklären 설명하다

33. 모든 이웃들은 그 남자가 어디서 왔는지 모른다.   ★ pl. Nachbarn 이웃들

34. 나는 내가 왜 항상 배가 고픈지 모르겠다.

정답

21. Es ist klar, dass wir heute nach Deutschland fahren. 22. Gehen Sie zum Arzt, wenn Sie Kopfschmerzen haben. 23. Er weiß nicht, ob sie mit ihm schwimmen geht. 24. Sie können nicht so gut Deutsch sprechen, obwohl Sie in Berlin wohnen. 25. Ich bin heute zu Hause, weil heute Samstag ist. 26. Sie hört laute Musik, während sie frühstückt. 27. Es ist nicht gut, dass er jeden Tag/täglich viel Bier trinkt. 28. Ich muss fleißig lernen, weil ich morgen eine Prüfung habe. 29. Ich möchte mit euch ins Kino gehen, wenn ihr Zeit habt. 30. Es regnet immer, wenn mein Bein wehtut. 31. Der Professor fragt täglich, wie ich heiße. (= wie mein Name ist.) 32. Ihr müsst mir erklären, wie ihr das lösen könnt. 33. Alle Nachbarn wissen nicht, woher er kommt. 34. Ich weiß nicht, warum ich immer Hunger habe.

Tag 52-60 Wiederholung 복습

6단계 Datum: .   .

 학습목표: Tag 52-60에서 배운 내용들을 활용해서 Dialog를 만들어 보겠습니다. 스스로 독일어 대화를 구성해 보고, 정답을 확인해 보세요. 잘 떠오르지 않는 문장은 앞으로 돌아가 해당 내용을 찾아 보고, 다시 한 번 복습하세요.

1 다음 대화 내용을 독일어로 쓰고 따라 말해 보세요.

1. **A :** 이 빨간 가방은 너의 것이니? (너에게 속해 있니?)
   B : 그 빨간 가방은 나의 것이 아니야. 이 커다란 가방들이 나의 것이야. (나에게 속해 있어)
   A : 이 빨간 가방은 내 마음에 든다. 나는 이 가방을 내 친구에게 선물하고 싶어.

   A : _____

   B : _____

   A : _____

2. **A :** 모든 독일의 아이들은 키가 커.
   B : 아니야. 내 독일인 친구가 몇몇 독일 아이들은 키가 작다고 말했었어.
   A : 나는 독일인 친구가 없어. 한 한국인 여자 선생님이 나에게 그것을 말했어.

   A : _____

   B : _____

   A : _____

3. **A** : 그는 어제 무엇을 했나요?
   B : 그는 어제 피곤해서 오래 잤습니다. 당신은 지난 주말에 무엇을 하셨습니까?
   A : 나는 지난 주말에 독일 영화 한 편을 보았습니다.

   A : _____

   B : _____

   _____

   A : _____

4. **A** : 슈미트씨는 저 여자를 좋아하니?
   B : 응, 슈미트씨는 저 여자를 좋아하기 때문에 그 빨간 꽃들을 샀어.
   그리고 그는 그 꽃들을 편지 하나와 함께 그녀에게 줬어.

   A : _____

   B : _____

   _____

5. **A** : 너희는 베를린에서 커리부어스트 먹었니? ★ e. Currywurst 커리부어스트 / 카레 소시지
   B : 응, 나는 그가 호텔에서 자는 동안에 커리부어스트를 먹었어. ★ s. Hotel 호텔
   C : 아니, 나는 슈니첼을 하나 먹었어. 그리고 한 시원한 맥주도 마셨어. ★ s. Schnitzel 슈니첼

   A : _____

   B : _____

   _____

   C : _____

   _____

6. **A :** 네가 어제 어떻게 프랑크푸르트로 갔는지 나에게 말해 줄 수 있니? (교통수단을 타고)
   B : 나는 어제 기차를 탔어. 그리고 프랑크푸르트에서 하차했어.
   A : 너는 프랑크푸르트에서 뭐 했어?
   B : 나는 시간이 있었기 때문에, 아침에 박물관에(안으로) 갔어.   ★ s. Museum 박물관
   오후에는 한 큰 레스토랑에서 나의 오래된 친구들을 만났어.   ★ s. Restaurant 레스토랑
   저녁에는 백화점에서 이 예쁜 치마를 샀어.   ★ s. Kaufhaus 백화점

   A : _____

   B : _____

   A : _____

   B : _____

7. **A :** 너는 슬프면, 무엇을 하니?
   B : 나는 슬프면, 혼자 방에서 책들을 읽어. 너희는?
   A : 우리는 함께 한 영화를 봐.
   내가 팝콘을 만드는 동안, 나의 남자 친구는 좋은 영화 하나를 골라.
   ★ s. Popcorn 팝콘   ★ auswählen ~을(를) 고르다

   A : _____

   B : _____

A : _____

_____

_____

8. A : 너 어떻게 그 문제 풀었어?
　　B : 한 여학생이 이 문제를 어떻게 풀었는지 내게 설명해 주었어. 하지만 그것을 잊어버렸어.
　　C : 너희 그 여학생을 지금 방문하는 것이 좋겠다. 나는 그녀가 어디에 있는지 알고 있어.
　　A : 그것 참 좋은 생각이야!

★ die Aufgabe 문제　★ lösen 풀다

A : _____

B : _____

_____

C : _____

_____

A : _____

정답

1. A: Gehört diese rote Tasche dir? B: Die rote Tasche gehört mir nicht. Diese großen Taschen gehören mir. A: Diese rote Tasche gefällt mir. Ich möchte sie meinem Freund / meinem Freund die Tasche schenken.

2. A: Alle deutschen Kinder sind groß. B: Nein. Mein deutscher Freund hat mir gesagt, dass einige deutsche Kinder klein sind. A: Ich habe keinen deutschen Freund. Eine koreanische Lehrerin hat mir das gesagt.

3. A: Was hat er gestern gemacht? B: Er hat lange geschlafen, weil er müde gewesen ist. / Was haben Sie letztes Wochenende gemacht? A: Ich habe letztes Wochenende einen deutschen Film gesehen.

4. A: Mag Herr Schmidt die Frau? B: Ja, Herr Schmidt hat die roten Blumen gekauft, weil er(Herr Schmidt) die Frau mag. / Und er hat ihr die Blumen mit einem Brief gegeben.

5. A: Habt ihr Currywurst in Berlin gegessen? B: Ja, ich habe Currywurst gegessen, während er im Hotel geschlafen hat. B: Nein, ich habe ein Schnitzel gegessen. Und ich habe auch ein kühles Bier getrunken.

6. A: Kannst du mir sagen, wie du gestern nach Frankfurt gefahren bist? B: Ich bin gestern in den Zug eingestiegen. Und ich bin in Frankfurt ausgestiegen. A: Was hast du in Frankfurt gemacht? B: Ich bin am Morgen ins(in das) Museum gegangen, weil ich Zeit gehabt habe. Am Nachmittag habe ich meine alten Freunde in einem großen Restaurant getroffen. Am Abend habe ich diesen(den) schönen Rock im(in dem) Kaufhaus gekauft.

7. A: Was machst du, wenn du traurig bist? B: Wenn ich traurig bin, lese ich allein Bücher. Und ihr? C: Wir sehen einen Film zusammen. Während ich Popcorn mache, wählt mein Freund einen guten Film aus.

8. A: Wie hast du die Aufgabe gelöst? B: Eine Schülerin hat mir erklärt, wie sie diese Aufgabe gelöst hat. Aber ich habe das vergessen. C: Ihr sollt jetzt die Schülerin besuchen. Ich weiß, wo sie ist. A: Das ist eine gute Idee!

Tag 01-60 Wiederholung 복습

6단계 Datum: .   .

 Tag01부터 Tag 60까지 배운 내용들을 모두 활용해서 글을 쓰고, 문제를 풀어 보겠습니다. 우리의 독일어 실력이 얼마나 성장했는지 이번 과제를 통해 전체적으로 짚어 보는 시간입니다. 잘 떠오르지 않는 문장은 앞으로 돌아가 해당 내용을 다시 한번 복습하고 모르는 단어가 있다면 사전을 찾아보세요.

1 아래 편지를 읽고, 문제를 풀어 보세요.

Liebe Lisa,

heute werde ich einen großen Kuchen für Peter backen. Er hat morgen Geburtstag!

Er mag Schokoladenkuchen. Hast du ein Geschenk für ihn?

Ich habe leider nur ein Geschenk für Laura! Sie hat am Samstag Geburtstag! Ich glaube, die Geburtstagsparty von Laura ist am Samstag. Sie wird 25 Jahre alt!

Liebe Grüße

Dein Rudi

1. Peter wird 25 Jahre alt.	RICHTIG	FALSCH
2. Peter mag Kuchen.	RICHTIG	FALSCH
3. Laura hat morgen Geburtstag.	RICHTIG	FALSCH
4. Rudi hat ein Geschenk für Peter.	RICHTIG	FALSCH

5. Wann ist die Party von Laura?   ▶ _____.

6. Wie alt wird Laura?   ▶ _____.

7. Wann hat Peter Geburtstag?   ▶ _____.

★ r. Schokoladenkuchen 초콜릿 케이크
★ e. Geburtstagsparty 생일 파티
★ e. Party 파티

괄호 안에 주어진 단어 중 올바른 것을 골라 완전한 문장을 만들고, 전체 글을 완성해 보세요.
전체 글을 완성한 후에는 주어진 문제에 대해 알맞은 답을 작성해 보세요.

8.

Liebe Anna,

wie geht es (Ihnen / dir)? Du (ist / hast) (mir / mich) so lange keinen Brief geschrieben.

Ich bin (in / im) Mai in (der / die) Schweiz (gefahren / gefährt). (Und / Aber) dort habe ich (viele / viel) Leute kennengelernt. Sie sind sehr nett und freundlich, (trotzdem / deswegen) sind wir Freunde geworden. Wir (haben / sind) mehrmals spazieren (gegangen / 없음) und wir haben auch immer zusammen gegessen. Gestern bin ich nach Hause (zurückgekommen / zurückkommt).

Was machst du heutzutage? Ich vermisse (dir / dich) sehr. (Am / Im) Freitag (werde / will) ich nach Berlin fahren. Der Zug nach Berlin (abfährt / fährt) (um / am) 11:25 Uhr (없음 / ab). Ich werde (dem Zug / den Zug) nehmen. Ich weiß, (dass / ob) du in Berlin wohnst. Ich (möchte / mag) dich gerne treffen. (Wenn / Wann) hast du Zeit?

Ich warte (auf deine Antwort / zu deine Antwort / an deine Antwort).

Liebe Grüße

Deine Gina

★ kennenlernen ~를 알게 되다 ★ heutzutage 요즘 ★ zurückkommen 되돌아오다 ★ e. Antwort 답장

9. Was hat Gina im Mai gemacht?

10. Wann wird Gina nach Berlin fahren?

3 그동안 쌓은 실력을 발휘하여, 주어진 단어를 포함하는 에세이 또는 일기를 자유롭게 써 보세요. (자유 작성)

> s. Wochenende / heute / morgen / e. Katze / r. Hund / spielen / fahren / pl. Kopfschmerzen / r. Fluss / e. Karte / suchen / vergessen / r. Kugelschreiber / r. Zug / früh / schnell / s. Bett / e. Kirche / besuchen / wegen / obwohl / weil / neu / alt

정답

1. F 2. R 3. F 4. F 5. Die Party ist am Samstag. 6. Laura wird 25 Jahre alt. 7. Peter hat morgen Geburtstag.

8. dir / hast / mir / im / die / gefahren / Und / viele / deswegen / sind / gegangen / zurückgekommen / dich / Am / werde / fährt / um / ab / den Zug / dass / möchte / Wann / auf deine Antwort

9. Sie/Gina ist im Mai in die Schweiz gefahren und hat dort viele Leute kennengelernt.

10. Am Freitag wird sie/Gina nach Berlin fahren.

Musterlösung (정답 예시)

Am Wochenende habe ich meinen Freund besucht. Er hat eine Katze und einen Hund. Ich habe viel mit ihnen gespielt. Die Katze ist sehr jung und der Hund ist schon älter. Obwohl der Hund sehr alt ist, kann er sehr schnell rennen. Am Abend sind wir früh ins Bett gegangen, weil wir am nächsten Morgen in die Kirche gegangen sind. Danach sind wir den Fluss entlang spazieren gegangen und ich habe auch eine Karte für meine Eltern gekauft. Wegen der Karte habe ich meinen Kugelschreiber gesucht, aber ich habe ihn nicht gefunden. Jetzt brauche ich einen neuen Kugelschreiber. Aber ich weiß nicht, wo ich ihn kaufen kann.

Heute habe ich lange geschlafen, weil ich Kopfschmerzen gehabt habe. Mein Freund hat mir Medikamente gegeben. Jetzt geht es mir wieder gut. Deshalb lese ich ein Buch. Mein Freund hat es mir geschenkt.

Morgen werde ich wieder mit dem Zug nach Hause fahren.